THE TRAIN BOOK 終極
鐵道百科
The Definitive Visual History
史上最完整的鐵路與火車大圖鑑

Boulder Media 大石文化

THE
TRAIN
BOOK 終極
鐵道百科
The Definitive Visual History

史上最完整的
鐵路與火車大圖鑑

作者／**DK出版社編輯群**

翻譯／**于倉和**

世界遺產鐵道組織理事
審定／**古庭維**

終極鐵道百科
史上最完整的鐵路與火車大圖鑑

作　　者：DK出版社編輯群
翻　　譯：于倉和
主　　編：黃正綱
資深編輯：魏靖儀
美術編輯：吳立新
圖書版權：吳怡慧

發 行 人：熊曉鴿
總 編 輯：李永適
印務經理：蔡佩欣
發行經理：曾雪琪
圖書企畫：陳俞初

出 版 者：大石國際文化有限公司
地　址：新北市汐止區新台五路一段97號14樓之10
電　話：（02）2697-1600
傳　真：（02）8797-1736
印　刷：群鋒企業有限公司

2024年（民113）2月初版五刷
定價：新臺幣 1200元
本書正體中文版由Dorling Kindersley Limited授權
大石國際文化有限公司出版
版權所有，翻印必究
ISBN：978-986-99809-7-5（精裝）
＊ 本書如有破損、缺頁、裝訂錯誤，請寄回本公司更換

總代理：大和書報圖書股份有限公司
地　址：新北市新莊區五工五路2 號
電　話：（02）8990-2588
傳　真：（02）2299-7900

國家圖書館出版品預行編目（CIP）資料

終極鐵道百科 / DK出版社 作；于倉和 翻譯. -- 初版. --
新北市：大石國際文化, 民110.7　320頁；23.5 x 28.1公分
譯自：THE TRAIN BOOK - The Definitive Visual History

ISBN 978-986-99809-7-5（精裝）

1.鐵路史 2.火車

557.26　　110009076

目錄

1870–1894年：蒸汽機車的世界

鐵路迅速擴張，定義了人類的力量。鐵路克服了每一種地形和各式各樣的障礙，跨越了遙遠的距離，讓洲際的大陸鐵道旅行成為可能，而雄偉的火車站和奢華的服務更成為鐵路旅行迷人魅力的縮影。

1895–1913年：黃金時代

電氣化鐵路在北美和歐洲引人矚目，但各種創新也提高了蒸汽的效率。此時巴黎和紐約也跟著倫敦的腳步，引進屬於自己的地下鐵系統。

1914–1939年：蒸汽火車的盛世

第一次世界大戰期間，蒸汽機車在運送軍隊彈藥的工作中扮演舉足輕重的角色。到了戰爭結束後，蒸汽機車速度變得更快，外型也更加流線，而柴油動力火車也首度在美國和歐洲現身。

1940–1959年：戰爭與和平

第二次世界大戰期間，歐洲有許多鐵路被毀，加上大戰結束後重新畫定國界，迫使多國政府徹底翻修鐵路系統。由於科技進步，柴油和電氣取代了蒸汽。

1960–1979年：為速度而生

日本「子彈」列車預告了高速鐵路旅行的新時代，激勵西方國家進行自身的鐵路創新，而來自公路和航空的激烈競爭更加速現代化的腳步。

1980–1999年：鐵道變革

在這段期間，新科技的重點放在發展遍布世界各地的
高速鐵路網，但也有許多豪華列車投入營運。英法海
底隧道通車，連接了不列顛和歐洲大陸。

公元2000年之後：鐵道復興

在新的千禧年裡，中國成為鐵路旅行的主要推手。這
個國家以史無前例的速度鋪設鐵路，並引進新車種，
包括超快速磁浮列車。從全球的角度來看，和噴射客
機相比，鐵路提供了更有魅力且奢華的旅遊選擇。

鐵路如何運作：機車與軌道

本章概略介紹鐵路的基礎科技，從鐵軌和機車的車輪如
何設計，到過去與現在的號誌系統等等。此外蒸汽機
車、柴油機車與電力機車背後的工程原理也有解釋。

鐵道革命

車輪在軌道上發出的咔嗒聲、一陣陣煤煙和機油的味道、從遠方傳來的汽笛聲、漫長旅程開始時心中既興奮又期待的感覺⋯

鐵道攫取了我們的想像空間，和我們的靈魂對談交流。火焰和蒸汽等元素交織展現的吸引力，令人迷戀的科技，把遙遠相隔的兩地串連起來的魅力，這一切全都鞏固了鐵道在人心中的地位。在超過 200 年的歲月裡，火車激發出各種雄心壯志，吸引了有開創性的工程師，鼓勵他們創造各種發明，驅策人們想要前進的欲望，並開啟了一個有更多可能性的世界。

更重要的是，鐵道以平凡務實的方式，為現代歷史做出了貢獻。我們甚至可以說，沒有其他任何一種工具對今日的工業世界造成更多影響。從最初在英國康瓦耳（Cornwall）和威爾斯（Wales）斷斷續續進行的實驗，到打通整個大陸並協助建立國家（例如北美等地）的鐵路建設，再到讓現代化戰爭變得可行的能力，機車的發明不論是在好的方面還是壞的方面，都塑造了這個世界。

在鐵路誕生以前，生命以不同的速度移動。絕大部分人只能從他們居住的地方出發旅行，沒有汽車、沒有飛機、也沒有現代化道路，所以移動距離相當短。既沒有統一的時間，也沒有迫切的理由去採用統一的時間，直到火車出現。都市和城鎮原本都有自己設定的時間，直到鐵路開始需要嚴格的時間表，各地時間才不得不統一。新的科技加快了都市化的速度——愈來愈多都市需要鐵路供應，以更低廉的價格把人送到更遠的地方。鐵路網能運輸先前無法長距離運送的商品，像是容易腐壞的水果、報紙、鮮花和新鮮牛奶等，把它們準時交付給大眾。

從這方方面面看來，鐵路都是創造現代化生活的過程中不可或缺的一環，而且神氣活現。鐵路公司給自己的火車和服務取了引人遐思的名字、想出美麗的配色方式，並且在美學上下足了功夫，以使他們的火車在功能完善之餘也能典雅優美、富麗堂皇或動感十足。而人類追求進步的欲望也塑造了鐵路。隨著新科技發展，新路線的建造者爬得更高、挖得更深、延伸得更遠，馴服最荒涼不宜人居的大地。而想要更快、更安全、甚至更有效率的衝勁，也驅策了這個過程。

綜觀全球，鐵路公司都力求達到更快的速度、販售最高檔列車的奢華體驗、說服人使用他們的服務，不論是工作還是休閒。現代化行銷、公關經營、海邊度假——在所有這些領域，鐵路都是改變的工具，也是一股驅動力。難怪許多小學生都曾經夢想當火車司

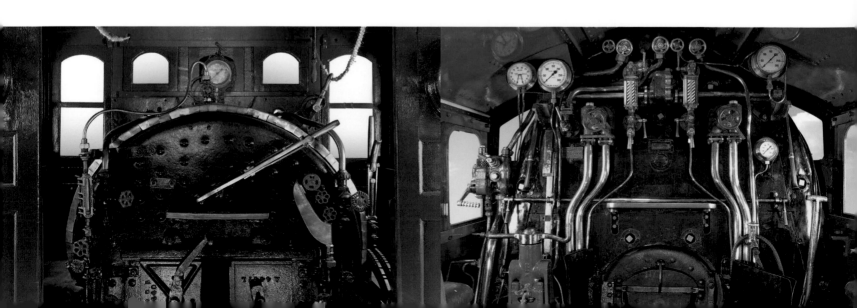

「鐵路機車才是真正的文明先驅。」

英國記者與探險家亨利・莫頓・史坦利（Henry Morton Stanley），1867年5月9日

機，而形形色色的作家，像是列夫・托爾斯泰（Leo Tolstoy）、埃米爾・左拉（Émile Zola）、阿嘉莎・克莉絲蒂（Agatha Christie）和亞瑟・柯南・道爾爵士（Sir Arthur Conan Doyle）等人，則是把鐵路融入他們的故事與謎案中。此外，許多和火車有關的流行歌曲，例如《查塔諾加啾啾》（Chattanooga Choo Choo）和《跳跳火車舞》（The Loco-Motion）等，也都成了不朽之作。

在鐵道旅行的「黃金時代」，報紙和新聞影片都興奮地報導最新的發展，當然也有令人毛骨悚然的災難細節。媒體詳細解說最新式特快車的各種設計，司機員和設計師一躍成為英雄，大家也為了爭奪版面而明爭暗鬥。例如，巨大無比的美國「大男孩號」（Big Boy）機車，或是在 1938 年打破蒸汽機車速度紀錄並加以保持的英國野鴨號（Mallard），都成為世界知名的火車明星。半個世紀後，蒸汽火車從世界上大部分地區銷聲匿跡，但它仍是一股維繫情感的力量，即使對那些從未經歷過它們服役時期的年輕人來說也是如此。忠實粉絲不遺餘力地前往遺世孤地，追逐蒸汽時代最後傳人的飄渺蹤跡，或是復原並保存機車、車廂，甚至整列火車。

但並不是所有的事物都是正面的。不可否認，鐵路也帶來過一些較黑暗的事。它們提供了大量運輸的機會，讓大軍和補給可以跨洲移動，也在二次大戰期間把數以百萬計的人送進了希特勒的滅絕營。戰爭變得全球化，也愈來愈致命，鐵路網不可避免地成為打擊目標，在現代衝突中遭受了巨大的破壞。

然而，儘管鐵路進入了愈來愈艱困的時期——二次大戰結束後甚至一度被視為乏味、單調、過時的東西，但它們始終拒絕成為過去式。最近這些年間，鐵路迎來了復興時期，世界各國都投入大量資源建設新的高速鐵路線，以減少對汽車的依賴。

今日，長長的貨櫃列車依然是貨運業不可或缺的一環，呼嘯著橫越大陸，和 200 多年前的火車先鋒所做的並無二致。旅客不必離開座位就可以迅速跨越邊境，而讓人舒適地長距離快速移動的想法再度成為時尚風潮。科技向前邁進，昔日榮光再現，鐵路再次被許多人視為文明的旅遊方式。從第一批「鐵馬」實現開天闢地前進壯舉的兩個世紀之後，鐵路的精采旅程依然在進行中。

東尼・史崔特 Tony Streeter
總顧問

1804-1838年：
鐵馬

鐵馬

公元 1804 年 2 月在南威爾斯，潘尼達倫（Pen-y-darren）蒸汽機車為它的主人贏了一場賭博。這前所未見的機器拉著滿載鐵和乘客的車廂，行駛了將近 16 公里。理查・特里維西克（Richard Trevithick）的機器既慢又笨重，但這項成就即將改變整個世界——人很快就感受到了蒸汽的好處，創新的速度飛快。

1808 年，特里維西克的「誰能追上我號」（Catch Me Who Can）在位於倫敦的一小段環形軌道上牽引乘客，但必須等到 1825 年，客運鐵路才真正起步。當年 9 月，世界上第一條開放給公眾付費搭乘的客運鐵路正式通車，它位於英格蘭東北部斯托克頓（Stockton）和大令頓（Darlington）之間。在這條鐵路上行駛的第一組機車是機車一號（Locomotion No. 1），由父子檔喬治（George）和羅伯特・史蒂芬生（Robert Stephenson）聯手打造。這項新科技隨後就迅速踏上國際化的道路。在法國，工程師馬克・塞強（Marc Séguin）在 1828 年建造了機車。1829 年時，英國生產的斯托布里治獅子號（Stourbridge Lion）在德拉瓦（Delaware）和哈得孫（Hudson）之間的鐵路上奔馳，讓美國進入蒸汽時代。

英國在 1829 年舉行著名的雨丘競賽（Rainhill Trials），目的是決定利物浦和曼徹斯特鐵路（Liverpool & Manchester Railway）——也就是世界上第一條城際鐵路——要採用哪一款機車。史蒂芬生團隊的火箭號（Rocket）勝出。由於火箭號的許多創新設計相當成功，因此它便成為未來機車的基礎設計範本，直到蒸汽時代結束。大西洋兩岸的工程師開始修改相關設計，以便符合各自面對的地形。1830 年，美國本土生產的拇指湯姆號（Tom Thumb）在巴爾的摩與俄亥俄鐵路（Baltimore & Ohio Railroad, B&O）首度登場。

> ## 「把蒸汽這種具備強大力量的東西和馬車結合在一起，將會大大改變人類的處境。」
>
> 美國總統湯瑪斯・傑佛遜（Thomas Jefferson）

◁ **雨丘的斜拱橋在1830年**（也就是知名的雨丘競賽隔年）啟用。

△ **史蒂芬生家的機車**
火箭號並不是史蒂芬生家唯一成功的機車。北極星號（North Star）於1838至1871年間在大西部鐵路運行。

● **關鍵事件**

▷ **1804年**：位於南威爾斯潘尼達倫的一輛機車揭開了蒸汽時代的序幕。之前似乎還有造出特里維西克的一個更早期的設計，但相關資訊很少。

▷ **1808年**：特里維西克的「誰能追上我號」在倫敦公開展示。

▷ **1813-14年**：威廉・赫德利（William Hedley）建造噴氣比利號（Puffing Billy），在英格蘭東北部的懷拉姆（Wylam）煤礦運行。

▷ **1814年**：喬治・史蒂芬生為泰恩河畔紐卡索（Newcastle-upon-Tyne）附近的啟陵沃斯煤礦（Killingworth Colliery）建造他的第一輛機車，命名為布呂歇號（Blücher）。

▷ **1825年**：英國的斯托克頓與大令頓鐵路通車，這是世界第一條開放公眾付費搭乘的客運鐵路。

▷ **1828年**：馬克・塞強建造法國第一輛機車。

▷ **1829年**：成為未來機車設計範本的火箭號贏得了雨丘競賽。

▷ **1830年**：拇指湯姆和查理頓最好的朋友號（The Best Friend of Charleston）開啟了美國自主生產機車的時代。

△ **拇指湯姆號**
彼得・庫柏（Peter Cooper）的拇指湯姆號在1830年進行試車（本圖為重現情景照），它拉動載有18位巴爾的摩與俄亥俄鐵路工作人員的車廂。

▷ **1834年**：愛爾蘭的第一條鐵路在都柏林和國王鎮（Kingstown）之間通車。

▷ **1835年**：德國的第一條鐵路在紐倫堡（Nuremberg）和福爾特（Fürth）之間通車。

▷ **1835年**：英國的大西部鐵路（Great Western Railway）公司成立。

理察・特里維西克
1771-1833年

雖然理察・特里維西克建造了世界第一輛實際運轉的蒸汽機車，但他的名氣卻不如當時英國鐵路工程界的其他先驅。特里維西克的運氣就是差在他雖發明了許多機器，但世界卻要等20年才懂得利用它們。除了機車以外，特里維西克也研究其他工程計畫，包括有明輪的駁船、蒸汽錘、蒸汽軋鋼機等，以及一條在泰晤士河底下的隧道。特里維西克也在南美洲待了十年，在祕魯用他發明的蒸汽機械協助開採銀礦。他在1827年返回英格蘭，卻在六年後去世，死時身無分文。

不斷進化的設計

特里維西克生涯早期是在康瓦耳當地的礦坑擔任工程師。他對於用來纏繞和牽引的固定式引擎相當熟悉，因此相當適合試驗高壓引擎或所謂的「強力蒸汽」，可用來為機車提供更強大的牽引力道。他在1801年建造他的第一輛蒸汽車，稱為「噴氣機」（Puffer），在道路而不是軌道上行駛。但它的下場卻不太好，因為它最後撞進位於康瓦耳的坎本（Camborne）的一棟房子裡，並且起火燃燒。

　　1803年，特里維西克建造了一輛可在鐵軌上行駛的高壓機車。潘尼達倫機車可拉動10公噸重的鐵和70名乘客，沿著15.3公里長的鐵軌行駛，證明它相當有用。雖然機車的重量最後使鐵軌不堪負荷而斷裂，但這卻是機車發展史上的里程碑。

　　特里維西克在1808年發展出第三輛、也是最後一輛機車，並命名為誰能追上我號。他還在倫敦建造了一條環形鑄鐵軌道，這列火車就在這條軌道上載人行駛。最後機車的重量使鐵軌不堪負荷而斷裂，機車也因此出軌，但此時特里維西克已經向全世界證明了蒸汽機車可以在軌道上行駛。

付錢搭車
誰能追上我號（1809年）是第一列開放付費搭乘的火車。當時的人只要付一先令，就可以搭上這列火車，不過它只能以比每小時19公里多一點的速度在倫敦的展示用環形軌道上行駛。

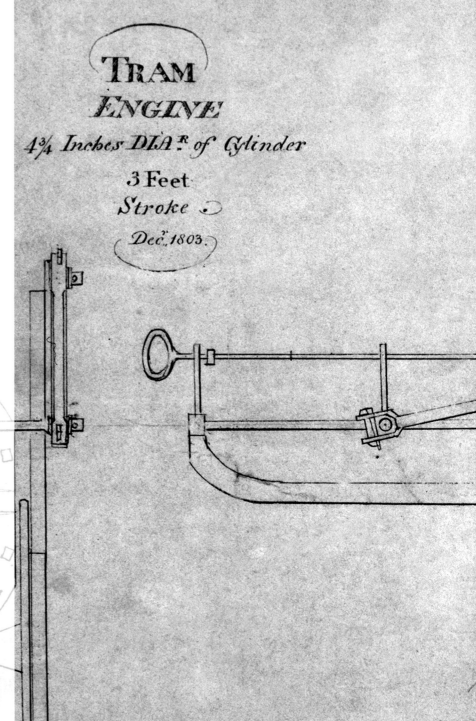

TRAM ENGINE
4¾ Inches DIAᴿ of Cylinder
3 Feet Stroke
Decᵣ 1803.

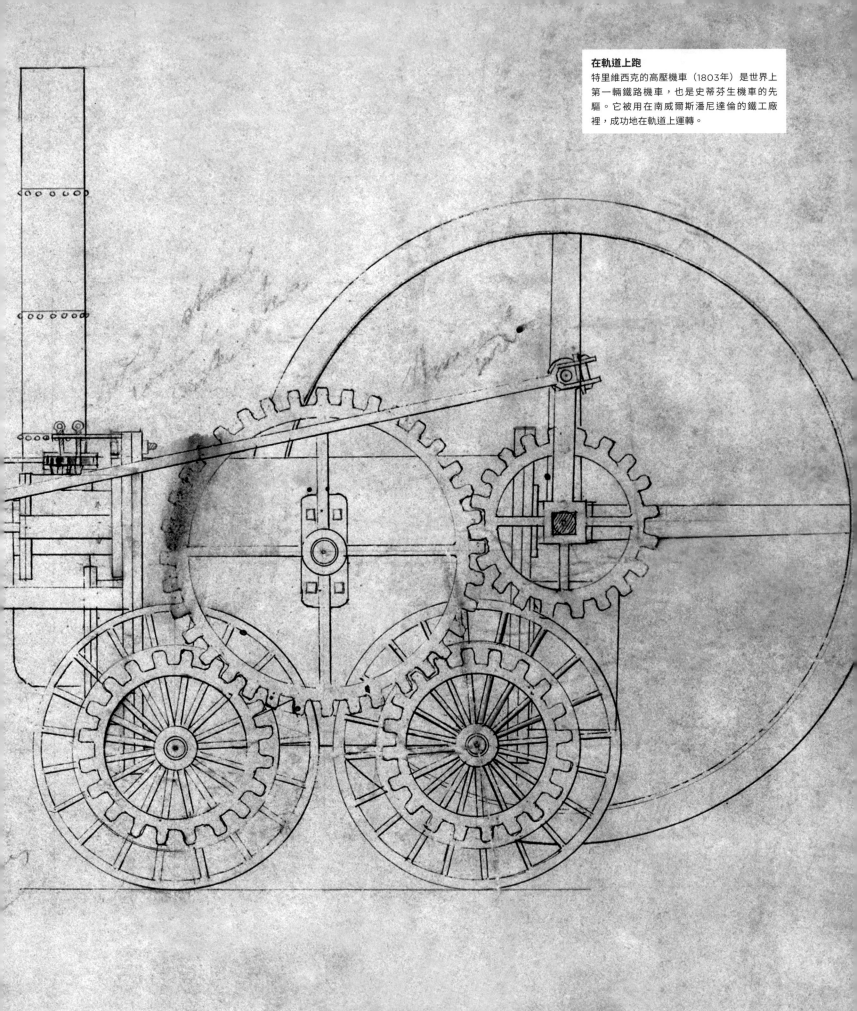

英國的發明

18世紀，英國發明家湯瑪斯·紐科門（Thomas
Newcomen）和詹姆士·瓦特（James Watt）
引領了低壓的固定蒸汽引擎的發展，這種機器在工
業革命初期扮演了至關重要的角色。19世紀初期有
了一個重大的突破，康瓦爾的發明家理察·特里維
西克成功展示了世界第一輛可運轉的高壓蒸汽鐵路
機車。從那時起，英國的發明創造力在「鐵路之
父」喬治·史蒂芬生的帶領下迅速成長茁壯，並在
1830年達到高峰——當時世界第一條城際鐵路在
利物浦和曼徹斯特間通車營運。

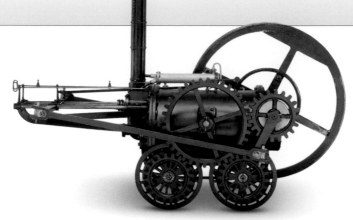

△ Pen-y-darren locomotive
潘尼達倫機車，1804年

車輪輪式	0-4-0
汽缸數	1
鍋爐壓力	每平方公分1.75公斤
動輪直徑	1220公釐
最高速度	約每小時8公里

1804年2月13日在南威爾斯的麥
瑟提維（Merthyr Tydfil），理
察·特里維西克的高壓蒸汽機車
在潘尼達倫鐵工廠的路面軌道上
拉動世界第一列火車，這列火車
載運了10.2公噸的鐵和70人。

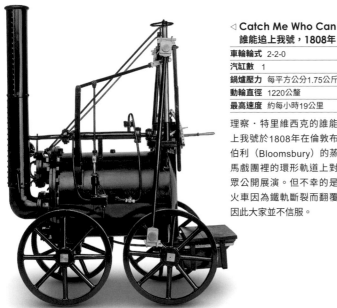

◁ Catch Me Who Can
誰能追上我號，1808年

車輪輪式	2-2-0
汽缸數	1
鍋爐壓力	每平方公分1.75公斤
動輪直徑	1220公釐
最高速度	約每小時19公里

理察·特里維西克的誰能追
上我號於1808年在倫敦布隆
伯利（Bloomsbury）的蒸汽
馬戲團裡的環形軌道上對大
眾公開展演。但不幸的是，
火車因為鐵軌斷裂而翻覆，
因此大家並不信服。

◁ Puffing Billy 噴氣比利號，1813年

車輪輪式	0-8-0（最後型式0-4-0）
汽缸數	2
鍋爐壓力	每平方公分2.8公斤
動輪直徑	1220公釐
最高速度	約每小時8公里

噴氣比利號重7.4公噸，由威廉·赫德利為
諾森伯蘭（Northumberland）的懷拉姆煤
礦建造，是世界第一款商業營運的粘著式
蒸汽機車，目前保存在倫敦的科學博物館
中，公認是現存年代最久遠的機車。

▷ Locomotion No.1
機車一號，1825年

車輪輪式	0-4-0
汽缸數	2
鍋爐壓力	每平方公分3.51公斤
動輪直徑	1220公釐
最高速度	約每小時24公里

機車一號由喬治和羅伯特·史蒂芬生
建造，於1825年拉動斯托克頓與大
令頓鐵路（也就是世界第一條公共鐵
路）上的第一列火車。這輛機車幸運
地保存下來，可以在達蘭郡
（County Durham）的大令頓鐵道博
物館（Darlington Railway Museum）
裡看到。

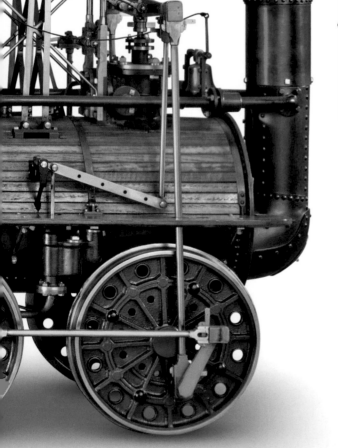

△ Rocket 火箭號，1829年

車輪輪式	0-2-2
汽缸數	2
鍋爐壓力	每平方公分3.51公斤
動輪直徑	1435公釐
最高速度	約每小時48公里

1829年，羅伯特史蒂芬生公司（Robert Stephenson & Co.）既先進又創新的火箭號成為在利物浦和曼徹斯特鐵路上舉辦的雨丘競賽贏家，當時它拉著一節一等車廂，行李放在車頂上。

▷ Agenoria 埃吉諾力亞號，1829年

車輪輪式	0-4-0
汽缸數	2
鍋爐壓力	每平方公分2.8公斤
動輪直徑	1220公釐
最高速度	約每小時13公里

斯托布里治的福斯特拉斯特里克公司（Foster, Rastrick & Co.）只生產過四台蒸汽機車，埃吉諾力亞號（Agenoria）是其中之一，在斯塔福郡（Staffordshire）的達德利伯爵（Earl of Dudley）的夏特恩得煤礦鐵路（Shutt End Colliery Railway）上運轉了35年。這家公司還生產了第一輛出口到美國的機車——斯托布里治獅子號。

◁ Sans Pareil 無與倫比號，1829年

車輪輪式	0-4-0
汽缸數	2
鍋爐壓力	每平方公分3.51公斤
動輪直徑	1372公釐
最高速度	約每小時29公里

無與倫比號由提摩西·赫克沃思（Timothy Hackworth）製造，在1929年於利物浦和曼徹斯特鐵路上舉辦的雨丘競賽中表現優異，但超過規定的重量限制，因此無法獲獎。

▷ Novelty 新奇號，1829年

車輪輪式	0-2-2WT
汽缸數	2
鍋爐壓力	每平方公分3.51公斤
動輪直徑	1372公釐
最高速度	約每小時45公里

雖然約翰·艾瑞克森（John Ericsson）和約翰·布雷思韋特（John Braithwaite）輕量化的新奇號（Novelty）是1929年雨丘競賽中速度最快的機車之一，但卻因為可靠度不佳而退出競賽。它是第一款汽缸位於車架內的機車。

火車檔案：火箭號

雨丘競賽在 1829 年進行，目的是要決定從 1830 年 9 月 15 日起，要由哪一款機車在利物浦和曼徹斯特鐵路上牽引世界第一列「城際」客運列車。工程師羅伯特・史蒂芬生打造的火箭號參加了這次比賽，極速達到每小時 45 公里。身為毫無異議的贏家，火箭號拿到了這份珍貴的合約，也為史蒂芬生贏得了名氣和廣泛的讚譽。

火箭號有幾項工程創新，因此得以贏得了雨丘競賽。它在燃燒室兩側裝有傾斜的活塞，透過短桿連接到單動輪上，和早期機車上的梁式布局相比可提供更大的推力。它是第一款擁有多管式鍋爐和煙囪鼓風管的機車，可大大改善蒸汽產生的狀況，因此火箭號設計時體現的基本設計原理便一路被沿用到最後的蒸汽機車上。原始的1829年火箭號目前展示在倫敦的科學博物館，但已經經過大幅改造，這裡介紹的複製品反而更精準地還原最初的設計。1979年約克（York）的國家鐵道博物館（National Railway Museum）在進行利物浦和曼徹斯特鐵路150週年慶祝活動時，曾建造出可實際開動的複製品，它運用了克魯工廠（Crewe Works）在1880年生產的從輪和煤水車輪組的複製品，以紀念喬治・史蒂芬生的百年誕辰。

原始火箭號規格說明	
級別	火箭號
輪式	0-2-2
生產國	英國
設計／建造者	羅伯特史蒂芬生公司
生產數量	5
服役年分	1830-40年
汽缸數量	2，傾斜37度
鍋爐壓力	每平方公分3.51公斤
動輪直徑	1435公釐
最高速度	約每小時48公里

煙囪冠

4.9公尺高的煙囪

煙囪支桿

傾斜活塞　汽包

水櫃

煤櫃

火箭號與煤水車橫截面圖（上）　　　一等車廂（下）

車頂行李架　　六座車廂　　手繪公司名稱　　附安全鏈連結的彈力緩衝器　　車廂名稱　　橡木框車窗　　列車長座位

LIVERPOOL TRAVELLER MANCHESTER　RAILWAY — COMPANY

LIVERPOOL HVSKISSON MANCHESTER　RAILWAY — COMPANY

革命性的機車

這是火箭號的複製品，包含了許多讓原始的火箭號得以在競賽中達到高速的特色。火箭號是第一輛擁有完全可動鼓風管的機車，可強制廢蒸汽排出煙囪。火箭號沒有制軔（煞車），若要讓它停車，得踩一塊腳踏板把它打到倒檔才可停下。

側面圖

正面圖

外觀

1979年可動的火箭號複製品因為需要遵照現代的健康、安全規定與操作條件，所以無法百分之百忠實呈現原本的火箭號。這輛複製品在剛開始時裝有木製動輪，不過它在1980年5月時在柏德煤礦（Bold Colliery）因鐵軌不平而出軌，動輪受損變形，所以得更換為鋼製動輪，因此被迫退出火箭號150週年慶典的開幕儀式。複製品的「水櫃」是一只容量245公升的「豬頭桶」（Hogshead）啤酒桶，來自威爾特郡（Wiltshire）德維茲（Devizes）的瓦德沃斯啤酒廠（Wadworth Brewery）。

1. 鍋爐桶黃銅名牌 2. 煙囪冠 3. 壓力計關閉閥 4. 鍋爐水位測試龍頭 5. 十字頭，圖為連接桿的小端和活塞桿 6. 木製動輪和連桿 7. 大端細節特寫 8. 製造商銘牌 9. 左側驅動桿 10. 滑動偏心輪總成 11. 水櫃 12. 煤水車車輪與安全鍊

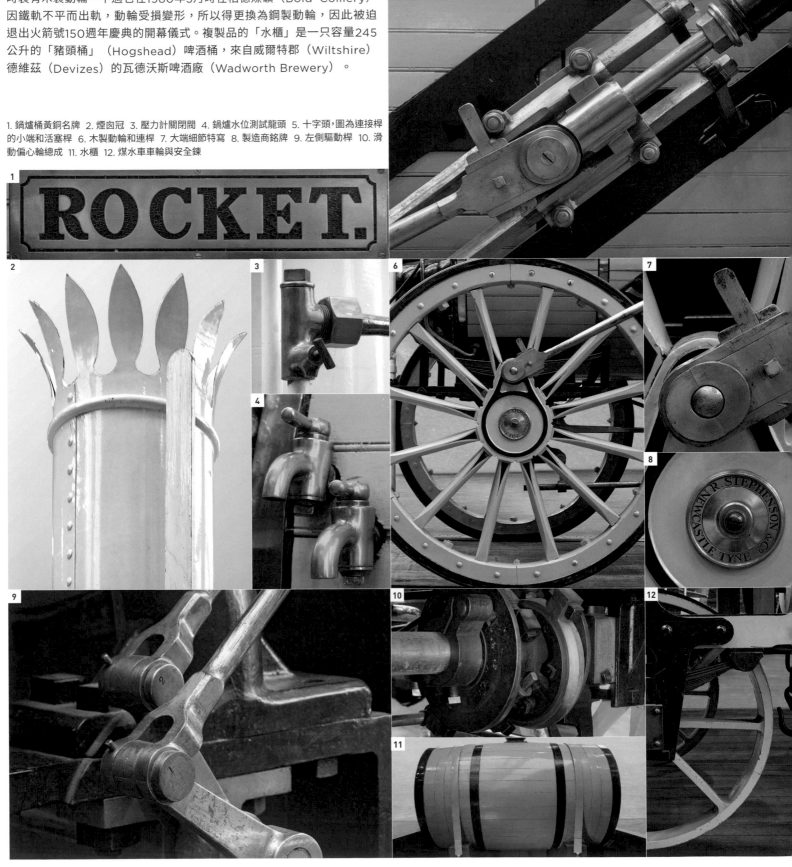

踏板

火箭號只有一小塊踏板，工作人員沒有遮風避雨的地方。所謂的「落下板」（也就是連接機車和煤水車之間縫隙的金屬板）在作業時會滑動搖晃，因此颱風下雨時，司機員會有一種彷彿身在海上的錯覺。掉落的焦炭或煤塊很容易卡在安裝在地板上的閥門齒輪踏板和燃燒室擋板的把手下方，有時會讓駕駛狀況變得格外困難。

13. 燃燒室及上方的紅銅蒸汽導管　14. 活門裝置操作踏板　15. 調節閥　16. 燃燒室門　17. 右側活門裝置控制桿

車廂

和火箭號複製品一起展出的車廂都是1834年時原本的利物浦和曼徹斯特鐵路頭等車廂的複製品，是1930年為紀念這段鐵路一百週年而建造的。每節車廂都有三個隔間，每間六個座位，分別命名為旅行家（Traveller）和赫斯基森（Huskisson），後者是為了紀念利物浦的國會議員威廉‧赫斯基森（William Huskisson），他在1830年利物浦和曼徹斯特鐵路的通車典禮上不幸被機車撞死。

18. 車廂緩衝器　19. 煤水車緩衝器彈簧　20. 銅製把手　21. 貼上金箔的車廂名稱　22. 車廂上的乘客踏階　23. 車廂車輪、軸箱、和葉片彈簧　24. 列車長座位　25. 車廂窗帶　26. 頭等車廂有扣椅背軟墊座椅

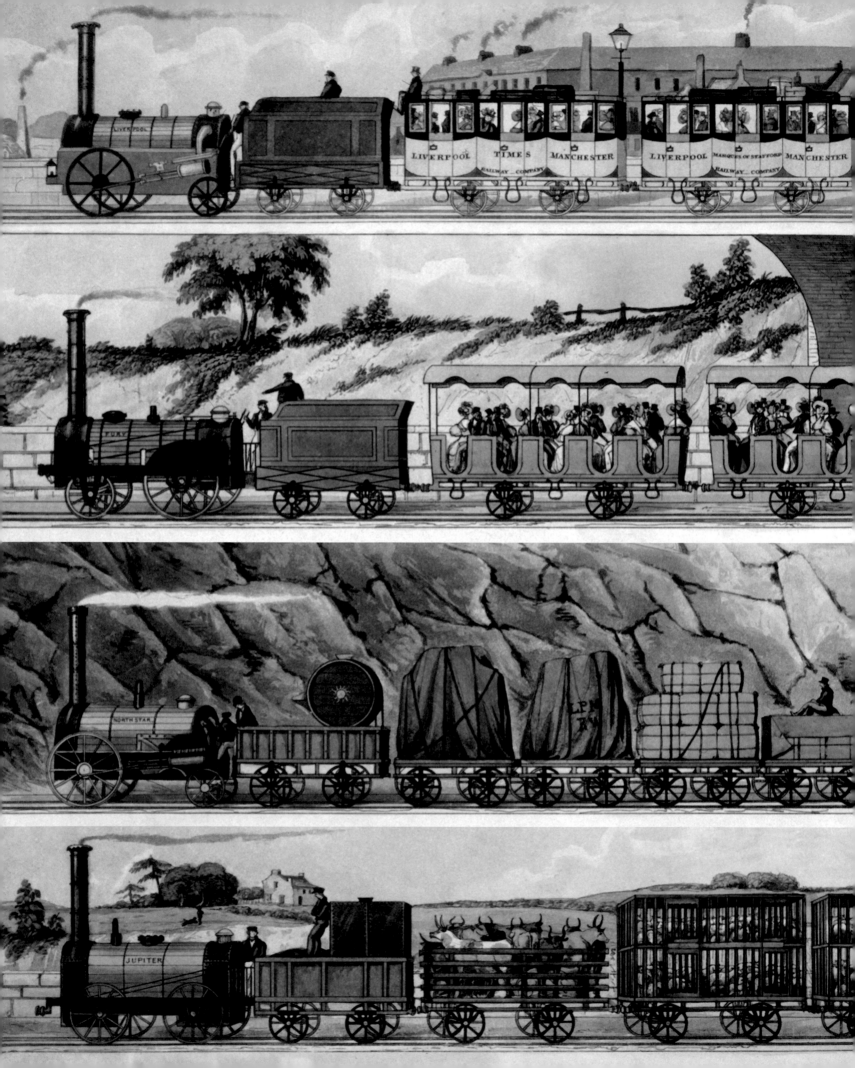

利物浦和曼徹斯特鐵路

利物浦和曼徹斯特鐵路在1830年通車，是世界第一條付費客運及貨運鐵路。它以成本更低但效率更高的方式建立了曼徹斯特和蘭開夏（Lancashire）的工廠和利物浦港口之間的運輸聯繫。工廠主人都想找出一個比布里奇沃特運河（Bridgewater Canal）的船運速度更快、更便宜的運輸路線，因此他們都相當高興。

工程挑戰

喬治·史蒂芬生受命擔任51.5公里長的雙線鐵路的工程師。他的專業在曼徹斯特附近的察特摩斯（Chat Moss）受到了考驗，因為軌道在當地必須越過一片綿延6.5公里長的泥炭沼澤，相當不穩定。這片地形幾乎讓整個工程停擺。但史蒂芬生把鐵路蓋在由木材和石塊組成的浮動地基上，克服了這個障礙。

　　三年內，共有64座橋梁和高架橋沿著這條鐵路而建，包括擁有九個橋拱的桑奇高架橋（Sankey Viaduct）、利物浦的瓦平隧道（Wapping Tunnel），以及一條在橄欖山（Olive Mount）開鑿出來、長達3.2公里的路塹，此外在位於曼徹斯特和利物浦的路線兩端，也建築了旅客總站。在1831年的前六個月，利物浦和曼徹斯特鐵路總共運送了18萬8726名乘客和將近3萬6578公噸的貨物。

國內及出口用蒸汽機車

史蒂芬生的火箭號大獲成功，加上1825年世界第一條公共鐵路以及1830年第一條城際鐵路通車，使得英國製的蒸汽機車在國內外都供不應求。早期製造商當中最成功的，當屬由喬治和他的兒子羅伯特在1823年創辦、位於泰恩河畔紐卡索的羅伯特史蒂芬生公司。這家公司早期生產的機車用在斯托克頓和大令頓鐵路（Stockton & Darlington Railway），但也供應給埃及、德國和美國等地的最早期鐵路。

◁ **Invicta 無敵號，1829-30年**

車輪輪式	0-4-0
汽缸數	2
鍋爐壓力	每平方公分2.81公斤
動輪直徑	1220公釐
最高速度	約每小時32公里

羅伯特史蒂芬生公司在泰恩河畔紐卡索生產無敵號，然後經由海路運到肯特（Kent）。無敵號於1830年牽引坎特柏立和惠斯塔布鐵路（Canterbury & Whitstable Railway）上的第一列火車。這輛機車的名字得自肯特郡旗上的格言「無敵」。它目前在肯特的坎特柏立博物館（Canterbury Museum）裡展示。

▽ John Bull 約翰牛號，1831年

車輪輪式	0-4-0（建造）、2-4-0（修改）
汽缸數	2（安裝在車身內）
鍋爐壓力	每平方公分3.16公斤
動輪直徑	1676公釐
最高速度	約每小時48公里

約翰牛號由羅伯特史蒂芬生公司製造，出口到美國，1831年到1866年間在康登和安波伊鐵路（Camden & Amboy Railroad）上行駛。美國工程師艾薩克·德里普斯（Isaac Dripps）把他的雙輪轉向架安裝到機車上，還加了第一種排障器，另外也加裝了一盞頭燈、附有火花熄滅器的煙囪，以及有蓋的煤水車和駕駛室。

▷ Planet 行星號，1830年

車輪輪式	2-2-0
汽缸數	2（安裝在車身內）
鍋爐壓力	每平方公分3.16公斤
動輪直徑	1676公釐
最高速度	約每小時56里

行星號（Planet）是第一款把活塞安裝在車身內的機車，同時也是為利物浦和曼徹斯特鐵路建造的第九輛機車。它由羅伯特史蒂芬生公司設計，是第一款大量生產的機車。

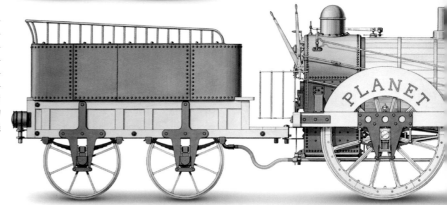

1831年剛建造的約翰牛號。

▽ Adler 老鷹號，1835年

車輪輪式	2-2-2
汽缸數	2（安裝在車身內）
鍋爐壓力	每平方公分3.37公斤
動輪直徑	1372公釐
最高速度	約每小時27公里

老鷹號是第一輛在德國的鐵路上成功運轉的蒸汽機車。它是羅伯特史蒂芬生公司為巴伐利亞路德維希鐵路（Bavarian Ludwig Railway）建造的，持續服役到1857年。1935年，德國造了一輛老鷹號的複製品，以紀念德國鐵路發展100週年。

▽ Bury 貝里號，1831年

車輪輪式	0-4-0
汽缸數	2（安裝在車身內）
鍋爐壓力	每平方公分3.52公斤
動輪直徑	1676公釐
最高速度	約每小時64公里

這輛機車採用條形車架，以減輕重量，最大特色是圓頂的燃燒室。貝里號由愛德華貝里公司（Edward Bury & Co.）設計，在美國廣受歡迎，因為它的軌道採用輕便設計，可以在短時間內迅速鋪設出相當長的距離。

△ Hawthorn Sunbeam 哈松日光號，1837年

車輪輪式	2-2-0
汽缸數	2（安裝在車身內）
鍋爐壓力	每平方公分3.52公斤
動輪直徑	1524公釐
最高速度	約每小時64公里

日光號由紐卡索的哈松公司（R. & W. Hawthorn & Co.）製造，在斯托克頓和大令頓鐵路上行駛。哈松製造各種船用和固定式蒸汽引擎，也為寬軌的大西部鐵路製造機車。

◁ North Star 北極星號，1838年

車輪輪式	2-2-2
汽缸數	2（安裝在車身內）
鍋爐壓力	每平方公分3.52公斤
動輪直徑	2134公釐
最高速度	約每小時64公里

羅伯特史蒂芬生公司的北極星號於1838年在大西部鐵路的寬軌鐵道上牽引第一任總裁搭乘的列車。它在1854年改裝，並服役到1871年才退役。

▷ Lion 獅子號，1838年

車輪輪式	0-4-2
汽缸數	2（安裝在車身內）
鍋爐壓力	每平方公分3.52公斤
動輪直徑	1524公釐
最高速度	約每小時56公里

獅子號是陶德基森雷爾德公司（Todd, Kitson & Laird）最早建造的兩輛機車之一，另一輛是老虎號（Tiger）。獅子號在利物浦和曼徹斯特鐵路上運行到1859年，之後就退役，安置在利物浦碼頭（Liverpool Docks），作為固定式幫浦引擎使用。

史蒂芬生父子
1781-1848年／1803-59年

喬治・史蒂芬生
1781-1848年

羅伯特・史蒂芬生
1803-59年

利物浦和曼徹斯特鐵路是世界第一條客運鐵路,在1830年通車,預告了機械化運輸的光明時代即將到來,當中的關鍵人物就是喬治・史蒂芬生。他是個無師自通的煤礦工程師,因為在土木和機械工程領域取得各種開創性成就而被尊為「鐵路之父」。史蒂芬生和他的工程師兒子羅伯特合作,打造出一系列蒸汽機車。此外父子倆也聯手修築斯托克頓和大令頓鐵路(1825年),喬治在這裡率先採用標準的1.435公尺軌距,直到今日仍在世界各地廣泛使用。

聲名大噪

喬治・史蒂芬生打從一開始就是個新創專家。他在1814年製造出第一輛機車布呂歐號,是第一種使用凸緣車輪在軌道上行駛的機車。1823年,他和羅伯特在紐卡索設立機車製造廠,生產第一批在商業鐵路上運轉的蒸汽機車。這座工廠生產的第一輛機車就取名為「機車一號」,但最知名的作品也許是火箭號,因為它1829年贏得競賽後,就在利物浦和曼徹斯特鐵路上運行。

史蒂芬生父子的聲望如日中天,因此不列顛急速擴張的鐵路網——例如緊接在利物浦和曼徹斯特鐵路之後、於1833年連接倫敦和伯明罕的鐵路——就極度需要他倆擔任總工程師。他們甚至為海外的鐵路建設方案出謀畫策,例如埃及、義大利和挪威等。羅伯特的專業也延伸到鐵路橋梁方面,設計建造了紐卡索的高階橋(High Level Bridge,1849年)、諾森伯蘭(Northumberland)的皇家邊境大橋(Royal Border Bridge,1850年)等等。

深入挖掘

在利物浦和曼徹斯特鐵路上開鑿長約3.2公里的橄欖山路塹(Olive Mount Cutting)時,總共挖出約36萬7000立方公尺的石塊。路塹在某些地方的深度達到將近21公尺。

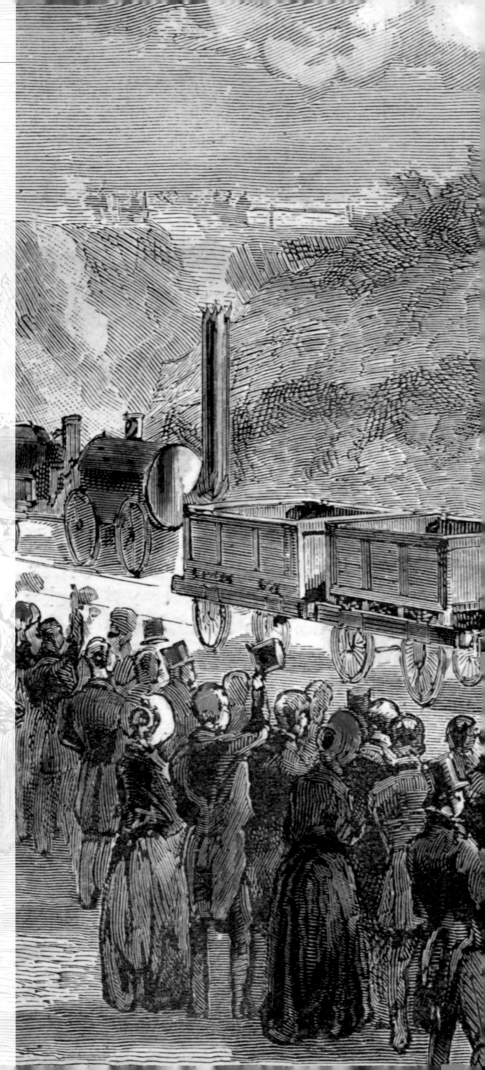

贏者全拿
1829年10月，蒸汽機車競賽在利物浦附近的雨丘舉行，以決定哪一款機車可以在利物浦和曼徹斯特鐵路上運轉。史蒂芬生的火箭號一舉擊敗其他四組競爭者，贏得最後勝利。

世界先鋒

到了1820年代中期，歐陸和美國的先鋒發明家和工程師都已經在試驗自己的設計。其中的某些發展，例如美國土木工程師約翰·傑維斯（John B. Jervis）的可旋轉動輪轉向架或法國的馬克·塞強（Marc Seguin）的多管式鍋爐，很快就被世界各地的機車採用。到了1830年代末，蒸汽機車設計領域的科技突飛猛進，轉而促進鐵路建設大幅擴張。在美國，巴爾的摩與俄亥俄鐵路是第一條依照時刻表營運的客貨運鐵路。到了1837年，它的營運範圍就已從巴爾的摩經過代表性的湯瑪斯高架橋（Thomas Viaduct）延伸到華盛頓特區，並跨過波多馬克河（Potomac River）抵達哈珀斯費里（Harper's Ferry）。

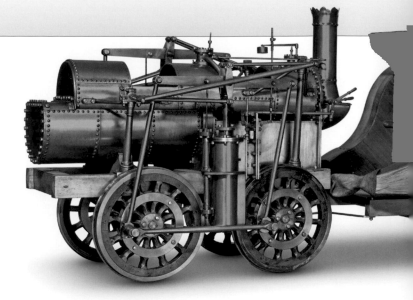

△ **Marc Sequin's locomotive**
馬克·塞強的機車，1829年

車輪輪式	0-4-0
汽缸數	2
鍋爐壓力	每平方公分2.46公斤
動輪直徑	約1372公釐
最高速度	約每小時24公里

馬克·塞強發明的創新蒸汽機車是第一在法國生產的機車，裝有一組多管式鍋爐、巨大的旋轉鼓風機和一組碩大的燃燒室。它於1829年11月在聖埃蒂安與里昂鐵路（Saint-Étienne & Lyon Railway）上測試，並從1830年開始定期營運。

▽ **John Stevens's Steam Waggon**
約翰·史蒂芬斯的蒸汽車號，1825年

車輪輪式	早期齒條式
汽缸數	1
鍋爐壓力	每平方公分7.03公斤
動輪直徑	1450公釐
最高速度	約每小時19公里

約翰·史蒂芬斯上校（John Stevens）的蒸汽車號驗證了非常高壓蒸汽鐵路機車的實用性。蒸汽車是第一輛在美國境內的軌道上行駛的機車，史蒂芬斯在他位於新澤西州荷波肯（Hoboken）的莊園內的一段環狀軌道上駕駛它。

△ **Best Friend of Charleston**
查理頓最好的朋友號，1838年

車輪輪式	0-4-0
汽缸數	2
鍋爐壓力	每平方公分2.46公斤
動輪直徑	約1450公釐
最高速度	約每小時40公里

查理頓最好的朋友號是第一輛完全在美國境內製造的蒸汽機車，由紐約的西點鑄造廠（West Point Foundry）製造。它在南卡羅來納鐵路（South Carolina Railroad）上提供客運服務，直到因鍋爐爆炸而毀壞。

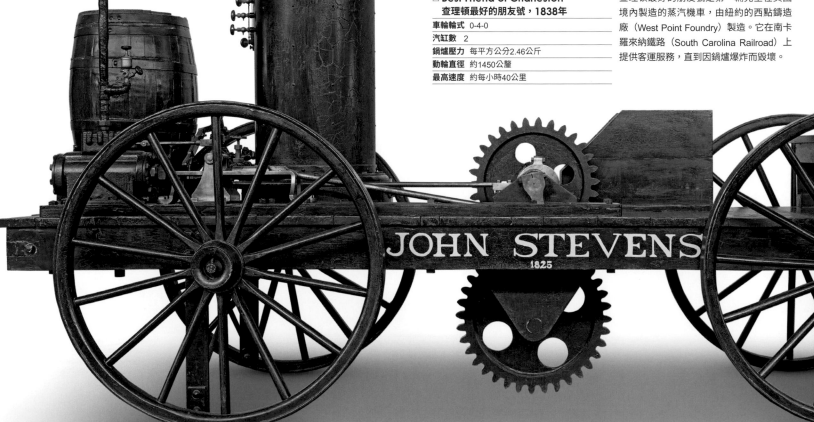

JOHN STEVENS 1825

◁ **Tom Thumb 拇指湯姆號，1830年**

車輪輪式	2-2-0
汽缸數	1
鍋爐壓力	每平方公分2.46公斤
動輪直徑	約840公釐
最高速度	約每小時23公里

這輛機車是美國發明家彼得・庫柏（Peter Cooper）建造的，他後來還參選過總統。巴爾的摩與俄亥俄鐵路曾經舉辦一場競賽，讓拇指湯姆號和一匹馬競速，以便決定要採用蒸汽動力還是馬匹拖曳。儘管火車輸了這場比賽，但鐵路當局看到了它的潛力。拇指湯姆號重量只有1公噸，擁有一座垂直鍋爐，內部管路用槍管製作而成。

▷ **DeWitt Clinton**
德威特・克林頓號，1831年

車輪輪式	0-4-0
汽缸數	2
鍋爐壓力	每平方公分2.46公斤
動輪直徑	約1520公釐
最高速度	約每小時32公里

德威特・克林頓號是為摩和克與哈得孫鐵路（Mohawk & Hudson Railroad）製造的，是第一輛在紐約州運轉的蒸汽機車，乘客坐在改裝後的驛馬車上。它的名稱得自紐約州的一位州長，他曾經負責建造伊利運河（Erie Canal）。

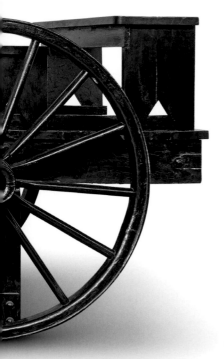

◁ **Experiment 實驗號，1832年**

車輪輪式	4-2-0
汽缸數	2
鍋爐壓力	每平方公分3.51公斤
動輪直徑	約1830公釐
最高速度	約每小時96公里

實驗號的設計師是德拉瓦與哈得孫運河與鐵路（Delaware & Hudson Canal & Railroad）總工程師約翰・傑維斯（John Jervis），在紐約的西點鑄造廠製造。這輛機車在摩和克與哈得孫鐵路上使用，之後改名為強納森兄弟號（Brother Jonathan）。它是第一輛擁有4-2-0式動輪轉向架的機車。

鐵路擴張

美國最早的鐵路是靠馬匹拖曳的。1830年，巴爾的摩與俄亥俄鐵路（簡稱B&O）成為最早採用蒸汽機車的鐵路之一。雖然有些鐵路會採購新廠商的設計，像是鮑德溫（Baldwin），但巴爾的摩與俄亥俄鐵路卻決定自行生產自用機車，包括使用壽命相當久的蚱蜢（Grasshopper）。1836年，威廉·諾里斯（William Norris）引進了四輪動輪轉向架，之後就流行全球，直到蒸汽機車時代在20世紀結束。1838年，約翰·舒貝爾特（Johann Schubert）的薩克森尼亞號（Saxonia）成為第一輛成功在德國製造並運轉的蒸汽機車。

△ **Baldwin Old Ironsides**
鮑德溫老鐵漢號，1832年

車輪輪式	2-2-0
汽缸數	2
鍋爐壓力	每平方公分3.51公斤
動輪直徑	1372公釐
最高速度	約每小時45公里

老鐵漢號由美國發明家馬蒂亞斯·鮑德溫（Matthias Baldwin）設計，是鮑德溫機車廠（Baldwin Locomotive Works）製造的第一款投入營運的蒸汽機車，用於費城、日耳曼鎮與諾里斯鎮鐵路（Philadelphia, Germantown & Norristown Railroad）。

▷ **B&O Atlantic 巴爾的摩與俄亥俄鐵路大西洋號，1832年**

車輪輪式	0-4-0
汽缸數	2
鍋爐壓力	每平方公分3.52公斤
動輪直徑	890公釐
最高速度	約每小時32公里

大西洋號是美國投資家與鑄造廠場主費內斯·戴維斯（Phineas Davis）為巴爾的摩與俄亥俄鐵路建造的。它的外號叫「蚱蜢」，是另外20輛類似機車的原型車。

BALTIMORE & OHIO R. R. ATLANTIC
1832 1832

早期的旅客車廂

美國最早的鐵路旅客車廂相當原始，常以既有的公路驛馬車設計為基礎，原本用於慢速的馬匹拖曳鐵路。不過鐵路公司隨即發現這種設計相當不實用：座位不舒適，乘客坐在敞篷的客車上，不僅得承受日曬、風吹、雨淋，還躲不過同樣原始的蒸汽機車噴出的黑煙、熱灰和煤渣。

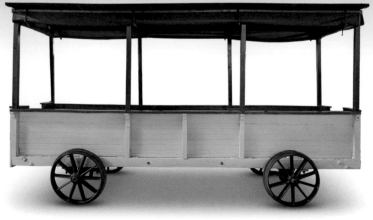

◁ **主管座車，1828年**

構型	4輪
載客數	12人
製造材料	鐵及木材
使用鐵路	巴爾的摩與俄亥俄鐵路

巴爾的摩與俄亥俄鐵路主管座車原本由馬匹拖曳。1830年8月，拇指湯姆號牽引搭載多位主管的座車，成為第一列蒸汽牽引的火車，沿著這條鐵路一路行駛到埃利科特麵粉廠（Ellicott's Mills）。圖中這輛是1926年為了鐵馬博覽會（Fair of the Iron Horse）而打造的複製品，目前在巴爾的摩的巴爾的摩與俄亥俄鐵路博物館中展示。

▷ B&O Lafayette
B&O 拉法葉號，1837年

車輪輪式	4-2-0
汽缸數	2
鍋爐壓力	每平方公分4.21公斤
動輪直徑	1372公釐
最高速度	約每小時56公里

威廉·諾里斯（William Norris）的拉法葉號是世界第一款裝有四前動輪轉向架的量產型機車，目前在巴爾的摩的巴爾的摩與俄亥俄鐵路博物館中可看到一輛1927年打造的複製品。

△ B&O "Grasshopper" John Hancock
B&O 「蚱蜢」約翰·漢考克號，1836年

車輪輪式	0-4-0
汽缸數	2
鍋爐壓力	每平方公分3.51公斤
動輪直徑	889公釐
最高速度	約每小時32公里

約翰·漢考克號設有駕駛室，是巴爾的摩與俄亥俄鐵路的20輛「蚱蜢」機車之一，擔任調車機車的工作直到1892年。

▷ Saxonia 薩克森尼亞號，1838年

車輪輪式	0-4-2
汽缸數	2
鍋爐壓力	每平方公分4.21公斤
動輪直徑	1500公釐
最高速度	約每小時60公里

薩克森尼亞號由約翰·舒貝爾特設計，是第一輛完全在德國國內生產並投入實際運作的蒸汽機車。它行駛於萊比錫德勒斯登鐵路（Leipzig to Dresden Railway）上，這是德國第一條長途鐵路。到了1843年，薩克森尼亞號的總行駛里程已經累積了超過8500公里。

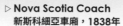

◁ Maryland Coach 馬里蘭車廂，1830年

構型	4輪
載客數	14人
製造材料	鐵及木材
使用鐵路	巴爾的摩與俄亥俄鐵路

理察·伊姆雷（Richard Imlay）的馬里蘭車廂是雙層車廂，以驛馬車為基礎，是為巴爾的摩與俄亥俄鐵路第一列蒸汽火車打造的六節車廂之一。車廂本體安裝在附有皮帶托架的無懸吊架上輪上。對上層座位的旅客來說，車廂並不穩，且缺乏保護。

▷ Nova Scotia Coach
新斯科細亞車廂，1838年

構型	4輪
載客數	6人
製造材料	鐵及木材
使用鐵路	新斯科細亞礦業總會

新斯科細亞車廂由英國倫敦的提摩西·赫克沃思（Timothy Hackworth）生產，在加拿大布雷頓角島（Cape Breton Island）上的煤礦鐵路上供新斯科細亞礦業總會（General Mining Association of Nova Scotia）的會長搭乘。它又被稱為「新娘車」，因為據說當初在礦業總會會長的婚禮過後，它曾經載著新娘返家。

1839-1869年：
建設國家

建設國家

1869 年 5 月 10 日，在美國猶他州的普羅蒙特里（Promontory）這個塵土飛揚的地方，一根「金釘」被釘進枕木裡，然後兩輛機車面對面緩緩地互相靠近。這個簡單的儀式象徵著第一條橫貫大陸鐵路完工，也是美國國家發展史上的一個重要時刻。19 世紀中期，鐵路成為國家進步背後的驅動力，不只是在美國，在全世界都如此。歐洲各地都大量鋪設鐵路，甚至進入愈來愈人跡罕至的地方。而在印度這個之後將成為其中一個遼闊鐵道大國的地方，第一列客運列車於 1853 年 4 月駛出孟買（Bombay）。

△ **印度的第一列載客火車**
1853年4月16日，GIP No.1載著旅客沿著大印度半島鐵路從孟買前往塔納。

不過在這段時間裡，人類依然在實驗探索。工程天才伊桑巴德・金德姆・布魯內爾（Isambard Kingdom Brunel）建造了英國的大西部鐵路，但不是採用一般的 1.435 公尺軌距，而是他自創、寬得多的 2.14 公尺軌距。軌距更大，可容許的行駛速度就更高，列車也可以更寬敞，但依照史蒂芬生偏愛的較窄軌距鋪設的鐵路已經太多了。為了調解這場「軌距戰爭」，英國國會決定否決布魯內爾的主意。

但其他發明就有相當長久的影響：連結號誌和轉轍器的電報和「機械聯鎖裝置」在 1850 年代發展，1869 年喬治・威斯汀豪斯（George Westinghouse）引進的氣軔如今已成為全世界火車的標準配備。隨著鐵路不斷發展，它們也對人類社會造成了更深遠的影響。1842 年時，英國的維多利亞女王首度搭乘火車旅行，乘座大西部鐵路的列車前往溫莎（Windsor）。當倫敦第一條地下鐵在 1863 年通車時，城市大眾運輸更是有了根本性的轉變。隨著路網發展，勞工能以低廉的成本從郊區通勤前往城市工作，從而推動世界第一座大都市的誕生。

「國家造就鐵路，鐵路造就國家。」

英國鐵路推手愛德華・皮斯（Edward Pease）

關鍵事件

▷ **1839年**：德國的第一條長程鐵路通車，連結萊比錫和德勒斯登。

▷ **1839年**：荷蘭的第一條鐵路連結阿姆斯特丹（Amsterdam）和哈倫（Haarlem）。

▷ **1841年**：湯瑪斯・庫克（Thomas Cook）首創「包車」，帶領一個禁酒主義人士組成的團體從英國的列斯特（Leicester）前往勒夫波羅（Loughborough）。

▷ **1842年**：英國的維多利亞女王搭乘大西部鐵路列車，代表王室給予認可。

▷ **1844年**：鐵路經由法國通往瑞士巴塞爾（Basel）；瑞士第一條國內線鐵路於1847年通車。

▷ **1850年代**：機械聯鎖裝置把號誌和轉轍器連結在一起，改善行車安全。

▷ **1853年**：印度的第一班客運列車從孟買駛往塔納（Thane）。

▷ **1863年**：倫敦的大都會鐵路（Metropolitan Railway）通車，是世界第一條真正的地下鐵路。

△ **大都會鐵路**
蒸汽機車在隧道內行駛，代表乘客得忍受黑煙瀰漫的車站和煤氣燈照明的車廂。

▷ **1869年**：北美第一條橫貫大陸鐵路竣工。

▷ **1869年**：美國人喬治・威斯汀豪斯發明氣軔。

▷ **1869年**：喬治・普爾曼（George Pullman）推出極致奢華的鐵路旅遊，也就是普爾曼客車（Pullman Car）。

◁ **1869年**在猶他州普羅蒙特里釘下的「金釘」連結了美國的聯合太平洋鐵路（Union Pacific）和中央太平洋鐵路（Central Pacific）。

美國勇往直前

美國從英國進口的機車對可快速鋪設的較輕便軌道而言經常超重，且馬力不足，無法應付較陡的坡度。因此美國工程師針對自己國家的需要，提出本土化的設計。機車先是加裝雙輪引導轉向架，後來改成四輪，以便引導機車急轉彎。4-4-0輪式因為牽引能力更佳而成為標準輪式，之後則是更強的4-6-0輪式。由於軌道沒有圍籬，為了應付突發狀況，機車還加裝排障器、頭燈和警鐘。到了1871年，美國設計師建造的機車已經能夠在連接兩大洋的鐵路網上奔馳，牽引沉重的貨物。

▽ CVR No. 13 Pioneer
坎伯蘭谷鐵路No. 13先鋒號，1851年

車輪輪式	2-2-2
汽缸數	2
鍋爐壓力	每平方公分7公斤
動輪直徑	1372公釐
最高速度	約每小時64公里

先鋒號在賓州和馬里蘭州西部的坎伯蘭谷鐵路（Cumberland Valley Railroad, CVR）牽引較短的客運列車，一直服役到1890年。1862年，南軍部隊摧毀鐵路機廠，它僥倖逃過一劫。

▷ B&O L Class No. 57 Memnon
巴爾的摩與俄亥俄鐵路L型No.57門農號，1848年

車輪輪式	0-8-0
汽缸數	2
鍋爐壓力	每平方公分5公斤
動輪直徑	1118公釐
最高速度	約每小時48公里

門農號於1848年由巴爾的摩與俄亥俄鐵路購入，用於貨運工作，之後參與了美國南北戰爭，用來牽引部隊和物資。這輛機車擁有八個動輪，賦予它額外的動力和牽引力。

鐵道話題

為鐵路募資

鼓吹鐵路建設的人瞄準費城、波士頓、紐約等商業中心，還有歐洲的資本市場，大手筆籌措資金來發展鐵路事業。投資人偏愛債券更勝於股票，因為債券可提供保證收益。同一時間，美國政府也提供聯邦土地轉讓給鐵路公司，它們之後便出售不需要的土地，以籌措更多資金。

巴爾的摩與俄亥俄鐵路股票 當這張面值100美元的證券發行時，美國的新巴爾的摩與俄亥俄鐵路股份價值超過300萬美元。

▷ W&A No. 39 The General
西部和大西洋鐵路No. 39將軍號，1855年

車輪輪式	4-4-0
汽缸數	2
鍋爐壓力	每平方公分10公斤
動輪直徑	1524公釐
最高速度	約每小時72公里

將軍號由西部和大西洋鐵路（Western & Atlantic Railroad, W&A）建造，1856到1891年間在喬治亞州的亞特蘭大（Atlanta）和田納西州的查塔諾加（Chattanooga）之間牽引客運和貨運列車。

△ **B&O Class B No. 147 Thatcher Perkins**
巴爾的摩與俄亥俄鐵路B型No. 147撒切爾・柏金斯號，1863年

車輪輪式	4-6-0
汽缸數	2
鍋爐壓力	每平方公分12.3公斤
動輪直徑	1524公釐
最高速度	約每小時80公里

巴爾的摩與俄亥俄鐵路的撒切爾・柏金斯號（名字得自負責設計它的總機械師），是截至1910年為美國鐵路建造的1萬6500輛「十輪仔」（Ten-Wheeler，指4-6-0輪式）機車中幸運留存的一輛。它動力強大，能夠爬上西維吉尼亞州陡峭的路線。

▽ **UP No. 119**
聯合太平洋鐵路No. 119，1868年

車輪輪式	4-4-0
汽缸數	2
鍋爐壓力	每平方公分6公斤
動輪直徑	1524公釐
最高速度	約每小時72公里

這輛是新澤西帕特孫（Paterson）羅傑斯機車廠（Roger's Locomotive Works）最先為聯合太平洋鐵路建造的119號機車複製品。真正的119號機車目前停放在猶他的奧格登（Ogden），以紀念第一條橫貫大陸鐵路於1869年5月竣工。它在這條路線上運轉到1903年。

◁ **CP No. 60 Jupiter**
中央太平洋鐵路No. 60木星號，1868年

車輪輪式	4-4-0
汽缸數	2
鍋爐壓力	每平方公分8公斤
動輪直徑	1524公釐，之後更換為1600公釐
最高速度	約每小時72公里

木星號在紐約建造，以套件方式透過海運經過恩角（Cape Horn）運送到舊金山，再用駁船運送到薩克拉門托（Sacramento），並於當地重新組裝。這輛機車代表中央太平洋鐵路出席慶祝橫貫大陸鐵路竣工的「金釘」典禮。這輛複製品生產於1979年。

火車檔案：
撒切爾·柏金斯號

撒切爾·柏金斯號是由巴爾的摩與俄亥俄鐵路的總機械師設計的 B 型 147 號機車，建造於 1863 年。147 號在同年投入使用，並在美國南北戰爭期間用來運送北軍部隊。之後它在西維吉尼亞牽引客運和貨運列車，直到 1892 年才退休。在 1927 年的巴爾的摩與俄亥俄鐵路百週年慶祝典禮上，它被正式命名為撒切爾·柏金斯號。

147號機車從美國鐵路首先使用的4-4-0輪式機車自然演變而來，擁有4-6-0輪式賦予的額外抓地力。它的重量達41公噸，裝有史蒂芬生研發的連桿閥動機構、碩大的火花熄滅煙囪與油燈，設計用來牽引頭等客運列車，在今日西維吉尼亞州坎伯蘭與格拉夫頓（Grafton）之間的陡峭路線上行駛。它取代1861年在南北戰爭中被摧毀的一輛類似機車，並在戰爭期間開始服役，輸送北軍部隊和彈藥物資穿越阿勒格尼山脈（Allegheny Mountains）。

　　這輛機車堅實穩固，因此得以服役長達29年。它退役之後被巴爾的摩與俄亥俄鐵路保存下來，作為展示和其他公關用途使用。自1953年起，撒切爾·柏金斯號便停放在巴爾的摩的巴爾的摩與俄亥俄鐵路博物館內克雷爾山扇形車庫（Mount Clare Roundhouse）中展示。2003年，這棟建築的屋頂因暴風雪而坍塌，撒切爾·柏金斯號因此嚴重毀損，不過之後經過修復，現在又重新回到這座博物館裡展示。

正面圖　　　　　　背面圖

B. & O. R. R.

引領群雄

巴爾的摩與俄亥俄鐵路於1827年開業，是美國第一條依照時刻表經營客貨運服務社會大眾的鐵路。

規格說明

級別	B	服役年分	1863-92年（撒切爾·柏金斯號）
輪式	4-6-0	汽缸數量	2
生產國	美國	鍋爐壓力	每平方公分12.3公斤
設計／建造者	撒切爾·柏金斯／巴爾的摩與俄亥俄鐵路	動輪直徑	1524公釐
生產數量	11	最高速度	約每小時80公里

駕駛室用風乾的硬木打造　　　燃燒室汽包內有安全閥和節流器

煤水車配置兩組四輪轉向架

手軔機只能控制煤水車後轉向架的剎車

警鐘可從駕駛室用一條繩索搖響

煙囪裝有火花熄滅器

排障器可以把軌道上的物體推離

安全第一

147號機車剛開始上線時，需要燃燒大量木材，都裝在八輪的煤水車上。這輛機車的火花熄滅煙囪裝有雙層篩網，可防止木材餘燼隨風飛揚，意外使鐵路兩旁的房舍或植被起火燃燒。

外觀

巴爾的摩與俄亥俄鐵路用大膽的配色來塗裝147號機車。大型頭燈、排障器、砂包、駕駛室和煤水車車體都漆成印度紅色，搭配金色字體及線條。機車和煤水車車輪還有煙囪頂則漆成朱紅色，而汽缸、排煙室、煙囪、擋泥輪罩、下方零件和鍋爐外殼則為黑色。最後，鍋爐箍環、旗桿、警鐘和油杯均為銅製。與歐洲不同的是，北美洲的機車車頭安裝排障器可說是家常便飯，可用來把軌道上的障礙物推開。

1. 機車編號銘牌　2. 排障器　3. 頭燈　4. 用來潤滑汽櫃的油杯　5. 活塞汽缸組
6. 閥動裝置連結機構　7. 銅製警鐘和有裝飾的軛形吊架　8. 砂包　9. 銅哨　10. 用來潤滑側桿的油杯　11. 動輪與側桿　12. 煤水車轉向架　13. 十字頭　14. 駕駛室窗戶　15. 煤水車踏階　16. 煤水車後方的鏈接銷連結器

駕駛室和煤水車

寬敞的駕駛室用木材搭建，可保護司機和司爐免受日曬風吹雨淋。駕駛室也裝有拱形窗戶，可以清楚看到前方軌道。操作哨子和警鐘的繩索掛在車頂上，而座椅則安裝在燃燒室門的兩側，讓工作人員疲勞時可以稍作休息。

　　早期的美國蒸汽機車會消耗大量木材，這些木材由拖掛在後方的大型煤水車載運。147號機車的煤水車配置兩組四輪轉向架，水櫃則占用掉兩側和後方的位置。

17. 機車駕駛室（從後方看） 18. 水位計（玻璃製水位視窗）
19. 鍋爐壓力計 20. 三聯水栓 21. 燃燒室門 22. 反轉桿
（強生桿Johnson bar） 23. 司爐座位 24. 手軔機轉盤
25. 煤水車煤櫃

建造偉大鐵道：
聯合太平洋鐵路

第一條橫貫北美大陸的鐵路在 1872 年完工，連接芝加哥和加州。今日這條路線屬於北美最大的一級貨運鐵路——聯合太平洋鐵路公司。

聯合太平洋鐵路在1862年誕生。 當時的美國總統林肯簽署〈太平洋鐵路法案〉（Pacific Railroad Act），批准建設第一條橫貫美洲大陸的鐵路。聯合太平洋鐵路公司以前往西部的早期移民篷車隊路線為基礎，從位於內布拉斯加密蘇里河（Missouri River）西岸的奧馬哈（Omaha）開始向西方修築鐵路，中央太平洋鐵路則從加州的薩克拉門托出發向東修築。

中央太平洋鐵路在1863年從薩克拉門托開始鋪設。為了這段鐵路，所有的築路裝備都得從美國東岸繞經合恩角運來。這是一段漫長且危機四伏的旅程，有時得花上好幾個月。

在聯合太平洋鐵路首任總經理湯瑪斯·杜蘭特（Thomas Durant）領導下，來自愛爾蘭

聯合太平洋鐵路貨運列車
聯合太平洋鐵路公司擁有將近9萬5000輛貨車，在東岸和西岸間超過5萬1177公里的軌道上經營雙層貨櫃聯運貨運業務。

旅遊海報
在這張1915年左右的聯合太平洋鐵路宣傳海報裡，一位女士俯瞰著綠意盎然的加州谷地。

的挖掘工人辛勤工作，於1865年開始從奧馬哈沿著普拉特河谷（Platte River Valley）向西修築鐵路。聯合太平洋鐵路的築路裝備首先是透過內河船隻運送過來，不過隨著芝加哥、愛荷華與內布拉斯加鐵路（Chicago, Iowa & Nebraska Railroad，之後的芝加哥與西北鐵路Chicago & North Western Railroad）通車，連結芝加哥和位於密蘇里河東岸、奧馬哈對面的康索布拉夫

美 利 堅 合 眾 國

工程列車，1868年： 1
築路團隊在大家所謂的「陸上路線」（Overland route）東段、中段和西段同時施工。

唐納隘口
506公尺長的六號隧道在1868年完工，讓中央太平洋鐵路可以穿越內華達山脈。

普羅蒙特里大會師
1869年在這條鐵路的竣工典禮上，聯合太平洋鐵路和中央太平洋鐵路的高層共同釘下金色道釘。

懷俄明州

岱爾克里科大橋： 3
岱爾克里科大橋（Dale Creek Bridge）是聯合太平洋鐵路上最長的高架橋，於1868年完成，高46公尺。由於岱爾克里科大橋過於細長，會在強風中搖晃，因此之後被繞過。

奧馬哈－普羅蒙特里大會師
聯合太平洋鐵路於1865年開始建興建這個路段。

普羅蒙特里點

羅林斯

奧格登

內布拉斯加州

薩克拉門托

內華達州

拉勒密

夏安

格蘭德艾蘭

舊金山

薩克拉門托－普羅蒙特里
這個路段由中央太平洋鐵路公司興建。

猶他的運補車隊： 2
由牛隻拖曳的貨車用來為猶他東北部迴聲峽谷（Echo Canyon）附近的鐵路興建工地運送各類物資。

雪曼峰
這裡是鐵路的最高點，海拔2443公尺，但之後一條較低的新路線繞過了此地。

薩克拉門托－奧克蘭（舊金山）
這個路段由西部太平洋鐵路興建。

加州

猶他州

科羅拉多州

貝利鐵路調車場： 6
位於內布拉斯加北普拉特（North Platte）的聯合太平洋鐵路貝利鐵路調車場（Bailey Railroad Yard）是世界最大的鐵路調車場。

聯合太平洋鐵路柴油機車
聯合太平洋鐵路擁有超過8000輛柴電機車，本圖即為其中一輛，它正牽引一列貨運列車經由陸上路線穿越加州的沙漠。

（Council Bluffs），之後的相關物資建材都可透過鐵路運送。到了1868年，這個路段就已經推進到雪曼峰（Sherman Summit）。

在此期間，西邊的中央太平洋鐵路則雇用1萬2000名中國勞工，打通15條隧道，1868年就已經推進到唐納隘口（Donner Pass）。

1869年5月9日，這兩條鐵路在普羅蒙特里會合，紀念性的金色道釘被釘進最後一條枕木裡。不過橫貫大陸鐵路一直要到1872年聯合太平洋鐵路開放跨越密蘇里河、連結奧馬哈和康索布拉夫的大橋時，才算完全竣工。

1971年，客運列車停駛，之後這項業務就由新成立的美國國鐵（Amtrak）承接。這條鐵路今日只運送貨物，唯一的例外是豪華的加州和風號（California Zephyr）提供的每日載客服務。

重點提示

日期

1863 年 中央太平洋鐵路第一段軌道從薩克拉門托開始鋪設
1865 年 聯合太平洋鐵路第一段軌道從奧馬哈開始鋪設
1869 年 在普羅蒙特里舉辦金色道釘典禮
1872 年 密蘇里河大橋建成，路線完工
1883 年 陸上快車首次提供客運服務

列車

第一輛蒸汽機車 4-4-0 輪式雪曼少將號（Major General Sherman）在 1864 年生產，1865 首度服役。
最大的蒸汽機車 4-8-8-4 輪式 4000 級活節機車「大男孩號」（Big Boy），1941-44 年
柴電機車 聯合太平洋鐵路目前大約有 8000 輛運作中，包括奇異公司（General Electric）4400 匹馬力 CC44AC/CTE、通用汽車電動事業部（EMD）4000 匹馬力 SD70M。

旅程

芝加哥到舊金山 3700 公里
1893 年 「陸上快車」費時 86 小時又 30 分鐘，當中包括從奧克蘭到舊金山的渡船
1906 年 「陸上特快車」費時 56 小時
目前 51 小時

鐵路

軌距 1435 公釐
隧道 聯合太平洋鐵路：四座；中央太平洋鐵路：15座；最長的隧道為頂峰隧道（Summit Tunnel），長 533 公尺
最長橋梁 岱爾克里科大橋，183 公尺
最高點 雪曼峰，2443 公尺，現已繞道

齊心協力

雖然名為聯合太平洋鐵路，但這條橫貫大陸路線原本是由四家鐵路公司合力建造的：芝加哥、愛荷華與內布拉斯加鐵路、聯合太平洋鐵路、中央太平洋鐵路，以及西部太平洋鐵路。

圖例
● 起點／終點
● 主要車站
|||||| 聯合太平洋鐵路
|||||| 中央太平洋鐵路
|||||| 芝加哥、愛荷華與內布拉斯加鐵路
|||||| 西部太平洋鐵路

4 陸上路線列車：
自1887年起，陸上快車（Overland Flyer）以及之後的陸上特快車（Overland Limited）成為聯合太平洋鐵路營運路線的一部分。旅客可以在列車尾端的瞭望車中欣賞壯麗景致。

芝加哥－康索布拉夫（奧馬哈）
這段路線由芝加哥、愛荷華與內布拉斯加鐵路公司修築，時間上比聯合太平洋鐵路的其他路段都早。

5 四九人號（Forty-Niner）
是重型流線型蒸汽機車，名稱源自1849年加州淘金潮中前仆後繼的礦工。在1940年代，一個月有五班從芝加哥開出。

愛荷華州

芝加哥

伊利諾州

奧馬哈

康索布拉夫
在橋梁興建之前，渡船會載運旅客橫渡密蘇里河前往奧馬哈。

北

0 150 200 450公里

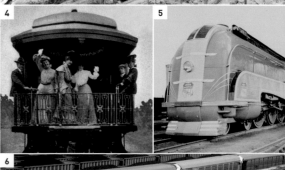

英國的發達

在英國鐵路史上，這段時期可說是成功與失敗交織。大交匯鐵路（Grand Junction Railway）上知名的克魯工廠於1840年在一片預定地上開張，沒多久，造型優雅的單動輪快速機車就完工出廠。至於在利物浦，愛德華·貝里（Edward Bury）鑽研他的條式車架設計，之後在北美受到歡迎。不過在失敗方面，布魯內爾在德文（Devon）的大氣鐵路（atmospheric railway）是一場徹頭徹尾的災難，而約翰·富勒（John Fowler）的地下蒸汽機車更是讓設計師本人難堪不已。

△ **FR No. 3 "Old Coppernob"**
弗內斯鐵路No. 3「老銅瘤」，1846年

車輪輪式	0-4-0
汽缸數	2（安裝在車身內）
鍋爐壓力	每平方公分7公斤
動輪直徑	1448公釐
最高速度	約每小時48公里

這輛機車由愛德華·貝里設計，因為燃燒室四周用銅片包覆，而得到「老銅瘤」（Old Coppernob）的外號。它是利物浦的貝里、寇帝斯與甘迺迪公司（Bury, Curtis & Kennedy）為英格蘭西北部的弗內斯鐵路（Furness Railway）生產的。目前它通常在約克的國家鐵道博物館中展出，英國境內的條式車架設計機車只有這麼一輛而已。

△ **Fireless locomotive "Fowler's Ghost"**
無火焰機車「富勒幽靈」，1861年

車輪輪式	2-4-0
汽缸數	2（安裝在車身內）
鍋爐壓力	每平方公分11.25公斤
動輪直徑	1830公釐
最高速度	約每小時32公里

這款實驗型機車由約翰·富勒設計、羅伯特史蒂芬生公司製造，打算用在寬軌的倫敦大都會地下鐵。它裝有冷凝裝置，以防止蒸汽和煙排出，結果徹底失敗。

▷ **GJR Columbine**
大交匯鐵路科倫拜號，1845年

車輪輪式	2-2-2
汽缸數	2
鍋爐壓力	每平方公分8.43公斤
動輪直徑	1830公釐
最高速度	約每小時64公里

科倫拜號機車由亞歷山大·艾倫（Alexander Allen）設計，是大交匯鐵路的克魯工廠建造的第一輛機車，它隨即被用來牽引倫敦與西北鐵路（London & North Western Railway）的工程部視察專用車廂。它一直牽引客運列車到1877年，之後在1902年除役，目前停放在倫敦的科學博物館靜態展示。

◁ **FR Prince**
FR王子號，1863年

車輪輪式	0-4-0ST
汽缸數	2
鍋爐壓力	每平方公分11.25公斤
動輪直徑	610公釐
最高速度	約每小時32公里

王子號由商人兼工程師喬治·英格蘭（George England）設計建造。它是1863年頭三輛被送往北威爾斯（North Wales）負責運送石板的0.6公尺軌距費斯特奈歐格鐵路（Ffestiniog Railway）的蒸汽機車之一。王子號在2013年重返服役，以慶祝它在這條鐵路上行駛的150週年。它也是這條路線上車齡最老且仍可操作的機車。

▷ **LSWR Class 0298**
倫敦與西南鐵路0298型，1863年

車輪輪式	2-4-0WT
汽缸數	2
鍋爐壓力	每平方公分11.25公斤
動輪直徑	1702公釐
最高速度	約每小時64公里

0298型由約瑟夫·比亞堤（Joseph Beattie）為倫敦與西南鐵路（London & South Western Railway）設計，目的是要服務倫敦西南郊區的旅客。這種井式水櫃機車總共生產了85輛，大部分由倍爾皮寇克公司（Beyer Peacock & Co.）製造。

鐵道科技

◁ **LNWR Pet**
倫敦與西北鐵路寵物號，1865年

車輪輪式	0-4-0ST
汽缸數	2（安裝在車身內）
鍋爐壓力	每平方公分8.43公斤
動輪直徑	380公釐
最高速度	約每小時8公里

倫敦與西北鐵路（London & North Western Railway）機車主管約翰·蘭姆斯波頓（John Ramsbottom）設計了寵物號。這輛機車是一輛嬌小的無駕駛室蒸汽機車，在0.45公尺窄軌的克魯工廠鐵路（Crewe Works Railway）上行駛到1929年，現在存放在約克的國家鐵道博物館做靜態展示。

布魯內爾的大氣鐵路

英國工程師伊桑巴德·金德姆·布魯內爾在艾克希特（Exeter）和托特尼斯（Totnes）之間興建了寬軌的南德文鐵路（South Devon Railway），也就是他規畫的「大氣」鐵路。這種火車不需要機車，而是改由軌道中間一條密封在鑄鐵管裡的長形活塞推動前進，移動活塞所需的真空狀態則由固定式泵房製造（例如上圖這個）。這條鐵路在1847年通車，但不到一年就宣告失敗。原因是管道必須靠一塊塊皮革密封，而塗在皮片上的動物油脂天氣一熱就會融化，再不然就是被老鼠吃掉。所以1848年它就改建了，用來操作傳統的牽引式火車。

大氣鐵路軌道
這段布魯內爾的寬軌軌道和鑄鐵真空管道目前在迪德科特鐵路中心（Didcot Railway Centre）展示。

歐洲的進步

1840年代，歐洲各地都在大興土木建設鐵路，許多機車設計依然深受英國工藝影響，許多廠商也在法國和奧地利設廠。湯馬斯·克蘭普頓（Thomas Crampton）的機車採用不常見的拉長鍋爐搭配「單動輪」，到了1850年代就已經在巴黎和斯特拉斯堡（Strasbourg）之間以超過每小時113公里的速度牽引列車奔馳。原本缺乏經驗的歐洲製造商——例如慕尼黑的史特勞斯（Strauss）——設計打造出來的機車也通過了時間的考驗，許多都持續服役到20世紀。

▷ **Oldenburgische Class G1 No. 1 Landwührden**
奧登堡G1型No. 1蘭德沃爾登號，1867年

車輪輪式	0-4-0
汽缸數	2
鍋爐壓力	每平方公分9.98公斤
動輪直徑	1500公釐
最高速度	約每小時60公里

No.1蘭德沃爾登號是慕尼黑的葛歐格·克勞斯（Georg Krauss）設計的第一輛機車，曾因為設計卓越和工藝技術精湛，在1867年於巴黎舉行的世界博覽會獲得金牌獎。這輛輕量型的機車首先在奧登堡大公國國家鐵路（Grand Duchy of Oldenburg State Railways）的支線上服役，之後在1900年退役，目前在慕尼黑的德意志博物館（Deutsches Museum）中展示。

▽ **SNB Limatt**
瑞士北部鐵路利馬特號，1847年

車輪輪式	4-2-0
汽缸數	2
鍋爐壓力	每平方公分6公斤
動輪直徑	1500公釐
最高速度	約每小時56公里

利馬特號由德國卡爾斯魯厄（Karlsruhe）的艾密爾·凱斯勒（Emil Kessler）建造，是瑞士的第一條鐵路——瑞士北部鐵路（Schweizerische Nordbahn, SNB）——的第一輛蒸汽機車。這輛機車的名字得自利馬特河（River Limmat），因為這條鐵路大部分路段都是沿著這條河流興建。它目前在琉森（Luzern）的瑞士交通博物館（Swiss Museum of Transport）中展示。

▷ **CF de l'Est Crampton**
東方鐵路公司克蘭普頓機車，1852年

車輪輪式	4-2-0
汽缸數	2
鍋爐壓力	每平方公分8.43公斤
動輪直徑	2134公釐
最高速度	約每小時127公里

這種快速機車由英國工程師湯馬斯·克蘭普頓設計，特徵是位於後方的大動輪和安裝位置較低的鍋爐。No. 80大陸號（Le Continent）由尚－弗朗索瓦·卡耶（Jean-François Cail）製造，在巴黎和斯特拉斯堡之間牽引特快列車，於1914年退役，累計里程240萬公里。

◁ **Südbahn Class 23 GKB 671**
南部鐵路23型GKB 671，1860年

車輪輪式	0-6-0
汽缸數	2
鍋爐壓力	每平方公分6.89公斤
動輪直徑	1245公釐
最高速度	約每小時45公里

這輛機車是由維也納的國家鐵路公司機車製造廠（Lokomotivfabrik der StEG）生產，在奧地利南部的格拉茲－科夫拉赫鐵路（Graz-Köflacher Railway）上牽引貨運列車。GKB 671目前仍用來牽引觀光列車，是目前仍在使用中的世界最老蒸汽機車。

△ CF de l'Ouest Buddicom Type 111 No. 33 Saint-Pierre
西方鐵路巴迪康111型No. 33聖皮耶號，1844年

車輪輪式	2-2-2
汽缸數	2
鍋爐壓力	每平方公分5.62公斤
動輪直徑	1905公釐
最高速度	約每小時60公里

No.33聖皮耶號在法國盧昂（Rouen）由英國工程師威廉‧巴迪康（William Buddicom）建造，以供新修建的巴黎至盧昂鐵路使用。它的服役時間久，紀錄良好，於1912年退役。在歐洲大陸保存的所有蒸汽機車裡，它是歷史最悠久的原品，目前在默路斯（Mulhouse）的火車城博物館（Cité du Train Museum）中展示。

◁ BG Type 1B N2T Muldenthal
BG 1B N2T型慕登塔爾號，1861年

車輪輪式	2-4-0
汽缸數	2
鍋爐壓力	每平方公分8公斤
動輪直徑	1220公釐
最高速度	約每小時48公里

肯尼茲（Chemnitz）的薩克森機械製造廠（Sächsische Maschinenfabrik）建造了這輛1B N2T型慕登塔爾號機車，用以牽引薩克森（Saxony）新建的柏克威爾鐵路（Bockwaer Railway）上的煤礦運輸列車。慕登塔爾號在1952年退役時，它是當德國仍在使用中的最古老機車，目前在德勒斯登運輸博物館（Dresden Transport Museum）中展示。

鐵道話題

旅行階級

打從最早的時候開始，鐵路旅客就根據他們的財力和社會地位被分級。頭等車廂的旅客可享受豪華舒適的座位和寬敞的空間，二等車廂則經常十分擁擠，座椅也通常是木製座椅。至於三等車廂的乘客就只能搭乘露天貨車，必須忍受日曬風吹雨淋，還有前方的蒸汽機車噴出的黑煙、煤渣和灰燼。

頭等

二等

三等

〈競爭激烈的一天〉（*A Day at the Races*），**1846年** 這幅《倫敦新聞畫報》（*London Illustrated News*）刊出的漫畫呈現出英國鐵路旅行中可見到的社會階級差異。

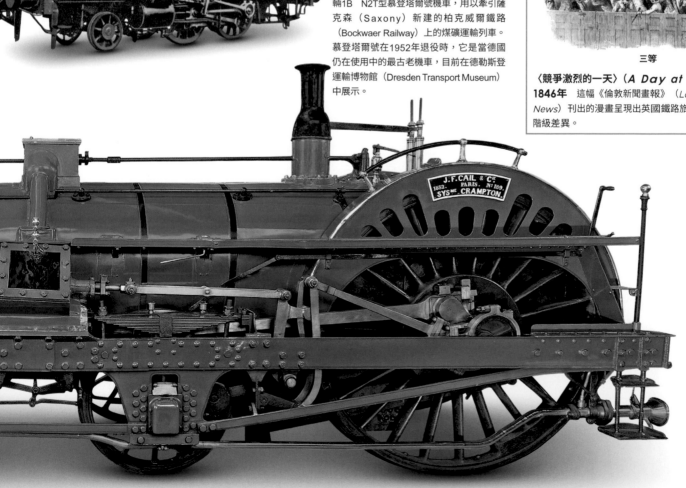

伊桑巴德．金德姆．布魯內爾
1806–59年

伊桑巴德．金德姆．布魯內爾是個大膽而備受爭議的人物，也是英國維多利亞時代最勇於創新、最成功的工程師。他的父親馬克（Marc）是個移民自法國的發明家和工程師，他年輕時就和父親一起設計橋梁和商用碼頭。1826年，布魯內爾應聘擔任倫敦瓦平和羅瑟希德（Rotherhithe）之間的泰晤士隧道（Thames Tunnel）常駐工程師，事業就此起飛。除了設計英國幾處最知名的鐵路、橋梁、高架橋和隧道外，他也參與幾處碼頭的建設計畫，還設計了三艘可以橫渡大西洋的輪船，這些發明一起讓維多利亞時代的英格蘭從此改頭換面。

大西部鐵路

布魯內爾對於英國鐵路最恆久的貢獻，就是串連布里斯托和倫敦的大西部鐵路。儘管先前並沒有鐵路工程的經驗，但他卻被選上，負責這項當時最具技術性挑戰的土木工程計畫。

大西部鐵路於1835年同時從倫敦和布里斯托兩個終點站開工，1841年通車。這條鐵路長190公里，因平穩順暢而聞名，並得到「布魯內爾的撞球桌」（Brunel's billiard table）的外號。布魯內爾想把大西部鐵路建設成速度最快、最舒適的鐵路，因此他採用2.14公尺軌距的寬軌，而不是喬治．史蒂芬生的1.435公尺標準軌距，當時英格蘭中部和北部地區都是採用標準軌距。於是就有了「軌距之爭」（Battle of the Gauges），並且持續了50年，最後以大西部鐵路在1892年改採標準軌距收場。這條鐵路目前依然是英國鐵路網的重要動脈。

布魯內爾最後參與的工程計畫是皇家阿爾貝爾特大橋（Royal Albert Bridge），它以巨大的管狀拱形結構聞名。等到這座橋在1859年落成時，布魯內爾已經病得太厲害，無法出席完工典禮，但他還是躺在一輛平板車上，被拉著緩緩通過大橋，欣賞自己令人讚嘆的傑作。

巴克斯隧道
威爾特郡（Wiltshire）的巴克斯隧道（Box Tunnel）建於1841年，連結了契朋罕（Chippenham）和巴斯（Bath）之間大西部鐵路的最後一段。在建設這條3.2公里長的隧道時，共有超過100名工人犧牲性命。

前進康瓦耳
布魯內爾在1859年蓋的皇家阿爾貝爾特大橋，讓鐵路可以跨越添馬河（River Tamar）進入康瓦耳（Cornwall），使鐵路網再向西延伸。圖中，預造的橋拱結構正準備抬高到預定位置。

大西部鐵路的寬軌

當英國其他鐵路都採用1.435公尺的標準軌距時，工程師伊桑巴德·金德姆·布魯內爾卻採用2.14公尺軌距的寬軌來修建大西部鐵路，這條鐵路從倫敦帕丁頓（Paddington）通往布里斯托。布魯內爾堅持，相較於標準軌距，他的設計可讓火車以更高速度行駛、更平穩順暢、旅客的舒適度也能大幅提升。從許多方面來看，他是對的，但採用標準軌距的不只是英國，還有世界其他許多地方（包括北美洲），因此他的寬軌算是生錯了時代。大西部鐵路的最後一班寬軌列車在1892年5月21日開出。

◁ **GWR Firefly Class Fire Fly**
大西部鐵路螢火蟲型飛螢號，1840年

車輪輪式	2-2-2
汽缸數	2（安裝在車身內）
鍋爐壓力	每平方公分7公斤
動輪直徑	2134公釐
最高速度	約每小時93公里

螢火蟲型（Firefly）由丹尼爾·古奇（Daniel Gooch）設計，是1840到1842年間多家製造商為大西部鐵路生產的61輛特快客運機車之一。這型機車以高速聞名，原本的飛螢號（Fire Fly）從特威福德（Twyford）到帕丁頓只花了37分鐘。圖中這輛是2005年打造的可動複製品，是第63輛螢火蟲型，目前在迪德科特鐵路中心動態展示。

◁ **GWR Iron Duke Class Iron Duke**
大西部鐵路鐵公爵型鐵公爵號，1846年

車輪輪式	4-2-2
汽缸數	2（安裝在車身內）
鍋爐壓力	每平方公分7公斤
動輪直徑	2440公釐
最高速度	約每小時124公里

鐵公爵型特快客運機車由丹尼爾·古奇設計，由大西部鐵路的斯文敦工廠（Swindon Works）和伯爾頓勒摩爾斯（Bolton-le-Moors）的洛斯維爾公司（Rothwell & Co.）生產，在1846到1855年間共出廠29輛。本圖中的鐵公爵號可動複製品是在1985年生產，目前在迪德科特鐵路中心展示。

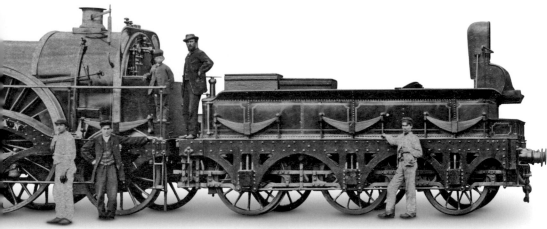

◁ **GWR Iron Duke Class Sultan**
大西部鐵路鐵公爵型蘇丹號，1857年

車輪輪式	4-2-2
汽缸數	2（安裝在車身內）
鍋爐壓力	每平方公分7公斤
動輪直徑	2440公釐
最高速度	約每小時124公里

蘇丹號是大西部鐵路鐵公爵型快速機車之一，於1847年生產，但一年後卻發生意外，在什芮芬罕（Shrivenham）撞上一輛貨車。這型機車的原型車「大西部號」原本在車頭裝有一對承載輪，輪式因此成為2-2-2。和這型的其他機車相比，蘇丹號的動輪沒有凸緣，以便在彎道上移動。

▷ **GWR Iron Duke Class Lord of the Isles**
大西部鐵路鐵公爵型群島之王號，1851年

車輪輪式	4-2-2
汽缸數	2（安裝在車身內）
鍋爐壓力	每平方公分10公斤
動輪直徑	2440公釐
最高速度	約每小時124公里

群島之王號是丹尼爾·古奇為大西部鐵路設計的另一輛特快旅客機車，屬於鐵公爵型的改良版，擁有較高的鍋爐壓力、撒沙裝置和較佳的駕駛「室」。當它還很新時，曾在1851年的萬國工業博覽會（Great Exhibition）中展出，1893年則在芝加哥展出。它在1884年退役。

◁ **GWR Rover Class**
大西部鐵路羅浮型，1870/1871年

車輪輪式	4-2-2
汽缸數	2（安裝在車身內）
鍋爐壓力	每平方公分10.19公斤
動輪直徑	2440公釐
最高速度	約每小時124公里

大西部鐵路的羅浮型（Rover）快速機車在1871年到1888年間生產，和鐵公爵型類似，但鍋爐壓力略微提升，駕駛室也有更好的保護。它們使用先前鐵公爵型機車用過的名稱，並且一直服役到1892年寬軌結束營運為止。

△ **大西部鐵路寬軌車廂，1840年**

構型	6輪，二等
載客數	48人
製造材料	鐵製底盤、木製車身
使用鐵路	大西部鐵路

這輛大西部鐵路寬軌二等車廂的複製品由倫敦的科學博物館打造，用來搭他們的鐵公爵號機車複製品，以慶祝1985年的鐵路紀念日。它目前在迪德科特鐵路中心搭配飛螢號動態展示。

鐵道科技

軌距之爭

當大西部鐵路的寬軌碰上標準軌距時，被迫在車站換車的旅客總會遭遇各種大問題。1846年，英國政府通過鐵路統一（軌距）法案（Railway Regulation (Gauge) Act），規定英國使用1.435公尺的軌距，愛爾蘭使用1.6公尺的軌距。布魯內爾的意見被否決了。到了1892年，所有的大西部鐵路路線都改成標準軌距。

〈**格洛斯特的軌距斷點**〉（*Break of Gauge at Gloucester*），1846年　這幅政治漫畫描繪在格洛斯特（Gloucester）車站，旅客提著大包小包行李，在寬軌的大西部鐵路和標準軌距的米德蘭鐵路（Midland Railway）之間換乘引發的混亂場面。

大量運輸

隨著鐵路網擴張，火車的角色也愈來愈多，因此也更需要為了特定目的設計的機車。快速客運機車擁有碩大的動輪，每轉動一圈都能走上更遠的距離。對貨運列車來說，牽引力道透過六個、八個或十個較小的車輪傳遞，可提供火車所需的附著力，來移動沉重的載荷。依照時刻表運行的郊區旅客通勤服務則使用水櫃機車，不論是排煙室在前或煤櫃在前都可以。對於支線和調車機車而言，尺寸和重量是關鍵要素，因此會偏好短軸距的0-4-0、2-4-0和0-6-0等輪式設計。

▷ **S&DR No. 25 Derwent**
斯托克頓和大令頓鐵路No. 25德文特號，1845年

車輪輪式	0-6-0
汽缸數	2
鍋爐壓力	每平方公分3.5公斤
動輪直徑	1220公釐
最高速度	約每小時16-24公里

這款六輪貨運機車自19世紀中葉開始就成為英國的主力機車，其中服役時間最早的是1845年提摩西·赫克沃思的德文特號（Derwent），它在英格蘭東北部的斯托克頓和大令頓鐵路運轉，直到1869年。

▷ **Met Class A No. 23**
大都會鐵路A型No. 23，1864年

車輪輪式	4-4-0T
汽缸數	2
鍋爐壓力	每平方公分8.46公斤；後來改成每平方公分10.53公斤
動輪直徑	1537公釐
最高速度	約每小時72公里

自1960年代開始，倫敦大都會鐵路就以曼徹斯特（Manchester）倍爾皮寇克公司生產的水櫃機車為主力車種，直到進入電氣化時代。為了消除汙染，排放的蒸汽會回到水櫃中，凝結之後就可重複使用。

貨車與客車

最早的鐵路車輛設計，理所當然都是以既有的成品為基礎。客車車廂採用公路馬車的設計，貨車則是拿在礦坑裡用了幾個世紀、由鐵件和木料組合而成的礦車放大修改而成。不過，提高載重量（不論是乘客還是貨物）、加快速度和提高舒適度與便利性等需求，都帶來突飛猛進的發展。

△ **SH Chaldron Wagon**
南赫頓查爾宗貨車，1845-55年

構型	斗式煤車
重量	3.35公噸
製造材料	鐵制底盤與鐵板
使用鐵路	南赫頓煤礦

最早的貨車型式是採用查爾宗（chaldron）煤車的設計，這是中世紀使用的一種煤礦計量單位。這輛貨車在喬治·史蒂芬生建造的達蘭郡（County Durham）南赫頓煤礦（South Hetton Colliery）鐵路上使用，這條鐵路於1822年通車。

◁ **LNWR "Large Bloomers"**
倫敦與西北鐵路「大布盧默」，1851年

車輪輪式	2-2-2
汽缸數	2
鍋爐壓力	每平方公分7公斤，後來改成每平方公分10.53公斤
動輪直徑	2134公釐
最高速度	約每小時80-96公里

這款單動輪客運機車由詹姆詹姆士・麥康諾（James McConnell）設計，至1862年為止為倫敦與西北鐵路生產了74輛，主要在倫敦和伯明罕（Birmingham）之間運轉。它的外號「大布盧默」（Large Bloomer）得自美國女權運動家艾蜜莉亞・布盧默（Amelia Bloomer），她因為提倡女性穿燈籠褲，震驚了維多利亞時代的社會。

▷ **S&PR No. 5 Shannon**
桑迪與波頓鐵路No. 5香農號，1857年

車輪輪式	0-4-0WT
汽缸數	2
鍋爐壓力	每平方公分8.43公斤
動輪直徑	889公釐
最高速度	約每小時16-19公里

倫敦的喬治・英格蘭公司為貝德福郡（Bedfordshire）的桑迪與波頓鐵路（Sandy & Potton Railway）建造了這輛井式水櫃機車。1862年，香農號（Shannon）被賣給倫敦與西北鐵路，在接下來的16年裡擔任調車機車的工作，之後在牛津郡（Oxfordshire）的旺塔奇鐵路（Wantage Tramway）上退役。

◁ **L&BR Queen Adelaide's Saloon No. 2**
倫敦與伯明罕鐵路阿得雷德女王專用車廂No. 2，1842年

構型	附折疊床鋪的客車
載客數	10人
製造材料	鐵製底盤、木製車身
使用鐵路	倫敦與伯明罕鐵路

英國國王威廉四世（William IV）的王后阿得雷德（Adelaide）曾經搭乘這輛「車輪上的驛馬車」，它的底盤委託倫敦與伯明罕鐵路的尤斯頓工廠（Euston Works）打造，車身則出自倫敦一家馬車製造商之手。這是歐洲現存最古老的車廂，目前存放在約克的國家鐵道博物館。

△ **NBR Dandy Car No. 1**
北不列顛鐵路丹迪車廂No. 1，1863年

構型	馬匹牽引鐵路車廂
載客數	30人（頭等和二等12人，三等18人）
製造材料	木製車架和車身
使用鐵路	北不列顛鐵路

1863到1914年間，英格蘭東北部卡來爾港鐵路（Port Carlisle Railway）的乘客都是搭乘這種馬匹牽引的丹迪車廂（Dandy Car），而馬匹就在鐵軌之間小跑前進。頭等和二等的乘客坐在車廂內，三等乘客則坐在前後兩端的長凳上。

「管子」的誕生

倫敦道路壅塞早在19世紀中期就已經是個大問題了。當時，城市律師查爾斯・皮爾森（Charles Pearson）下定決心要解決這個問題，於是發揮影響力籌措了130萬英鎊的資金，以建築世界上第一條地下鐵路，也就是6公里長的大都會鐵路。這條鐵路將會連接東邊的倫敦市和西邊的大西部鐵路終點站帕丁頓，中間在國王十字（King's Cross）和尤斯頓也設有車站。

這條鐵路的建設必須交替挖掘路塹和隧道，在隧道方面大部分採用明挖覆蓋工法來建築。這種辦法需要開挖街道路面，接著向下掘出壕溝，建立擋土牆，鋪設軌道，搭建隧道頂，最後再回填並重鋪街道路面。

一炮而紅

地鐵完工後，倫敦人馬上就來嘗鮮。在1863年1月10日通車首日，3萬8000人搶搭點著煤氣燈的木製車廂，由蒸汽機車牽引。雖然機車排放的黑煙把車站環境搞得讓人不舒服，但卻沒有嚇退乘客，共有950萬人在第一年搭乘了這條鐵路。

大都會鐵路往北延伸了80公里，但在倫敦，它的未來在於更深的路線、電氣化和更窄的隧道——這種隧道就稱為「管子」（Tube）。第一條深挖的「管子」路線由電氣化列車行駛，在1890年通車。

在挖掘的過程中，潛盾可以鑽鑿黏土之類柔軟且不穩定的土壤。當棄土運出時，它還可發揮屏障和支撐的作用。

國家與殖民地

早期英國的鐵路和蒸汽機車大獲成功，吸引了歐洲各國和北美的興趣，因此美國、法國和德國等新興工業化國家都開始為各自的國家制度奠定基礎，因此也愈來愈不需要倚靠英國的專業技術。

　　不過，英國的影響範圍遠不止於此，因為它的還有大英帝國——第一條在歐洲以外的地方興建的鐵路就位於英國的殖民地牙買加（Jamaica）。英國基於經濟和政治上的理由，在澳洲、加拿大、南非和其他地方建設鐵路。遼闊的印度就是透過鐵路系統加以控制，而當地採礦、伐木和農業的效率，當然也包括由此產生的利潤，都被這種嶄新的運輸方式徹底顛覆。

DIE ERSTE BORSIG-LOKOMOTIVE
AUS DEM JAHRE 1841

△ **Borsig No. 1 博西齊No. 1，1840年**

車輪輪式	4-2-2
汽缸數	2
鍋爐壓力	每平方公分5.62公斤
動輪直徑	1372公釐
最高速度	約每小時64公里

1837年時，奧古斯特・博西齊（August Borsig）在柏林開了一間工廠，三年後他就交出第一輛機車給柏林－波茨坦鐵路（Berlin–Potsdam Railway）。1840年，No. 1機車贏過英國的競爭對手，結束了德國仰賴進口的局面，並協助博西齊成為世界頂尖機車製造商之一。

△ **I-class No. 1**
I型No. 1，1855年

車輪輪式	0-4-2
汽缸數	2
鍋爐壓力	每平方公分8.43公斤
動輪直徑	1676公釐
最高速度	約每小時32公里

No.1機車是英格蘭泰恩河畔紐卡索的羅伯特史蒂芬生公司建造的I型機車其中一輛，於1855年1月交付給雪梨鐵路公司（Sydney Railway Co.）。澳洲在當年5月進入火車時代，展開相關服務。No.1機車在1877年退役，總里程累積達25萬467公里。

▷ **EIR No. 22 Fairy Queen**
東印度鐵路No. 22仙后號，1855年

車輪輪式	2-2-2
汽缸數	2
鍋爐壓力	每平方公分5.62-7公斤
動輪直徑	1830公釐
最高速度	約每小時40公里

仙后號是英格蘭里茲（Leeds）的基斯頓、休伊森和湯普森公司（Kitson, Hewitson & Thompson）為東印度鐵路（East Indian Railway）製造的機車。它具備安裝在外的活塞與2-2-2輪式及井式水櫃，是保存在新德里（New Delhi）的骨董機車之一，也是目前世界仍在服役的最古老機車。

△ **La Porteña 拉波鐵納號，1857年**

車輪輪式	0-4-0ST
汽缸數	2
鍋爐壓力	每平方公分9.84-11.25公斤
動輪直徑	1219公釐
最高速度	約每小時26公里

拉波鐵納號在1856年聖誕節當天從英國抵達阿根廷。它擁有外露汽缸、四輪及鞍式水櫃，於1857年8月29日為布宜諾斯艾利斯西部鐵路（Buenos Aires Western Railway）牽引第一列火車。它由里茲的威爾森公司（E.B. Wilson）生產，持續服役到1899年才退役，目前在盧漢（Luján）的博物館中展示。

◁ **Hawthorn No. 9 Blackie**
哈松No. 9布拉奇號，1859年

車輪輪式	0-4-2
汽缸數	2
鍋爐壓力	每平方公分9.14公斤
動輪直徑	1372公釐
最高速度	約每小時48公里

哈松公司在蘇格蘭利斯（Leith）的工廠裡組裝這輛0-4-0輪式的機車，買主愛德華·皮克林（Edward Pickering）把它用在72公里長的開普敦至威靈頓鐵路（Cape Town to Wellington Railway）建設工程上。它是南非的第一輛蒸汽機車，在1873-74年間改裝為0-4-2輪式，目前在開普敦鐵路總站展出。

△ **O&RR Class B No. 26**
北部烏德與羅希爾坎鐵路B型No. 26機車，1870年

車輪輪式	0-6-0
汽缸數	2
鍋爐壓力	每平方公分11.25-12.65公斤
動輪直徑	1320公釐
最高速度	約每小時64公里

No.26機車由英格蘭曼徹斯特的夏普斯圖爾特公司（Sharp, Stewart & Co.）為1.67公尺軌距的印度北部烏德與羅希爾坎鐵路（Oudh & Rohilkhand Railway）建造，它是當時典型的英國外銷機車。

鐵道科技

困難重重的鐵路建設

由於有崇山峻嶺、沙漠和叢林要克服，印度對鐵路建造者而言是個很大的挑戰。第一條鐵路長40公里，從孟買通往塔納，於1852年11月通車，到了1880年就已經鋪設了長達1萬4484公里的軌道。在接下來20年裡，鐵路網里程延伸到6萬4374公里。印度總督達爾豪西勳爵（Lord Dalhousie）成立了一個委員會，最後建設了大印度半島鐵路（Great Indian Peninsular Railway）、東印度鐵路和大吉嶺喜馬拉雅鐵路（Darjeeling Himalayan Railway）。

建築工地 這張照片攝於1856年，鐵路工人在建築高架橋用的木造施工架上工作，地點是柏卡鐵路（Bhor Ghat Railway）的8號隧道口，這條鐵路上共有28條隧道。

1870-1894年：
蒸汽機車的世界

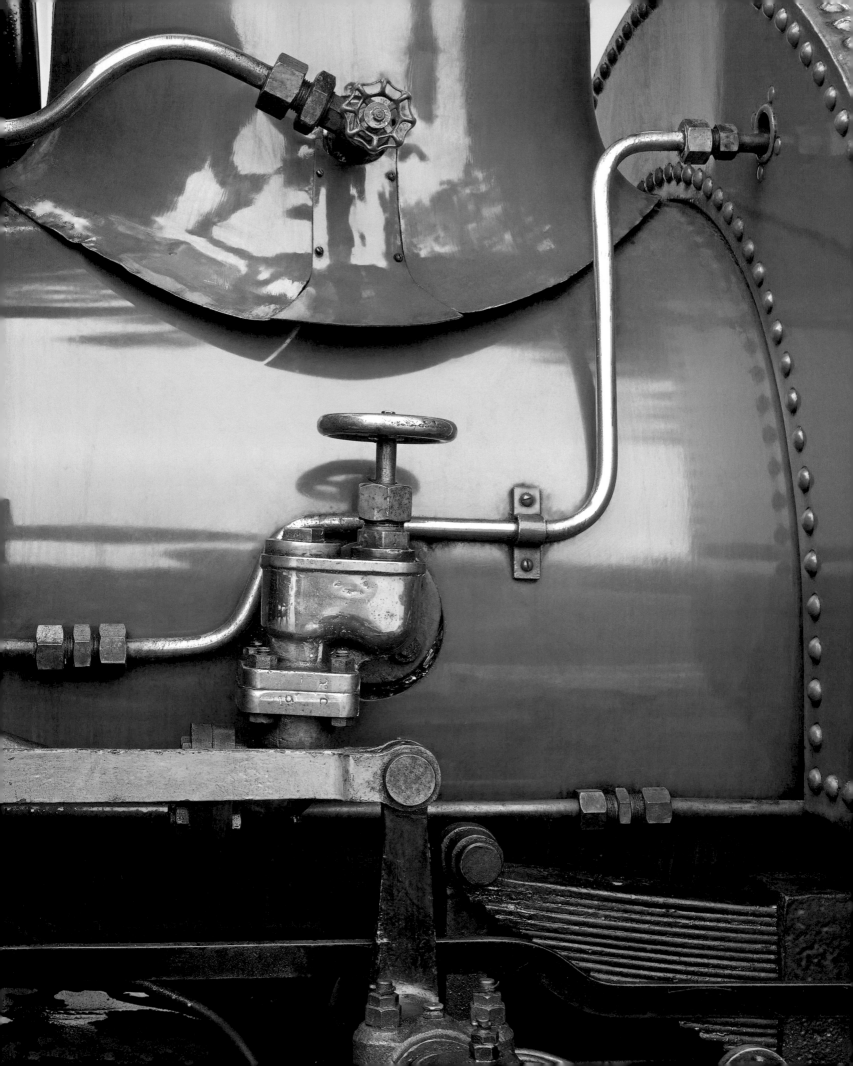

蒸汽機車的世界

當孟買的維多利亞總站（Victoria Terminus, VT）在 1888 年開幕時，被讚為全世界最富麗堂皇的火車站。它歷時十年興建，建築風格融入大量印度和英國歷史元素。「維多利亞總站」——現在叫孟買的賈特拉帕蒂·希瓦吉總站（Chhatrapati Shivaji Terminus）——已經成為一個時代象徵，在那個時代，人類似乎可以憑藉著努力與智慧達成任何事。

在這個時代，鐵路擴張全球，它們穿山越嶺，經由橋梁跨越寬闊的水道，或藉助蒸汽輪船橫渡海洋。1881 年，窄軌的大吉嶺喜馬拉雅鐵路通車，從印度的大平原一路往上，直抵喜馬拉雅山腳下。另一方面，瑞士的聖

△ **高架鐵路上的尖峰時刻**
19世紀末，曼哈頓鐵路公司在紐約市經營四條高架鐵路。

哥達隧道（Gotthard Tunnel）則讓鐵路主線穿過長達 15 公里的山體岩石。1885 年，加拿大太平洋鐵路（Canadian Pacific Railway）竣工，成為第二條橫貫整個北美大陸的鐵路。在英國，福斯大橋（Forth Bridge）在 1890 年通車，以 2.5 公里的長度一舉跨越福斯灣（Firth of Forth）。到了 1891 年，一項足以讓其他任何工程都相形失色的計畫展開，那就是俄國的西伯利亞鐵路（Trans-Siberian Railway），它連接了莫斯科和俄國遠東地區的海岸城市海參崴（Vladivostok）。

更多的路線、更快的速度、更奢華、更雄偉，胃口一旦打開，就沒有滿足的一天。鐵路亮麗奢華的那一面以長途的「東方快車」（Orient Express）為代表，它在 1891 年就已經連接了巴黎和君士坦丁堡（Constantinople，今伊斯坦堡），途經好幾座歐洲的重要城市。但儘管蒸汽火車旅行有這樣的成長和進步，另一種未來的早期跡象卻也已經浮現：1879 年，一款由軌道供應電力的新型電力機車在柏林進行演示。

「諸國啊，鋪設你們的鐵路，由近而遠；讓蒸汽的勝利之車拉著你們滿載的火車前進。」

蘇格蘭詩人查爾斯·麥凱（Charles Mackay）

關鍵事件

▷ **1870年代**：電力驅動的「軌道電路」研發出來，可自動向號誌員顯示列車位置。

▷ **1871年**：紐約中央車站（Grand Central Station）啟用，之後重建成為中央總站（Grand Central Terminal）。

▷ **1872年**：日本的第一條鐵路通車，連接東京與橫濱。

▷ **1879年**：維爾納·馮·西門子（Werner von Siemens）在柏林示範電動機車。翌年，電力路面電車在聖彼得堡（St Petersburg）試營運。

▷ **1881年**：窄軌的大吉嶺喜馬拉雅鐵路竣工，把大吉嶺山車站和印度鐵路網連接起來。

▷ **1883年**：堪稱世界最豪華的列車開始營運，自1891年起稱為東方快車。

▷ **1885年**：加拿大太平洋鐵路的橫貫大陸路線完工。

▷ **1888年**：興建了十年之後，孟買維多利亞總站落成。

▷ **1888年**：英國各家鐵路公司在倫敦到愛丁堡（Edinburgh）的「北方競速」（Race to the North）中競爭。

△ **哥德復興式建築**
維多利亞總站由英國工程顧問佛烈德瑞克·威廉·史蒂芬斯（Frederick William Stevens）設計，和倫敦的聖潘克拉斯車站（St Pancras railway station）有點類似。

▷ **1890年**：開工七年之後，福斯橋落成通車。

▷ **1891年**：有史以來最具野心的工程計畫——西伯利亞鐵路——展開。

◁ **美國海軍人員**在橫濱示範早期的蒸汽機車，吸引大批日本群眾圍觀。

19世紀的快車

19世紀後半，外觀光鮮亮麗的快速蒸汽機車持續發展。在英美兩國，想要拓展知名度的鐵路公司在互相競爭的城際路線上比賽，看誰的旅程時間最短。在英國知名的1888及1895年「北方競速」裡，互為競爭對手的東海岸幹線（East Coast Main Lines）及西海岸幹線（West Coast Main Line）在倫敦和蘇格蘭之間展開危險的高速競賽，想取得優勢。在美國，賓夕法尼亞鐵路（Pennsylvania Railroad）和紐約中央與哈德遜河鐵路（New York Central & Hudson River Railroad）也於1890年代在紐約往布法羅的路線上展開你死我活的競爭，而這也刺激了後者推出帝國州快車（Empire State Express），由知名的999號機車牽引。

◁ **GNR Stirling Single Cla**
大北部鐵路斯特林單動輪型，1870年

車輪輪式	4-2-2
汽缸數	2
鍋爐壓力	每平方公分11.95公斤
動輪直徑	2464公釐
最高速度	約每小時137公里

派翠克・斯特林（Patrick Stirling）為大北部鐵路設計了這種單動輪機車。1870到1895年間，頓卡斯特工廠（Doncaster Works）總共生產了53輛。這款機車負責在倫敦國王十字車站和約克間的東海岸幹線上牽引快速列車，並參與1888及1895年的「北方競速」。本圖中的1號機車目前保存在英國約克的國家鐵道博物館裡。

鐵道話題

北方競速

1888年，鐵路公司在檯面下互相較勁，在倫敦和愛丁堡之間的兩條鐵路幹線上競速，被當時的報紙冠上「北方競速」的標題。西海岸幹線的列車由倫敦與西北鐵路公司以及加里東鐵路公司（Caledonian Railway）營運，東海岸幹線則由大北部鐵路、東北鐵路（North Eastern Railway）與北不列顛鐵路公司（North British Railway）經營。隨著福斯大橋在1890年落成，各公司的列車就開始在倫敦和亞伯丁（Aberdeen）之間競速。但在1896年，普雷斯頓（Preston）發生了一起出軌事件，當局之後就禁止這種行為，並實施速限管制。

締造歷史的奔馳
這是一張加里東鐵路公司的明信片，照片中是1895年8月23日，第17號機車和司機員約翰・蘇特（John Souter）在亞伯丁贏得競速。

▷ **LNWR Improved Precedent Class**
倫敦與西北鐵路改進先驅型，1887年

車輪輪式	2-4-0
汽缸數	2（安裝在車身內）
鍋爐壓力	每平方公分11.95公斤
動輪直徑	2464公釐
最高速度	約每小時137公里

改進先驅型高速機車由韋伯（F.W. Webb）設計，由倫敦與西北鐵路的克魯工廠建造，從1887到1901年間共生產166輛。1895年8月22日「北方競速」時，No.790哈德威克號（Hardwicke）在克魯和卡來爾（Carlisle）之間的路段刷新速度紀錄。它目前保存在英國約克的國家鐵道博物館裡。

◁ CR No. 123 加里東鐵路No. 123，1886年

車輪輪式	4-2-2
汽缸數	2（安裝在車身內）
鍋爐壓力	每平方公分11.25公斤
動輪直徑	2134公釐
最高速度	約每小時129公里

這輛機車是1886年由格拉斯哥（Glasgow）的尼爾森公司（Neilson & Co）為加里東鐵路生產的展示用機車。這輛獨樹一格的單動輪機車負責牽引卡來爾和格拉斯哥之間的快速列車。它於1935年退役，目前在格拉斯哥的河濱博物館（Riverside Museum）裡展示。

▷ NYC &HR No. 999
紐約中央與哈德遜河鐵路No. 999，
1893年

車輪輪式	4-4-0
汽缸數	2
鍋爐壓力	每平方公分12.65公斤
動輪直徑	2197公釐
最高速度	約每小時138公里

No.999機車於1893年生產，據稱曾以每小時161公里的速度高速奔馳，負責牽引紐約中央與哈德遜河鐵路旗下的旗艦列車帝國州快車，往返紐約和布法羅。這輛知名的機車曾在芝加哥世界博覽會（Chicago World's Fair）中展出，之後在1952年退役。No.999機車外號叫「速度女王」（Queen of Speed），目前在芝加哥科學與工業博物館（Chicago Museum of Science & Industry）裡展出。

鐵道科技

標準鐵路時間

在鐵路剛開始普及的早期，由於火車站裡的時鐘都是以當地時間為準，因此引發混淆，不論對乘客還是鐵路工作人員來說都一樣。在英國，大西部鐵路在1840年採用了標準化的「倫敦時間」（London Time），做為他們的火車站時刻表時間。這個時間和格林威治（Greenwich）皇家天文台（Royal Observatory）設定的格林威治標準時間（Greenwich Mean Time, GMT）同步，之後更成為全球採用的標準時間。1883年，美國和加拿大的鐵路把這兩個國家縱向劃分成幾個地理時區，並導入標準鐵路時間（Standard Rail Time）。

校準時間
這個精確標準鐘由美國珠寶師傅韋伯・波爾（Webb Ball）製作，協助校正巴爾的摩與俄亥俄鐵路上的其他計時器。

▽ LB&SCR B1 Class
倫敦、布來頓與南海岸鐵路B1型，1882年

車輪輪式	0-4-2
汽缸數	2（安裝在車身內）
鍋爐壓力	每平方公分10.53公斤
動輪直徑	1980公釐
最高速度	約每小時113公里

B1型機車由威廉・斯特勞利（William Stroudley）為倫敦、布來頓與南海岸鐵路（London, Brighton & South Coast Railway）設計，1882到1891年間在布來頓工廠（Brighton Works）生產了36輛，負責牽引運量龐大的倫敦和布來頓之間列車。它們是以政治人物、鐵路官員或鐵路服務的所在地命名。其中的最後一輛在1933年退役，而No.214格萊斯頓號（Gladstone）目前保存在英國約克的國家鐵道博物館裡。

倫敦地方鐵路

由於事業愈來愈發達、個人的機動能力也愈來愈高，人得以搬離倫敦市中心。鐵路提供從新的郊區通往城市的運輸連結，通勤列車就在這樣的背景下誕生。雖然大東部鐵路（Great Eastern Railway）等業者提供尖峰時段的蒸汽機車牽引服務，但電力牽引——不論在地面還是地下——才是未來的發展方向。第一條深挖的「管子」路線是「都市與南倫敦鐵路」（City & South London Railway），在1890年通車，是倫敦地下鐵系統的核心。其他城市紛紛仿效倫敦，像是英格蘭西北方的利物浦，以及歐洲大陸上的布達佩斯和巴黎。在美國，波士頓地鐵在1897年通車，到了1904年，紐約的地鐵也通車了。

△ GWR 633 Class
大西部鐵路633型，1871年

車輪輪式	0-6-0T
汽缸數	2
鍋爐壓力	每平方公分11.6公斤
動輪直徑	1384公釐
最高速度	約每小時64公里

這款機車由喬治・阿姆斯壯（George Armstrong）設計，並由伍爾弗罕普頓工廠（Wolverhampton Works）生產，12輛633型當中有幾輛安裝了冷凝裝置，牽引大西部鐵路的列車穿越隧道，因此博得「隧道發動機」（Tunnel Motor）的外號。它們經過大幅度改裝，有些一直使用到1934年。

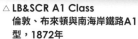

△ LB&SCR A1 Class
倫敦、布來頓與南海岸鐵路A1型，1872年

車輪輪式	0-4-0
汽缸數	2
鍋爐壓力	每平方公分10.53公斤
動輪直徑	1220公釐
最高速度	約每小時96公里

倫敦、布來頓與南海岸鐵路的郊區路網是威廉・斯特勞利的六對水櫃小型機車的天下。這款機車在1872到1880年間共生產50輛，且因為排放廢氣時發出的噪音而得到「梗犬」（Terrier）的外號。它們是以運轉的地方來命名，例如No.54瓦頓（Waddon，1875年）中的「瓦頓」就是克洛敦（Croydon）附近的一個行政區。

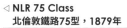

◁ NLR 75 Class
北倫敦鐵路75型，1879年

車輪輪式	0-6-0T
汽缸數	2
鍋爐壓力	每平方公分11.24公斤
動輪直徑	1321公釐
最高速度	約每小時48公里

約翰・帕克（John C. Park）為北倫敦鐵路（North London Railway）供應這款調車機車，用於波普拉（Poplar）附近的碼頭區域。截至1905年共建造了30輛，且因為它們極少離開碼頭一帶，因此都沒有安裝煤櫃，燃料都堆放在腳踏板上。

◁ LSWR 415 Class
倫敦與西南鐵路415型，1882年

車輪輪式	4-4-2T
汽缸數	2
鍋爐壓力	每平方公分11.25公斤
動輪直徑	1702公釐
最高速度	約每小時72公里

這款415型機車由倫敦與西南鐵路的威廉・亞當斯（William Adams）設計，1882年到1885年共生產71輛。它們在倫敦滑鐵盧（Waterloo）的郊區服務，當中有三輛終其一生都在西南方的來母利吉斯（Lyme Regis）支線上運轉。因為它們的軸距短，搭配前動輪轉向架後非常適合在極蜿蜒的路線上行駛。

倫敦的車廂

大都會鐵路和大都會區鐵路（District Railway）都使用機車牽引的車廂。然而，只有極少數車廂像大都會鐵路的「慶典」（Jubilee）車廂那樣有舒適的內裝。大多數車廂都是以大都會區鐵路的No.100車廂為藍本，每間有十個座位。不同的等級之間甚至連燈光都有區別：頭等艙客可享受兩盞煤氣燈，而二等艙和三等艙的旅客則只有一盞。城市與南倫敦鐵路（City & South London Railway）啟用之後，情況也沒有多大改善——它成為知名的「沙丁魚罐頭鐵路」。

◁ C&SLR "Padded Cell"
城市與南倫敦鐵路「有襯墊的牢房」，1890年

構型	地下鐵旅客車廂
載客數	32人
製造材料	木製車身搭配兩組四輪轉向架
使用鐵路	城市與南倫敦鐵路

第一條「管子」路線完工後，隧道的直徑限制了車廂的大小。車廂內裝有高背椅，沿著車身排列，車廂前後端設有車門以供乘客上下車。由於座位上方的長條狀開孔是唯一的窗戶，空氣由車頂的通風口進入，因此「有襯墊的牢房」這個外號可說十分貼切。

△ C&SLR electric locomotive
城市與南倫敦鐵路電力機車，1889年

車輪輪式	0-4-0（Bo）
電力供應	0.5千伏直流電第三軌
額定功率	100匹馬力（74.60千瓦）
最高速度	約每小時40公里

第一條採用電力牽引的重要鐵路是城市與南倫敦鐵路。這條鐵路在1890年通車，有六座車站，從倫敦市區通往史托克威爾（Stockwell）。共有14輛機車在這條鐵路上運轉。在這張1922年的照片裡，其中一輛正通過波羅交匯點（Borough Junction），它牽引著一列後期推出、擁有正常大小車窗的鋼製車身車廂。

▽ GER S56 Class
大東部鐵路S56型，1886年

車輪輪式	0-6-0T
汽缸數	2
鍋爐壓力	每平方公分12.65公斤
動輪直徑	1220公釐
最高速度	約每小時96公里

1886年，詹姆士・荷頓（James Holden）為大東部鐵路的近郊通勤服務設計了這款體積雖小、馬力卻很強的六對水櫃機車。它配備威斯汀豪斯的壓縮空氣制軔，在車站密集的地方表現良好。這款機車只有1904年的No. 87留存下來，是英國的國家收藏之一。

△ Met C Class 大都會鐵路C型，1891年

車輪輪式	0-4-4T
汽缸數	2
鍋爐壓力	每平方公分9.84公斤
動輪直徑	1676公釐
最高速度	約每小時96公里

大都會鐵路C型機車總共只有四輛，由格拉斯哥的尼爾森公司承製。在大都會鐵路拓展到赫特福夏（Hertfordshire）和白金漢夏（Buckinghamshire）之後，它們就負責牽引列車，從倫敦市前往沃福（Watford）、阿麥斯罕（Amersham）和艾爾斯伯里（Aylesbury）。

▷ Met Jubilee Coach No. 353
大都會鐵路慶典車廂No. 353，1892年

構型	四隔間頭等旅客車廂
載客數	32人
製造材料	原本的木製車身搭配後來的四輪鐵製底盤
使用鐵路	大都會鐵路

這輛車廂由大都會鐵路在1892年到1907年間使用，之後賣給威斯頓、克利夫頓與波特斯海德輕便鐵路（Weston, Clevedon & Portishead Light Railway）。它在2013年修復，以慶祝大都會鐵路誕生150週年，目前在倫敦運輸博物館（London Transport Museum）中展示。

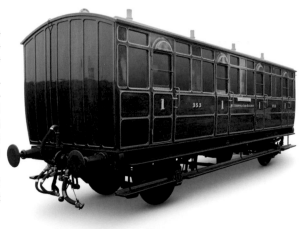

△ DR Coach No. 100
大都會區鐵路No. 100車廂，1884年

構型	四隔間三等旅客車廂
載客數	40人
製造材料	原本的木製車身搭配後來的四輪鐵製底盤
使用鐵路	大都會區鐵路

大都會區鐵路No. 100車廂的起源目前尚無法確認，但可以確定的是車身最後流落到肯特，被當成倉庫使用。之後它被發現，裝上新的底盤，現在在肯特與東索塞克斯鐵路（Kent & East Sussex Railway）上行駛，並採用大都會區鐵路的棕色塗裝。

大西部寬軌鐵路的終結

當大西部的寬軌鐵路於1844年在英格蘭格洛斯特接上窄軌鐵路時，旅客就會被迫換車，以繼續前往北方或西南方的旅程。由於軌距不同實在很不切實際，因此英國政府成立了軌距委員會（Gauge Committee）來處理這個議題。雖然委員會同意，大西部鐵路的速度和穩定性都比較好（這不但要歸功於軌距寬度，也是因為伊桑巴德·金德姆·布魯內爾修建的鐵路和丹尼爾·古奇設計的機車性能優異），但最後決定較窄的軌距比較符合長遠利益，因此轉換成較窄軌距（現在的標準軌距）就成了無可避免的事。

　　首先，大西部鐵路先鋪設第三條軌道供標準軌距火車使用，並於1861年到達帕丁頓。軌距的轉換於1866年展開，

並耗費將近30年才完成。最後的變更在英格蘭西部幹線（West of England main line）上，並且在1892年5月的一個週末完成。為了這最後的工作，當局精心策畫，沿著鐵路派出4200名工人就定位，而預先製作好的鐵軌配件，像是對向道岔和橫渡線等等，則預先由渡船運往預定安裝的地方。1892年5月23日，相關作業全部完成，布魯內爾的寬軌正式走入歷史。

1892年5月20日，最後一班康瓦耳人號（Cornishman）寬軌列車在羅浮型4-2-2輪式大西部號（Great Western）機車的牽引之下，從倫敦帕丁頓車站開往朋占斯（Penzance）。

考德斯波特和亞勒加尼港鐵路鏟雪車

考德斯波特和亞勒加尼港鐵路（Coudersport & Port Allegany Railroad, C&PA）鏟雪車是典型的木造鏟雪車，由賓夕法尼亞里奇韋（Ridgeway）的羅素公司自19世紀晚期開始生產。根據設計，它要由一輛或兩輛蒸汽機車沿著單線鐵道推動前進，裝有附凸緣的雪鏟可以從軌道的內側把冰雪鏟出，形成溝槽供機車和車廂車輪的凸緣使用。

在美國和加拿大，冬季的大量降雪和結冰經常會迫使鐵路交通中斷。基於商業上的損失，鐵路公司開始把木製的楔形裝置安裝在機車車頭前，用來清除軌道上的積雪。到了19世紀晚期，這種應急工具因為專用鏟雪車的引進而被取代，鏟雪車配備轉向架，由機車推動。

考德斯波特和亞勒加尼港鐵路鏟雪車據信是目前仍留存的這類鏟雪車中最古老的，屬於楔形雪鏟車型，於1890年由西維吉尼亞杭亭頓（Huntingdon）的恩森製造公司（Ensign Manufacturing Company）根據羅素雪犁公司（Russell Snow Plow Company）的生產許可製造。這輛鏟雪車的車頂上有一間瞭望室，就位在犁刀正後方，讓工作人員可以清楚看見前方軌道的狀況。考德斯波特和亞勒加尼港鐵路使用這款鏟雪車直到1945年，當時它在一場意外中受損。後來它成為維斯韋爾、阿迪森與加爾頓鐵路（Wellsville, Addison & Galeton Railroad）的財產，1980年被捐贈給賓夕法尼亞鐵道博物館（Railroad Museum of Pennsylvania），在那裡保存至今。

正面圖　　　　　　背面圖

短途鐵路
考德斯波特和亞勒加尼港鐵路於1882年通車，長度只有50公里，是賓州波特（Potter）和麥基恩（McKean）的木材運輸鐵路，於1970年代初期廢棄。

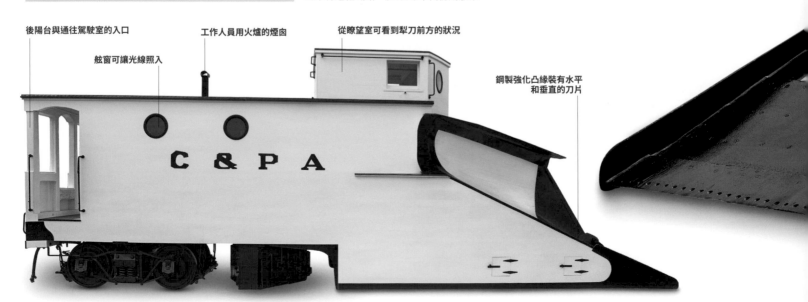

後陽台與通往駕駛室的入口

舷窗可讓光線照入

工作人員用火爐的煙囪

從瞭望室可看到犁刀前方的狀況

鋼製強化凸緣裝有水平和垂直的刀片

規格說明	
類型	楔形雪犁
生產國	美國
設計／建造者	羅素公司
生產數量	1
服役年分	約1890-1945年
重量	不詳
建造材料	木材與鋼
使用鐵路	考德斯波特和亞勒加尼港鐵路

作業中的刀片

當一或兩輛蒸汽機車從後方推動鏟雪車向前進時，銳利的前刀片就會把積雪鏟起，後方有角度的垂直刀片則會把這些雪推往兩側。

外觀

雖然考德斯波特和亞勒加尼港鐵路鏟雪車的車身是用風乾
硬木建造的，但壯觀的雪犁還是有用鋼材強化。整組雪犁
安裝在兩組四輪轉向架上，其中一組完全隱藏在前刀片的
基座內。

1. 雪犁上緣的舷窗式車窗　2. 前連接桿　3. 雪犁前緣上的鉚釘　4. 煙囪
5. 瞭望室上的圓形和方形車窗　6. 軸箱門　7. 內有軸頸軸承的軸箱　8. 凸
緣（次要雪犁）　9. 後輪閘瓦　10. 後轉向架（拱桿轉向架）　11. 駕駛室後甲板
12. 橫桿穿過平台上的開口，可當成梯子用來爬上車頂　13. 後連接環　14.
角旋塞　15. 連結器

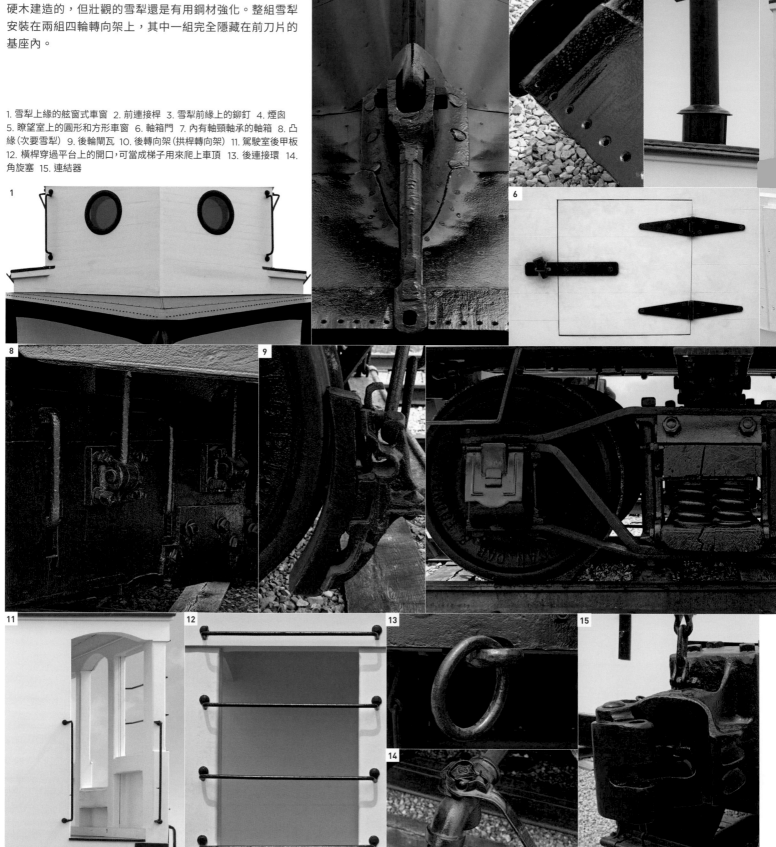

內裝

駕駛室前端有鋼梁加固,以防止駕駛室在除雪作業期間被壓扁。它還有手軔機、空氣壓力計和通往前向瞭望間的階梯,安全煤爐的爐頂蓋裝有凸緣,可防止煤鍋傾倒。駕駛室地板下方的懸空雪犁凸緣可透過氣壓或手動升起或降下,以避免損壞道岔和平交道設備。

16. 駕駛室內部 17. 雪犁凸緣的懸吊彈簧 18. 踏階後方的儲氣櫃管 19. 調整雪犁凸緣高度的活塞 20. 制軔轉盤 21. 附嵌齒機構的手軔輪基座 22. 氣軔壓力計 23. 煤爐 24. 煤爐上的賓夕法尼亞鐵路標誌 25. 有裝飾的門把

全國遞送

南卡羅來納鐵路早在1833年就開始運送郵件，但美國的第一個定期郵件運送服務要等到兩年後才在巴爾的摩與俄亥俄鐵路上展開。1838年7月，美國國會批准使用所有鐵路路線來運送郵件，讓鐵路公司可以從美國郵政部（US Postal Department, USPOD）手中賺取豐厚利潤。

1862年，美國總統林肯批准建設一條長達3084公里的鐵路，從內布拉斯加（Nebraska）的奧馬哈通往加利福尼亞（California）的薩克拉門托，把人潮、貿易和至關重要的郵政服務帶往西部地區。同年，美國政府也把所有郵務交通事務統一交由鐵路郵務處（Railway Mail Service）管轄，促成專用鐵路郵局（Railway Post Office, RPO）車輛的製造。常態性的鐵路郵局服務最早是在伊利諾州的芝加哥和愛荷華州的克林頓（Clinton）之間展開，而1869年橫貫大陸鐵路完工後，鐵路郵局的車輛終於可以運載郵件橫越遼闊的美國國土。在最高峰時期，鐵路郵局的火車在超過9000條路線上行駛，涵蓋距離超過32萬公里。

美國也是世界第一個啟用郵政快遞列車的國家，於1875年9月16日從紐約中央車站發出、前往芝加哥。它在短短24小時內就抵達目的地，成為日後世界各地夜間郵政列車的始祖。

這幅1876年庫里埃和艾夫斯（Currier & Ives）的版畫描繪夜間的鐵路轉車站，可以看到一些運載郵件前往美國主要城市的快遞列車車種。

建造偉大鐵道：
加拿大太平洋鐵路

加拿大太平洋鐵路（Canadian Pacific Railway）是加拿大第一條橫貫大陸的鐵路，在 1886 年通車，穿越一望無際的遼闊大草原，也翻越雄偉的洛磯山脈（Rocky Mountains），連接太平洋西海岸的溫哥華（Vancouver）和聖羅倫斯河（St Lawrence River）畔的蒙特婁（Montreal）。

1871年，剛成立不久的加拿大自治領（Dominion of Canada）政府承諾孤立的西部省分卑詩省（British Columbia），會在十年之內建設一條鐵路穿越洛磯山脈。這個計畫一開始進展得很慢，到1880年只鋪設了483公里。

但在1881年，一群加拿大商人成立加拿大太平洋鐵路公司，在政府補助和提供土地之下接手未完成的路線，並從東西兩端開始恢復建築工程。在鐵路公司新任總經理威廉·科尼利厄斯·范·霍恩（William Cornelius Van Horne）的監督下，東邊的鐵路從五大湖（Great Lakes）北邊的邦菲爾德（Bonfield）開始，慢慢朝西進展，越過安大略省偏遠、人

登上洛磯山脈
在加拿大洛磯山脈上，一列牽引著瞭望車和觀光車的客運列車沿著博河河畔風景如畫的加拿大太平洋鐵路前進，穿越班夫國家公園（Banff National Park）。

開拓加拿大
加拿大太平洋鐵路為移民提供海路和鐵路的套裝行程。

煙稀少、湖泊星羅棋布的加拿大地盾（Canadian Shield），朝溫尼伯（Winnipeg）推進。連接位於邦菲爾德的新鐵路和東邊渥太華（Ottawa）和蒙特婁等城市的鐵路線已經由加拿大中央鐵路（Canadian Central Railway）和安大略與魁北克鐵路（Ontario & Quebec Railway）建成，自1884年起加拿大太平洋鐵路就租用了這兩條鐵路。

從溫尼伯開始，築路工程持續向西進行，越過薩斯喀徹溫（Saskatchewan）的廣袤平原，直抵洛磯山脈腳下的卡加立（Calgary）。從卡加立開始，大批華工在洛磯山脈的崇山峻嶺間修建鐵路，穿過班夫（Banff），於1884年

加速趕工： 2
因為要在資金用罄前完成鐵路，因此用木材修建臨時棧橋，之後再用永久性建築物取代。

最後的道釘： 3
唐納德·史密斯（Donald A. Smith）在克雷拉契釘下最後一根道釘，完成連接蒙特婁到太平洋的鐵路線。

降雪環境： 1
1880年代修建了防雪廊，以保護鐵路不被大雪阻斷。

卑詩省

坎路普斯

溫哥華

加拿大

傑斯珀　艾德蒙吞

亞伯達省

班夫　卡加立

美迪辛哈　里賈納

「最後西部淨土」（Last Best West）：
這是用來推廣移居薩斯喀徹溫和曼尼托巴等大草原省分的宣傳標語，這個計畫因為鐵路才得以實現。

溫尼伯湖

薩斯喀徹溫省

曼尼托巴省

溫尼伯

大山螺旋隧道： 5
螺旋隧道於1906年開工，目的是為了解決大山的下山路段坡度過大（4.5%）的問題，因為有許多列車在此失控。螺旋隧道工程共動用1000名工人，花費兩年時間才完成。

新路線
舊路線
隧道

下螺旋隧道

踢馬河

上螺旋隧道

美　國

穿越加拿大大草原
一列火車正通過薩斯喀徹溫里賈納和美迪辛哈之間的摩斯（Morse）附近的大草原。修建鐵路的過程中，工人在大草原上發現了天然氣。

抵達踢馬隘口（Kicking Horse Pass）。鐵路線在那裡陡降，直抵大山（Big Hill），接著再度往上爬，在羅傑斯隘口（Rogers Pass）越過塞爾寇克（Selkirk）。

在洛磯山脈以西，築路工程持續進行，穿越莫納西山脈（Monashee Mountains），之後兩條鐵路就在克雷拉契（Craigellachie）會合，並於1885年舉行典禮，釘下最後一根道釘。整條鐵路至今已全部完工，第一列橫貫大陸列車於1886年開出，從東邊的蒙特婁通往西邊的滿地寶（Port Moody）。一年後，西邊的終點站遷到了溫哥華。加拿大太平洋鐵路公司還推出套裝優惠，包括公司船票、公司火車票和一塊加拿大太平洋鐵路公司出售的土地，吸引了成千上萬的歐洲移民搭上火車，沿著新鐵路湧往西方尋找新的人生。

由於坡度險惡，大山路段在1909年被繞過，由一連串剛打通的螺旋隧道（Spiral Tunnel）取代。而登上羅傑斯隘口的陡峭路線也在1916年因為康瑙特隧道（Connaught Tunnel）貫通而被取代。

重點提示

日期

1881 年 建築工程在邦菲爾德展開
1882 年 桑德貝支線完工
1885 年 11 月 3 日：蘇必略湖段完工；11 月 7 日英屬哥倫比亞克雷拉契路段完工
1886 年 6 月 28 日：第一列穿越大陸的列車從蒙特婁達爾豪榭車站發出
1909 年 踢馬隘口的螺旋隧道通車
1978 年 加拿大太平洋鐵路客運業務由維亞鐵路（Via Rail）承接
1990 年 加拿大人號（Canadian）客運列車改道行駛加拿大國家鐵路（Canadian National Railway）的路線

第一班載客列車

機車型式：美國標準 4-4-0 蒸汽機車
車廂：兩節行李車廂、一節郵件車廂、一節二等旅客車廂、兩節移民臥鋪車廂、兩節頭等車廂、兩節臥鋪車廂、一節餐車

旅程

蒙特婁到滿地寶（1886 年）：4640 公里，6 日 6 夜
蒙特婁到溫哥華（1963 年）：4648 公里，69 小時

鐵路

軌距 標準 1.434 公尺
隧道 康瑙特隧道（8 公里）；螺旋隧道一號：961 公尺；螺旋隧道二號：867 公尺
橋梁 斯通尼克里克大橋（Stoney Creek Bridge）：91 公尺高
最高點 踢馬隘口：1627 公尺

高峰與深谷

在洛磯山脈中施工特別危險。工人在修建跨越深谷、爬上陡坡及穿越堅硬岩石時的鐵路時，要面對險峻的地形、森林大火、漫天飛雪和山崩等威脅。

圖例
● 起點／終點站
● 主要車站
⊞⊞⊞ 主要路線

北

0　150　300　450 公里

安大略省

厚苔沼地形：
通過這裡的鐵道必須抬高，以免在地面解凍時下陷。

邦菲爾德：
第一段軌道就是在這裡鋪設。

魁北克省

4 第一班客運列車：
第一班穿越大陸的列車於1886年6月28日從蒙特婁的達爾豪榭車站（Dalhousie Station）發出。

桑德貝

蘇必略湖

蒙特婁

渥太華

密西根湖　　休倫湖　　安大略湖

特殊蒸汽機車

鐵路剛開始是用來搬運煤炭的，但很快就在快速發展的工業環境裡扮演起類似的角色。窄軌鐵路線和機車適合用在採石場、鑄造廠、造船廠、製磚廠和一些軍事基地上。碼頭的鐵路需要小但馬力強勁的機車，以便在碼頭附近穿梭，而在化工廠房和彈藥工廠裡，四處飛舞的火花會帶來危險，很可能造成不堪設想的後果，因此也發展出無火機車。還有設計巧妙的機車和軌道用來攀登高山。幾乎沒有蒸汽機車到不了的地方。

◁ **VRB No. 7**
維茨瑙-里吉鐵路No. 7，1873年

車輪輪式	0-4-0VBT
汽缸數	2
鍋爐壓力	每平方公分13公斤
動輪直徑	644公釐
最高速度	約每小時8公里

No.7機車由尼克勞斯·里根巴赫（Niklaus Riggenbach）設計，由瑞士機車公司（Swiss Locomotive Co.）製造，在瑞士琉森附近的維茨瑙-里吉鐵路（Vitznau-Rigi Bahn，VRB）上使用到1937年。它是透過齒軌系統來攀登陡峭的斜坡，且它的垂直鍋爐可以在攀爬的過程中維持安全水位。

▷ **SRR A-4 Class "Camelback"**
斯特拉斯堡鐵路A-4型「駱駝背」，
1877年

車輪輪式	0-4-0
汽缸數	2
鍋爐壓力	每平方公分14.06公斤
動輪直徑	1270公釐
最高速度	約每小時32公里

賓州的煤炭運輸鐵路用機車燃燒的是廉價的無煙煤廢料，所以需要大的燃燒室來確保充分燃燒。因此，駕駛室的位置沒辦法設在燃燒室後方，改成橫跨在燃燒室上方，所以有了「駱駝背」（Camelback）的綽號。No.4機車用在費城與瑞丁鐵路（Philadelphia & Reading Railroad）以及斯特拉斯堡鐵路（Strasburg Railroad）上。

◁ **FR Double Fairlie No. 10 Merddin Emrys**
費斯提尼奧格鐵路雙面費爾利No. 10默丁·埃默
里斯號，1879年

車輪輪式	0-4-4-0T
汽缸數	4
鍋爐壓力	每平方公分11.25公斤
動輪直徑	813公釐
最高速度	約每小時56公里

默丁·埃默里斯號出自英國工程師羅伯特·弗朗西斯·費爾利（Robert Francis Fairlie）的設計，是費斯提尼奧格鐵路工廠建造的第一款機車。這種兩端都是車頭的關節式水櫃機車搭載了動力轉向架，而今日所見的No. 10機車絕大部分都經過重新打造。

鐵道科技

水櫃機車起重機

水櫃機車起重機在碼頭、工廠、造船廠和鐵工廠等工業環境中使用，結合了調車和分配負重的能力。英格蘭東北部桑德蘭（Sunderland）的帕里恩造船廠（Pallion shipyard）就擁有由五輛這款機車組成的車隊，而附近達蘭郡的希爾登鐵工廠（Shildon Ironworks）則是英國最後使用這款機車的地方。水櫃機車起重機主要是19世紀的產品，不過有一輛為北倫敦鐵路建造的水櫃機車起重機卻持續服役到1951年。

南部鐵路No. 234S，1881年

這款水櫃機車起重機用在肯特的阿什福德機車廠（Ashford Locomotive Works）和福克斯通港（Folkestone Harbour），還有索塞克斯（Sussex）的蘭辛車廂製造廠（Lancing Carriage Works），在1949年退役。

△ LYR Wren 蘭開夏與約克夏鐵路鷦鷯號，1887年

車輪輪式	0-4-0ST
汽缸數	2
鍋爐壓力	每平方公分11.95公斤
動輪直徑	418公釐
最高速度	約每小時8公里

鷦鷯號是在蘭開夏（Lancashire）荷威治（Horwich）的蘭開夏與約克夏鐵路（Lancashire & Yorkshire Railway）廠區裡12公里長、0.46公尺軌距的鐵路上運轉的八輛小型鞍式水櫃機車之一。這款機車由曼徹斯特的倍爾皮寇克公司生產，並持續使用到1962年。

◁ Hunslet Lilla 亨斯萊特里拉號，1891年

車輪輪式	0-4-0ST
汽缸數	2
鍋爐壓力	每平方公分8.43公斤
動輪直徑	660公釐
最高速度	約每小時16-19公里

里拉號是英格蘭里茲亨斯萊特機車公司（Hunslet Engine Co.）建造的50輛鞍式水櫃機車中留存下來的一輛，主要於1870到1932年間在威爾斯的板岩採石場中使用。它在1957年從彭倫採石場（Penrhyn Quarry）退休，目前保存在北威爾斯的費斯提尼奧格鐵路。

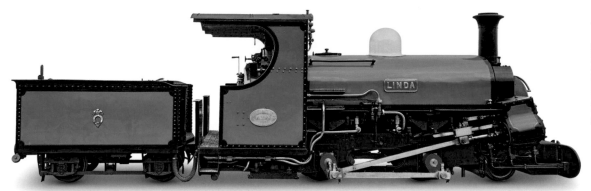

◁ Hunslet Linda 亨斯萊特琳達號，1893年

車輪輪式	0-4-0STT
汽缸數	2
鍋爐壓力	每平方公分9.9公斤
動輪直徑	660公釐
最高速度	約每小時19-29公里

琳達號跟里拉號出自同一家公司，但馬力更強，主要用在彭倫採石場的主線上，從貝什斯達（Bethesda）通往威爾斯邦哥（Bangor）附近的彭倫港（Port Penrhyn）。琳達號是費斯提尼奧格鐵路上的另一位老將，曾在那裡被改裝成2-4-0輪式的鞍式水櫃煤水車式機車。

▷ Saxon IV K Class 薩克森IV K型，1892年

車輪輪式	0-4-4-0T
汽缸數	4（複合）
鍋爐壓力	每平方公分12.23 / 14.27 / 15.25公斤（型號內的變化）
動輪直徑	760公釐
最高速度	約每小時30公里

這是德國數量最多的窄軌機車型號，在1892到1921年間為薩克森皇家國營鐵路（Royal Saxon State Railways）生產了96輛。它屬於關節式機車，並使用君特·邁爾（Günther-Meyer）系統的動力轉向架，目前只有22輛保留下來。

火車檔案：
默丁‧埃默里斯號

費斯提尼奧格鐵路工廠生產雙面費爾利 No.10 默丁‧埃默里斯號，是為了結合強大的牽引能力和適應各種路線的彈性。雙面費爾利是由羅伯特‧費爾利設計，並獲得北威爾斯費斯提尼奧格鐵路的支持。它是一款關節式機車，歸功於有彈性的蒸汽管線和可旋轉的動力轉向架，因此可以行駛在大幅度彎曲的路線上。費爾利的專利設計也推廣到俄羅斯、墨西哥、德國、加拿大、澳洲和美國。

1879年7月21日，也就是羅伯特‧費爾利的第一輛雙車頭關節式機車出現在費斯提尼奧格鐵路上的將近十年以後，默丁‧埃默里斯號從這家鐵路公司的波士頓小屋機廠（Boston Lodge workshops）中駛出。No.10默丁‧埃默里斯號由史奔納（G.P. Spooner）根據費爾利的原則設計，是費斯提尼奧格鐵路使用的第三輛雙面費爾利機車，且今日還看得到。這款機車可以輕鬆牽引81公噸重的貨物爬坡，從波斯馬多格（Porthmadog）前往21公里外的布來奈費斯提尼奧格（Blaenau Ffestiniog）的板岩採石場。更令人印象深刻的是，有些這樣的列車長度可達400公尺。

它的設計特點是擁有一組雙頭鍋爐，搭配兩座位於中間的獨立燃燒室。傳統的蒸汽機車都是把鍋爐搭載在堅硬的車架上，而與此不同的是，雙面費爾利的鍋爐和上層結構兩端都有短軸距的動力轉向架支撐，並由有彈性的蒸汽軟管連結。這樣的設計可以使轉向架在機車主體之前先轉向進入彎道上，且司機和司爐站在燃燒室的任何一側，都可以獨立駕駛這輛機車的任何一「面」。

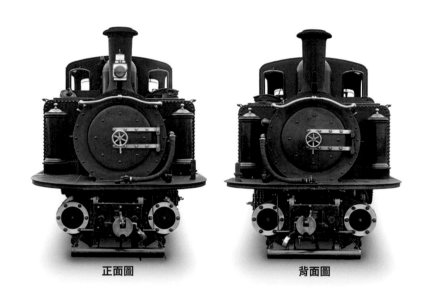

正面圖　　　　　　　　　背面圖

精銳六機車
1836年建成的費斯提尼奧格鐵路使用六輛「雙面費爾利」0-4-4-0T輪式機車，從布來奈費斯提尼奧格運送石板前往南威爾斯海邊的波斯馬多格。

規格說明			
級別	費斯提尼奧格鐵路雙面費爾利	服役年分	1879至今（默丁‧埃默里斯）
輪式	0-4-4-0T	汽缸數量	4
生產國	英國	鍋爐壓力	每平方公分11.25公斤
設計／建造者	羅伯特‧費爾利／史奔納／費斯提尼奧格鐵路	動輪直徑	812公釐
生產數量	6（這種改良型有2輛）	最高速度	約56公里／小時

砂箱位於側面水櫃前方
每根鍋爐管都裝有汽包
駕駛室由鍋爐從中分成兩部分
煤櫃位於水櫃內
兩端都有獨立的排氣系統
側面水櫃容量為3032公升
兩端都有四輪雙軸動力轉向架

雙重角色
雙面費爾利的司爐必須應付兩倍的工作量。機車上有兩座燃燒室，但只有一組鍋爐，且水櫃空間如同其他機車，而兩座燃燒室都得開爐使用，才能維持鍋爐的有效壓力。

外觀

儘管今日默丁‧埃默里斯號的外表活脫脫像是維多利亞時代的產物，但它實際上卻是全新的機車。它在1970年大幅翻修，裝上了新鍋爐，給予它更大、更現代化的外觀。1973年，它從燃煤改為燃油，到了1984年，它又需要一次大翻修。它的製造商決定把默丁‧埃默里斯號重製成1879年時的原始外觀，但保留較大的上層結構，以配合費斯提尼奧格鐵路改進過的負載限制。「新」的機車在1988年出廠，結果在2005年又大幅整修了一次。默丁‧埃默里斯號在2007年又改回燃煤。

1. 銘牌 2. 排煙室門 3. 水櫃加水口 4. 編號銘牌 5. 砂箱 6. 車頂汽笛 7. 機械潤滑器 8. 連接到鍋爐上的倒車把手 9. 十字頭 10. 連接到鍋爐上的手軔機 11. 後端煤櫃 12. 後端司機用側轉向架 13. 十字頭與汽缸 14. 動輪頂端特寫 15. 速度表驅動器 16. 小汽笛 17.「挪威菜刀」（Norwegian Chopper）連結器

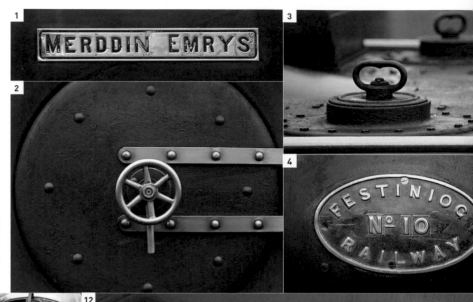

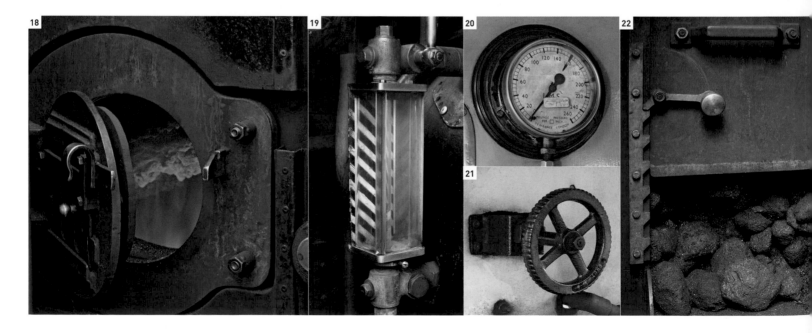

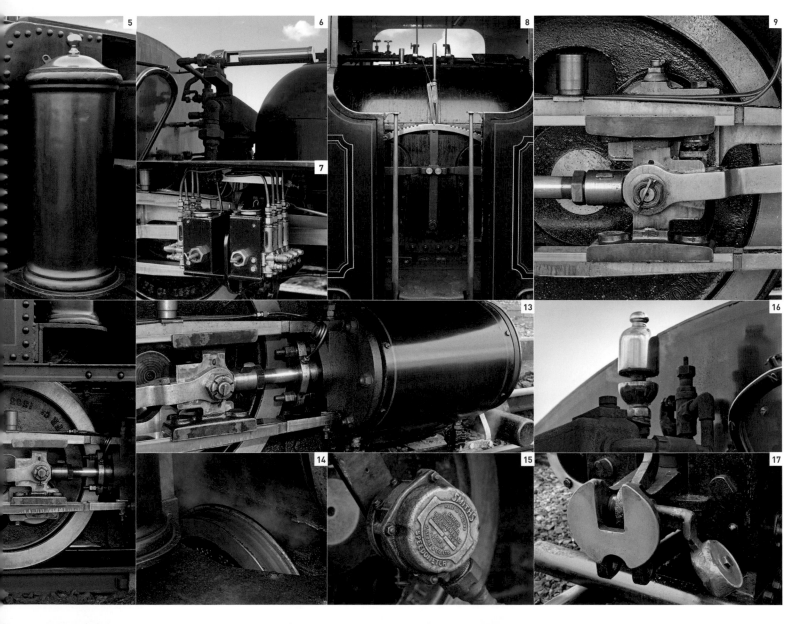

駕駛室內裝

由於龐大的燃燒室就位在駕駛室中央，因此工作人員只能站在兩側的狹小空間內，燃燒室就在兩人中間。司機擁有一支倒車把手和兩支調節把手，可在有需要的時候調整，允許必要的蒸汽量進入任一組動力轉向架。把手的設計和位置可以讓調節器用單手同時開啟。在此同時，司爐要負責兩扇火爐門，一座燃燒室一扇，還有兩組量計。煤炭會裝在司爐那一側的水櫃內的煤櫃裡。

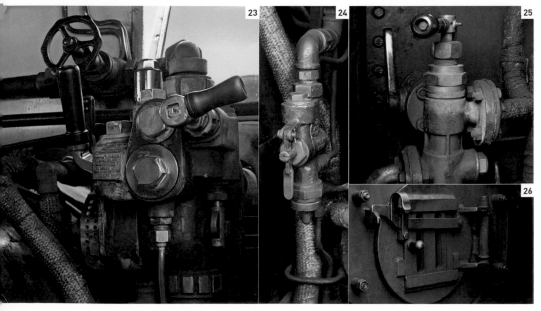

18. 後端燃燒室 19. 水量計 20. 鍋爐壓力計 21. 前端歧管截流閥 22. 煤櫃門 23. 真空抽氣器、蒸汽制軔和射水器 24. 真空安全閥 25. 頂端射水器和洩壓閥 26. 前端燃燒室門

把世界縮小

1863年，威爾斯的費斯提尼奧格引進由蒸汽機車牽引的窄軌石板運輸鐵路，促使世界其他地方也跟著採用各種窄軌鐵路。這類路線適合多山的地區，因為它們造價便宜，且可應付角度較大的轉彎和更大的坡度。1870年代，印度使用一部分從英國進口的零件，生產出第一輛機車，1872年日本的第一條鐵路也通車。除此之外，其他地方也引進較大的機車，貨運用機車的量產工作也跟著展開。

◁ **Japan's No. 1**
日本No. 1，1871/2年

車輪輪式	2-4-0T
汽缸數	2
鍋爐壓力	每平方公分10公斤
動輪直徑	1320公釐
最高速度	約每小時48公里

日本的No.1機車由英國的伏爾鏗鑄造廠（Vulcan Foundry）在1871年建造，是日本第一輛在第一條公共鐵路上運轉的蒸汽機車。這條鐵路從東京通往橫濱，在1872年通車。自1880年起，這輛機車改到日本的其他鐵路上行駛，直到1930年才退役，目前在大宮鐵道博物館裡展出。

▷ **V&TRR No.20 Tahoe**
維吉尼亞與特拉基鐵路No.20塔荷號，
1875年

車輪輪式	2-6-0
汽缸數	2
鍋爐壓力	每平方公分9.14公斤
動輪直徑	1220公釐
最高速度	約每小時48公里

No.20塔荷號由費城的鮑德溫機車廠於1875年建造，在內華達（Nevada）的維吉尼亞與特拉基鐵路（Virginia & Truckee Railroad）上運行到1926年。這輛38公噸重的機車在二次大戰期間暫時恢復服役，之後經過整修，目前在斯特拉斯堡的賓夕法尼亞鐵道博物館中展出。

鐵道話題

威爾斯親王專用車廂

這輛高貴典雅的車廂是1875年在1公尺軌距的拉許普塔納馬爾瓦鐵路（Rajputana Malwa Railway）的亞格拉機廠（Agra Workshops）中建造的，專門給威爾斯親王（Prince of Wales，後來的英王愛德華七世King Edward VII）在1877年的印度訪問行程中使用。他前往印度參加皇家杜巴爾大典（Royal Durbar），目的是慶祝他的母親維多利亞女王登基成為印度女皇（Empress of India）。這輛車廂目前在新德里的國家鐵道博物館中展示，所有內裝有如當年，完好無缺。

皇家專用

這輛獨一無二的四輪車廂兩端各有一個瞭望台，並有座位可供四名武裝守衛乘坐。它的兩側裝有遮陽篷，並有英國王室徽章。

△ **Indian F Class**
Indian F型，1874年

車輪輪式	0-6-0
汽缸數	2
鍋爐壓力	每平方公分10公斤
動輪直徑	1448公釐
最高速度	約每小時48公里

這款機車從1874年引進的英國製1公尺軌距F型客貨兩用機車衍生而來。F1型No. 734機車是印度用進口零件組裝的第一輛機車，從1895年起在拉許普塔納馬爾瓦鐵路運行，目前在新德里的國家鐵道博物館中展示。

▷ **FR Single Fairlie Taliesin**
**單面費爾利單面費爾利塔里耶森號，
1876年**

車輪輪式	0-4-4T
汽缸數	2
鍋爐壓力	每平方公分10.53公斤
動輪直徑	810公釐
最高速度	約每小時32公里

單面費爾利塔里耶森號是伏爾鏗鑄
造廠為北威爾斯0.6公尺軌距的費斯
提尼奧格鐵路建造的，它在布來奈
費斯提尼奧格和波斯馬多格之間運送
石板和旅客，直到1935年才退役報廢。
這輛可動的複製品由這家鐵路公司的波
士頓小屋機廠在1999年打造，並使用了
一些原本機車上的零件。

△ **DHR Class B**
大吉嶺喜馬拉雅鐵路B型，1889年

車輪輪式	0-4-0ST
汽缸數	2
鍋爐壓力	每平方公分10公斤
動輪直徑	660公釐
最高速度	約每小時32公里

從1889到1927年間，夏普‧斯圖爾特
公司（Sharp Stewart & Co.）和其他公
司總計建造了34輛這款機車，供應給
印度的大吉嶺喜馬拉雅鐵路使用，它們
當中有一些仍在這條大坡度的路線上運
行。1999年聯合國教科文組織
（UNESCO）宣布把這條鐵路列入世
界遺產。

△ **Russian O Class**
俄羅斯O型，1890年

車輪輪式	0-8-0
汽缸數	2
鍋爐壓力	每平方公分11-15公斤
動輪直徑	1200公釐
最高速度	約每小時56公里

俄羅斯O型貨運機車在1890到1928年
間總計生產超過9000輛，因此成為世
界產量第二高的蒸汽機車。在一次大
戰、俄國內戰和二次大戰期間，俄國當
局大量運用裝上裝甲的此型機車來牽引
各種列車。

▷ **CGR Class 7**
開普政府鐵路7型，1892年

車輪輪式	4-8-0
汽缸數	2
鍋爐壓力	每平方公分11.25-12.65公斤
動輪直徑	1080公釐
最高速度	約每小時56公里

1892年，這款馬力強大的貨運機車在蘇格蘭共生產
38輛，主要提供給南非1.06公尺軌距的開普政府鐵
路（Cape Government Railway）使用。自1912年
起，它們就交由新成立的南非鐵路（South African
Railways）使用，直到1972年退役，不過之後還是
有一些在尚比亞的尚比西索米爾斯鐵路（Zambesi
Sawmills Railway）上行駛。

火車檔案：
大吉嶺喜馬拉雅鐵路B型No.19

如果有任何一款機車可以定義一條鐵路，那就一定是大吉嶺喜馬拉雅鐵路的 B 型機車。多年來，這些車體小但馬力強的機車在山區的黏著式鐵路上牽引列車，從印度西北部的平原開始向上攀登，穿過茶園直抵山頂上的大吉嶺（Darjeeling）車站。這條路線風光明媚、景色如畫，有許多極富詩意的描述，包括「天堂路上」（halfway to heaven）和「通往雲端的列車」（railway to the clouds）。

大吉嶺喜馬拉雅鐵路的第一批四輛B型機車由英國的夏普‧斯圖爾特公司在1889年生產。到了1927年，格拉斯哥的北不列顛機車公司（North British Locomotive Company）、美國費城的鮑德溫機車廠，以及鐵路公司自己的廷達里亞機廠（Tindharia Works）又生產了25輛，此外在1925年又另外生產了五輛供來浦森林纜車（Raipur Forest Tramway）使用。在服役了數十年後，四輛大吉嶺喜馬拉雅鐵路的庫存機車在1970年移交給堤蓬煤礦鐵路（Tipong Colliery Railway）使用。到了今日，不但有幾輛留存下來的退役機車在印度各地展示，還有一輛在2002年移交給馬泰蘭山鐵路（Matheran Hill Railway）繼續使用。

B型No.19機車於1962年賣給美國的一位大吉嶺喜馬拉雅鐵路愛好者，之後停放了幾年沒有使用，接著又賣給一位英國籍玩家。他把這輛機車整修到可操作狀態，用來在英國牛津郡私人擁有的山毛櫸輕軌（Beeches Light Railway）上行駛。

機車正面圖

守車背面圖

一路向上
大吉嶺喜馬拉雅鐵路由印度的西北邊疆鐵路（Northeast Frontier Railway, NF）管理，長48公里。它從海拔100公尺高的新賈爾派古里（New Jalpaiguri）開始，一路爬升到海拔2200公尺的大吉嶺。大吉嶺喜馬拉雅鐵路目前是聯合國教科文組織認定的世界遺產。

規格說明	
級別	B
輪式	0-4-0ST
生產國	英國
設計／建造者	夏普‧斯圖爾特公司
生產數量	34
服役年分	1889年至今（No.19）
汽缸數量	2
鍋爐壓力	每平方公分10公斤
動輪直徑	660公釐
最高速度	約每小時32公里

煤水車攜帶氣軔風泵和煤碳
（B型在大吉嶺喜馬拉雅鐵路服役時不會使用）

駕駛室加高以容納較高的人　鞍式水櫃容量為545公升

煤櫃可裝載680公斤的煤炭

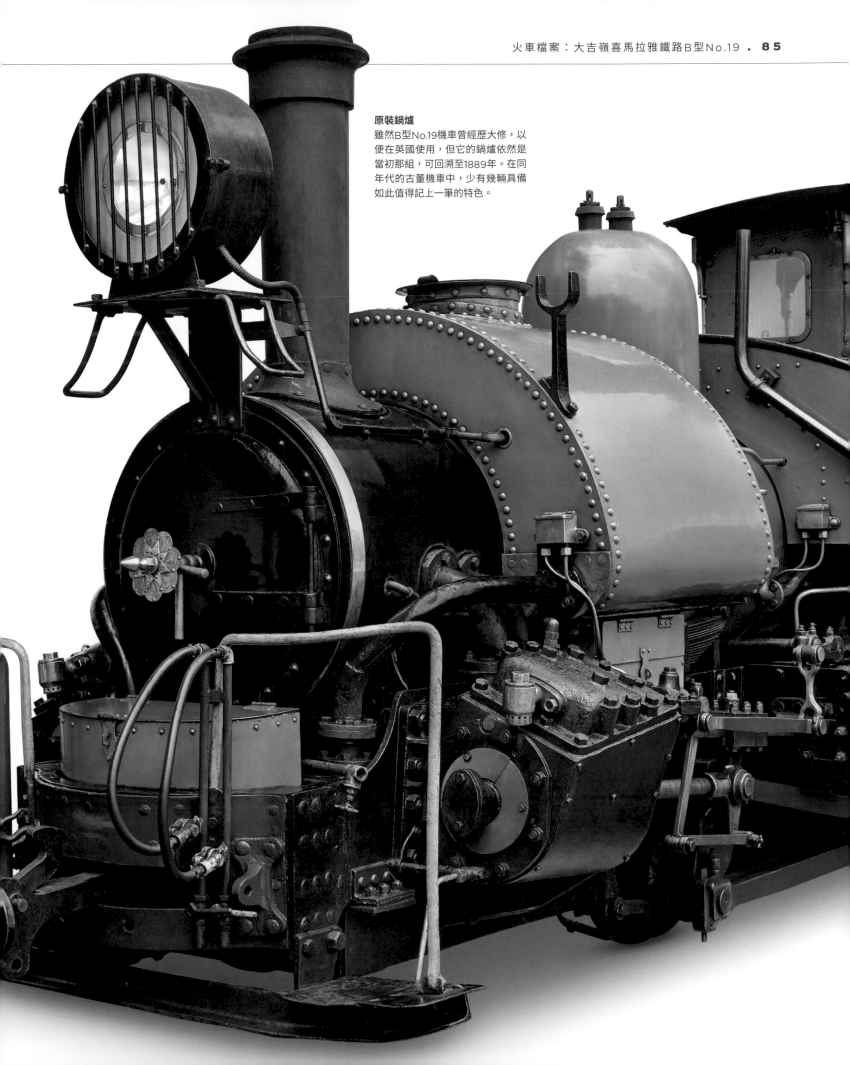

原裝鍋爐
雖然B型No.19機車曾經歷大修，以
便在英國使用，但它的鍋爐依然是
當初那組，可回溯至1889年。在同
年代的古董機車中，少有幾輛具備
如此值得記上一筆的特色。

機車外觀

B型軸距短，因此相當適合多彎道的大吉嶺喜馬拉雅鐵路，且可以把機車的全部重量都壓在軌道上以提高黏著力。大吉嶺喜馬拉雅鐵路的列車一般來說有九名工作人員：司機、技師、司爐、負責到駕駛室前方的煤櫃取煤的助手、兩位坐在前方把沙子撒在潮溼鐵軌上的助手，以及每節車廂各一名車掌和制軔員。

1. 用英語和印度語書寫的機車編號 2. 頭燈與煙囪 3. 排煙室門固定鎖上的裝飾 4. 費斯提尼奧格鐵路風格的「菜刀」連結器 5. 用來排乾排煙室中積水的排水栓 6. 蒸汽密封管線用的的黃銅潤滑箱 7. 水櫃注水口蓋 8. 安全閥 9. 蒸汽活塞前端 10. 汽缸本體，蒸汽活塞在下，閥門在上 11. 原裝砂箱 12. 供電給頭燈和駕駛室燈使用的汽輪發電機 13. 翼門（止回）閥和軸箱用的黃銅儲油器 14. 在汽包旁邊的隔離閥，可提供蒸汽給司機的真空制軔閥 15. 氣缸用機械潤滑器 16. 左導軸露出十字頭 17. 右尾輪支撐彈簧 18. 左後輪連結器和連桿軸承 19. 機車頂上的現代砂箱 20. 從機車頂上可以看到空的前煤櫃 21. 駕駛室前的汽笛和蒸汽「噴泉」 22. 煤水車上的把手

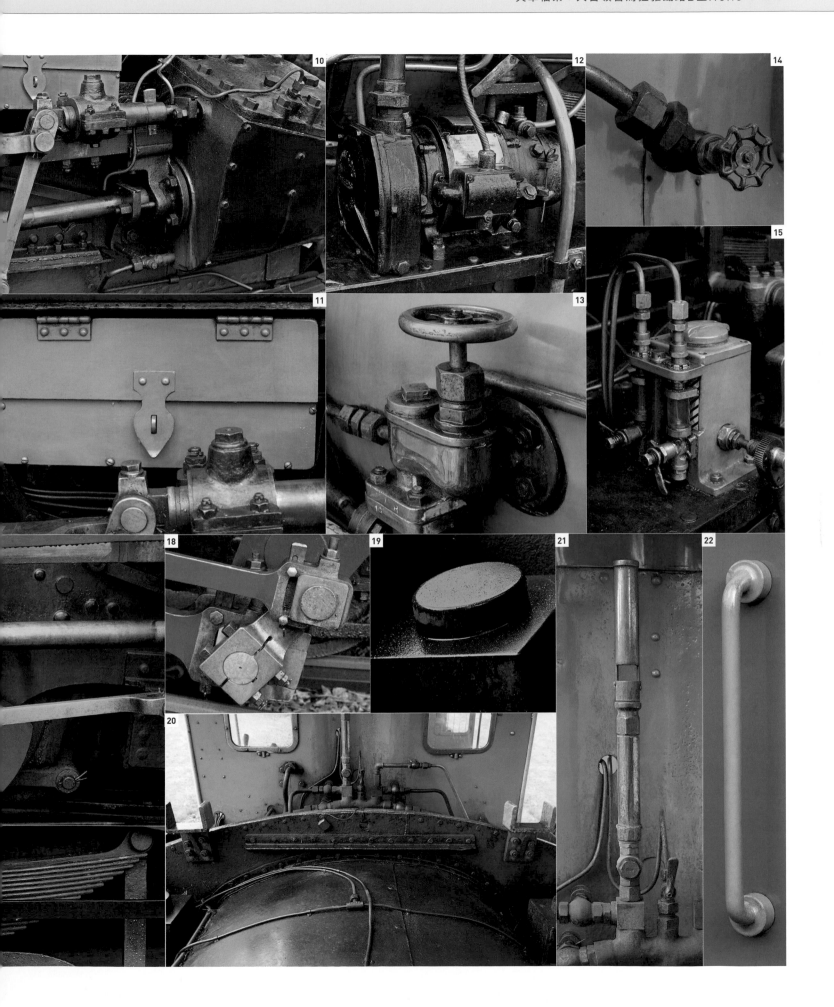

駕駛室內裝

B型是從右邊駕駛、左邊生火，在印度的大吉嶺喜馬拉雅鐵路上行駛時，上坡是煙囪在前，且不會調頭。因此，在壞天氣中下坡時，駕駛室四面無遮蔽，工作人員感受就不是那麼好了。由於大吉嶺喜馬拉雅鐵路的路線絕大部分都和平行的道路重疊，因此司機時常需要鳴響汽笛來警告穿越鐵道的人車。

1. 駕駛室模樣，燃燒室門位於下方，手軔機在左邊　2. 機車和煤水車水箱的水位計　3. 安裝在煤水車上的儲氣罐壓力計　4. 鼓風機用（上）和駕駛用側面噴嘴（下）的蒸汽閥門 5. 裝有蒸汽調節器的鍋爐背面 6. 鍋爐水位計 7. 鍋爐壓力計（左）、汽櫃計（右）　8. 真空制軔閥　9. 倒車把手　10. 氣軔閥　11. 駕駛室後方通往煤水車的門 12. 駕駛室後方空的煤水車

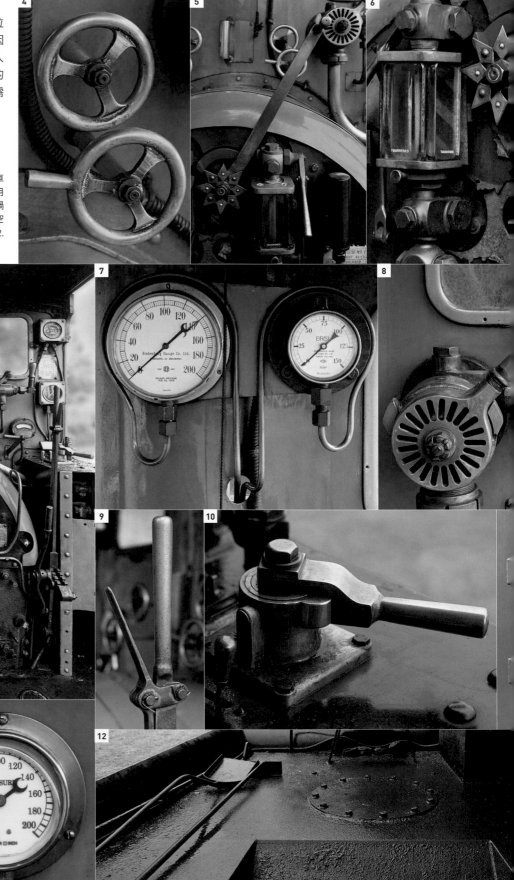

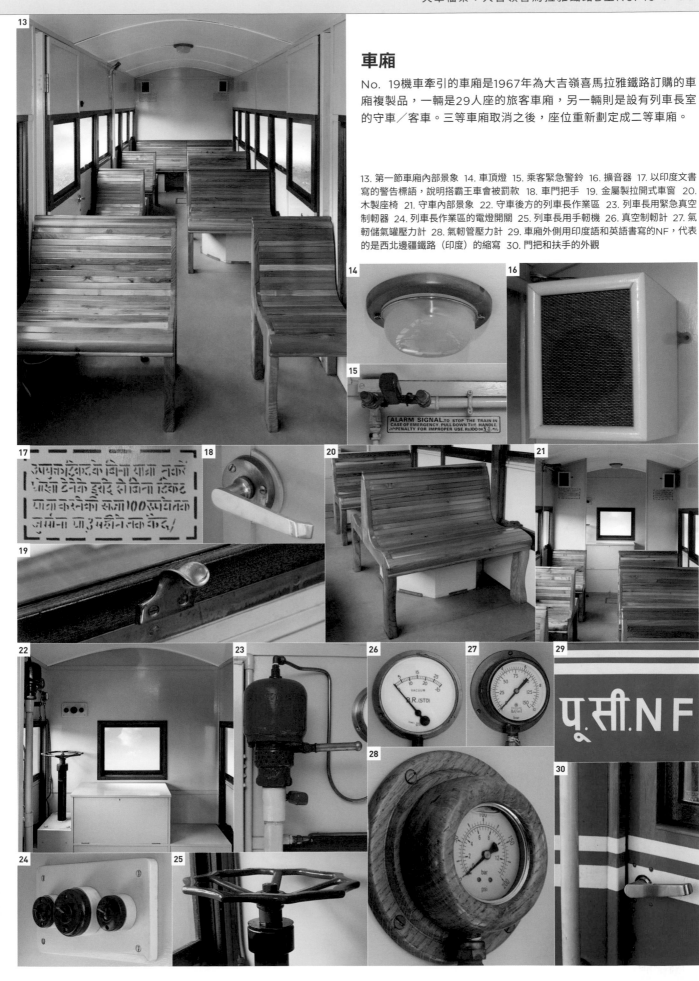

車廂

No. 19機車牽引的車廂是1967年為大吉嶺喜馬拉雅鐵路訂購的車廂複製品，一輛是29人座的旅客車廂，另一輛則是設有列車長室的守車／客車。三等車廂取消之後，座位重新劃定成二等車廂。

13. 第一節車廂內部景象 14. 車頂燈 15. 乘客緊急警鈴 16. 擴音器 17. 以印度文書寫的警告標語，說明搭霸王車會被罰款 18. 車門把手 19. 金屬製拉開式車窗 20. 木製座椅 21. 守車內部景象 22. 守車後方的列車長作業區 23. 列車長用緊急真空制軔器 24. 列車長作業區的電燈開關 25. 列車長用手軔機 26. 真空制軔計 27. 氣軔儲氣罐壓力計 28. 氣軔管壓力計 29. 車廂外側用印度語和英語書寫的NF，代表的是西北邊疆鐵路（印度）的縮寫 30. 門把和扶手的外觀

ALARM SIGNAL TO STOP THE TRAIN IN CASE OF EMERGENCY. PULL DOWN THE HANDLE. PENALTY FOR IMPROPER USE. Rs.100 OR 5 mg

पू.सी.N F

第一列電動載客火車

雖然這張照片看起來像是在遊樂園裡搭小火車，但這列火車可說是今日我們看到的所有電氣化火車的始祖。這列火車由成功的電氣工程師、開發電動馬達的先驅維爾納・馮・西門子研製，並在1879年於柏林的一場貿易展中對外展示。

　　早期的人在開發電力牽引時，是在機車上製造電力，但結果顯示效果不彰，局限了鐵道旅行的可能性。不過西門子選擇了另外一種電源，也就是從設置在軌道中央的導電軌上取得150伏特的連續電流，供2.2千瓦的馬達使用。這列火車總共運轉了四個月，吸引9萬人搭乘。儘管當時廣告宣稱極速只有每小時7公里，但據說曾達到每小時13公里的速度。

成功的基石

這列實驗火車勾勒出鐵路的未來設計。雖然導電軌的設計最後被更安全、更有效的架空線取代，但這列火車的成功使西門子可以繼續開發路面電車，並於1881年在柏林的利希特費爾德（Lichterfelde）地區開始營運。這兩項由西門子和他的機械工程師搭檔約翰・哈爾斯克（Johann Halske）聯手創造的先驅設計，為他們日後擴及全球且經營至今的電機工程事業奠定了堅實的基礎。

1879年到柏林參觀貿易展的訪客搭乘西門子與哈爾斯克研製的電動火車，在300公尺長的環狀軌道上行駛。

1895-1913年：
黃金時代

黃金時代

巴爾的摩與俄亥俄鐵路是世界歷史最悠久的鐵路之一，可上溯到 1830 年。他們在 1895 年啟用第一條電氣化幹線，指出了未來的發展方向。為了應付蒸汽機車廢氣帶來的問題，這家公司在霍華德街隧道（Howard Street Tunnel）安裝電氣化設備。不到十年之後的 1903 年，一輛試驗用的電動軌道車在德國一條軍用路線上行駛，速度締造了新的世界紀錄。

在這個時期，壓縮點火與燃油的機車出現，預告了大規模轉移到柴油牽引的日子即將到來。不過蒸汽機車的時日還很多，世界各地的工程師都努力提高它們的效率。在英國，大西部鐵路的喬治·傑克遜·丘齊沃德（George Jackson Churchward）研製出一系列新式機車，使用標準化的零組件，並採納了來自海外的各種設計，從而形塑了英國蒸汽牽引領域的未來。世界各地的城市規模不斷擴大，地下鐵路的熱潮持續蔓延。具代表性的巴黎和紐約的地下鐵也都在這個時期展開客運服務。

這個時期的工程壯舉則包括非洲橫跨尚比西河（Zambezi River）、1905 年通車的維多利亞瀑布大橋（Victoria Falls Bridge），以及 1906 年啟用的辛普倫隧道（Simplon Tunnel）。這條隧道在阿爾卑斯山底下綿延超過 20 公里，連接義大利和瑞士，成為世界最長的隧道。

△ **時尚的法國地鐵**
嶄新的巴黎地鐵在1900年通車，地鐵站入口的外觀受到當時新藝術運動（Art Nouveau）的強烈影響。

關鍵事件

▷ **1895年**：美國的巴爾的摩與俄亥俄鐵路在霍華德街隧道安裝電氣化設備，開啟了電氣化時代。

▷ **1896年**：英國發展出第一輛壓縮點火的燃油機車，也就是今日柴油機車的先驅。

▷ **1896年**：布達佩斯的第一條地鐵完工。

▷ **1900年**：巴黎地鐵第一階段通車。

▷ **1902年**：喬治·傑克遜·丘齊沃德為大西部鐵路設計的創新4-6-0輪式機車改變了英國機車的設計走向。

▷ **1902年**：柏林的第一條地下鐵完工。

▷ **1902年**：紐約中央鐵路（New York Central Railroad）旗下的二十世紀快車（20th Century Limited）特快客運列車展開服務。

▷ **1903年**：一列德國試驗的電動軌道車達到每小時211公里的高速。

▷ **1904年**：紐約地鐵第一階段通車。

▷ **1906年**：連接義大利和瑞士的辛普倫隧道啟用。

▷ **1909年**：第一輛倍爾－蓋瑞特（Beyer-Garratt）關節式蒸汽機車完成。

▷ **1912年**：德國的普魯士國家鐵路（Prussian state railways）開始測試幹線用柴油機車。

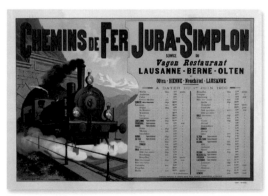

△ **侏羅－辛普倫鐵路**
1900年的侏羅－辛普倫鐵路（Jura-Simplon Railway）時刻表。這家公司在1895年提出野心勃勃的計畫，要建造辛普倫隧道。

「**鐵路終點站……是通往光榮與未知的大門。經由它們，我們出發冒險、享受陽光，哎！我們總是會回去。**」
英國文學家福斯特（E. M. Forster）

◁ **福斯大橋**串連了從倫敦直達亞伯丁的路線，催化了1895年的第二次「北方競速」。

英國的
蒸汽特快車

在英國鐵道史上的這段時期，高速客運蒸汽機車的設計與生產有長足的進步。一些源自於其他國家的創新，例如混合使用高低壓汽缸、更大更高壓的鍋爐、過熱技術和更長的車輪輪式配置等，全都對提高機車的效率有所貢獻。這些外觀優美的機車因此得以在英國繁忙的鐵路幹線上，用更快的速度牽引更長且更重的列車。

△ **MR Class 115**
米德蘭鐵路115型，1896年

車輪輪式	4-2-2
汽缸數	2（安裝在車身內）
鍋爐壓力	每平方公分11.95公斤
動輪直徑	2370公釐
最高速度	約每小時145公里

這款高速機車由山繆·詹森（Samuel W. Johnson）設計，在米德蘭鐵路的德比工廠（Derby Works）生產到1899年。115型機車由於它那對巨大動輪快速旋轉的動作而得到「紡紗機」（Spinner）的外號。

△ **GNR Class C2 Small Atlantic**
大北部鐵路C2型小大西洋式，1898年

車輪輪式	4-4-2
汽缸數	2
鍋爐壓力	每平方公分11.95公斤
動輪直徑	2370公釐
最高速度	約每小時145公里

C1型機車由亨利·埃瓦特（Henry Ivatt）設計，由大北部鐵路（Great Northern Railway）頓卡斯特工廠（Doncaster Works）生產，共有22輛，No. 990機車亨利·奧克利號（Henry Oakley）是其中之一。它的外號叫「克朗岱克」（Klondyke），之後轉手給倫敦與東北鐵路（London & North Eastern Railway），後來公司把這款鍋爐較小的版本歸類為C2型。

◁ **LSWR T9 Class 倫敦與西**
南鐵路T9型，1899年

車輪輪式	4-4-0
汽缸數	2
鍋爐壓力	每平方公分12.30公斤
動輪直徑	2000公釐
最高速度	約每小時137公里

T9型客運機車綽號「灰狗」（Greyhound），在1899到1901年間共生產66輛。這款機車由杜高德·卓拉蒙德（Dugald Drummond）為倫敦與西南鐵路設計。

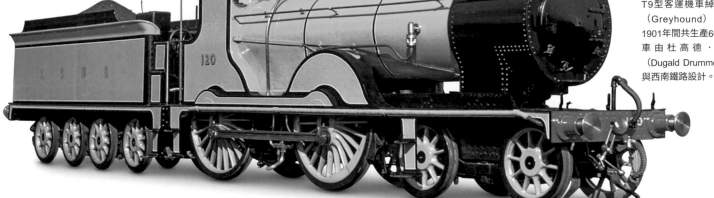

◁ MR Compound 1000 Class
米德蘭鐵路混合1000型，1902年

車輪輪式	4-4-0
汽缸數	3（2組低壓汽缸安裝在車身外，1組高壓汽缸安裝在車身內）
鍋爐壓力	每平方公分15.46公斤
動輪直徑	2134公釐
最高速度	約每小時137公里

這款高速混合機車由山繆・詹森設計，自1902年起在米德蘭鐵路的德比工廠生產，大約建造了45輛。

▷ LNER Class C1 Large Atlantic倫敦與東北鐵路C1型大大西洋式，1902年

車輪輪式	4-4-2
汽缸數	2
鍋爐壓力	每平方公分11.95公斤
動輪直徑	2030公釐
最高速度	約每小時145公里

這款鍋爐較大的高速機車從大北部鐵路的C2型小大西洋式發展而來，頓卡斯特工廠在1902到1910年間共生產了94輛。倫敦與東北鐵路取得它們後，維持C1型號，以便與鍋爐較小的車型有所區隔。

▽ GWR, 3700 Class / City Class
GWR 3700型／城市型（City），1902年

車輪輪式	4-4-0
汽缸數	2（安裝在車身內）
鍋爐壓力	每平方公分14.06公斤
動輪直徑	2030公釐
最高速度	約每小時161公里

這款高速機車由喬治・丘齊沃德設計，大西部鐵路的斯文敦工廠在1902年到1909年間生產了20輛。1904年，No.3440楚洛市號（City of Truro）宣布成為第一輛時速達到100英哩（161公里）的蒸汽機車。

◁ GWR 4000 Class / Star Class
GWR 4000型／星辰型，1907年

車輪輪式	4-6-0
汽缸數	4（2組在車身外、2組在車身內）
鍋爐壓力	每平方公分15.82公斤
動輪直徑	2030公釐
最高速度	約每小時145公里

星辰型是喬治・丘齊沃德設計的另一款高速客運機車，大西部鐵路的斯文敦工廠在1907到1923年間生產了73輛。原型車No.4被命名為北極星號（North Star），之後編號改為4000。這輛No.4005極星號（Polar Star）一直服役到1934年。

不列顛的進化

19世紀末，英國的鐵路網已經擴張到幾乎涵蓋全國，煤礦場、採石場、鋼鐵廠、工廠、港口碼頭全都和鐵路系統相連，貨運業務迅速增長，進而催生出馬力更強的機車，以便牽引載荷更重、更長的列車。這些貨運機車成績斐然，有許多在鐵路上運轉超過50年。同一時間，連結各大城市和郊區的旅客運輸量也節節攀升，新型水櫃機車能夠更快加速，牽引班次密集的通勤列車。

△ CR 812 Class
加里東鐵路812型，1899年

車輪輪式	0-6-0
汽缸數	2（安裝在車身內）
鍋爐壓力	每平方公分11.25公斤
動輪直徑	1520公釐
最高速度	約每小時88公里

約翰・麥金托什（John F. McIntosh）為加里東鐵路設計了這輛附帶水車的機車。812型從1899年到1909年間總計生產了79輛，大部分都服役超過50年。

▷ NER Class X1, No. 66
東北鐵路X1型No. 66，1902年

車輪輪式	2-2-4T
汽缸數	2（混和，安裝在車身內）
鍋爐壓力	每平方公分12.30公斤
動輪直徑	1720公釐
最高速度	約每小時88公里

這款機車在1869年為東北鐵路建造，用來牽引機械工程師專用車廂。No. 66隕石號（Aerolite）在1886改裝為4-2-2T輪式，到了1902年又改裝為2-2-4T輪式。

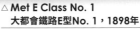

△ Met E Class No. 1
大都會鐵路E型No. 1，1898年

車輪輪式	0-4-4T
汽缸數	2（安裝在車身內）
鍋爐壓力	每平方公分10.53公斤
動輪直徑	1670公釐
最高速度	約每小時96公里

No.1機車是大都會鐵路奈斯登工廠（Neasden Works）生產的最後一輛機車，服役初期在貝克街（Baker Street）和艾爾斯伯里（Aylesbury）間牽引通勤列車。成為倫敦交通局（London Transport）No. L 44機車之後，它持續服役到1965年並保存至今。

貨物移轉

鐵路公司建造了數以千計的四輪篷車（有蓋貨車）和敞車（開頂貨車），在全英國各地載運各種原物料、成品、易腐敗的食物等等。部分公司也擁有大批私人貨車，車身側面會漆上所有人的名字。在港口和碼頭，短軸距的小型水櫃機車則在彎彎曲曲的鐵路線上執行調車工作。

◁ Alexandra Docks (Newport and South Wales) & Railway Co. No. 1340
亞歷山大碼頭（紐波特與南威爾斯）與鐵路公司No. 1340，1897年

車輪輪式	0-4-0ST
汽缸數	2
鍋爐壓力	每平方公分11.25公斤
動輪直徑	910公釐
最高速度	約每小時48公里

這款機車由布里斯托（Bristol）的愛芬塞德機車公司（Avonside Engine Company）建造，服役時間大部分都在紐波特碼頭（Newport Docks）從事調車作業，之後在1932年被賣給斯塔福郡的一處煤礦。現在它被取了一個名字叫特洛伊（Trojan），並保存在迪德科特鐵路中心。

▷ **GWR 2800 Class**
 GWR 2800型，1903/1905年

車輪輪式	2-8-0
汽缸數	2
鍋爐壓力	每平方公分15.82公斤
動輪直徑	1410公釐
最高速度	約每小時80公里

此款重型貨運機車由喬治·丘齊沃德設計，大西部鐵路的斯文敦工廠在1903年到1919年建造了84輛，大部分都服役到1960年代初期。

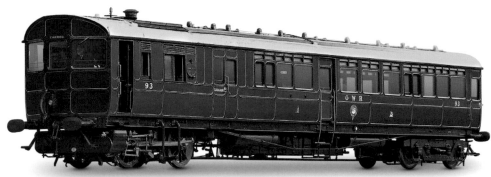

◁ **GWR Steam Railmotor**
 GWR蒸汽自動客車，1903年

車輪輪式	0-4-0 + 4輪無動力轉向架
汽缸數	2
鍋爐壓力	每平方公分11.25公斤
動輪直徑	1220公釐
最高速度	約每小時48公里

這種具備動力可自行前進的車廂由大西部鐵路生產，配有蒸汽動力轉向架，一端安裝垂直鍋爐，且兩端都有駕駛室。這些蒸汽自動客車負責倫敦郊區的旅客運送任務，並在英格蘭和威爾斯的郊區支線上行駛。2011年，大西部協會（Great Western Society）利用原本的車身和新的動力轉向架重新打造了一輛復刻版。

△ **LTSR Class 79**
 倫敦、提爾柏立和紹森鐵路79型，1909年

車輪輪式	4-4-2T
汽缸數	2
鍋爐壓力	每平方公分11.95公斤
動輪直徑	1980公釐
最高速度	約每小時105公里

這款郊區用的水櫃機車由湯瑪斯·懷特萊格（Thomas Whitelegg）設計，1909年共為倫敦、提爾柏立和紹森鐵路（London, Tilbury & Southend Railway）生產了四輛，以提供從芬喬奇街（Fenchurch Street）車站發出的通勤服務。桑得斯利號（Thundersley）在1956年退役，目前為英國國家典藏文物。

◁ **GWR Iron Mink Covered**
 Wagon
 GWR 鐵貂篷車，1900年

構型	四輪
重量	10.16公噸
製造材料	鐵
使用鐵路	大西部鐵路

從1886年到1902年，大西部鐵路總共建造了超過4000輛這樣的篷車。通風及冷藏車型適用於運輸肉品、漁獲和水果。有轉向架的版本重30.5公噸，在1902到1911年間生產。

△ **The Royal Daylight Tank Wagon**
 皇家日光油罐車，1912年

構型	四輪
重量	14.2公噸
製造材料	鐵
使用鐵路	私人擁有

這款私人擁有的油罐車由英國莫瑟威（Motherwell）的赫斯特納爾遜（Hurst Nelson）為英美石油公司（Anglo-American Oil Co.）建造，負責運輸進口的美國燈油，品牌名稱叫皇家日光（Royal Daylight）。這輛油罐車目前在迪德科特鐵路中心展示。

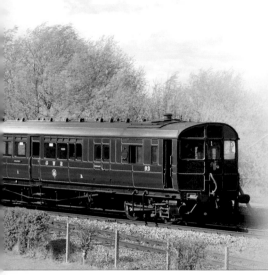

大西部鐵路 No. 92自動掛車

大西部鐵路 No. 92 自動掛車於 1912 年在英國的斯文敦工廠生產，今日保存在迪德科特鐵路中心，是目前留存下來歷史最悠久的大西部鐵路「自動車廂」之一，堪稱是獨一無二。它基本上就是一輛旅客車廂，但其中一端內建駕駛室，操控裝置連結到另一輛蒸汽自動客車，然後這兩輛車組成一個車組，所以不論從哪一端都可以駕駛，在抵達終點站之後不需要像其他機車一樣「掉頭」。

這輛**70人座的No.92**自動掛車已經回復到大西部鐵路原本的緋紅湖（Crimson Lake）塗裝，它屬於大西部協會的自動客車與自動掛車「車組」中沒有動力、需要拖掛的「那一半」，而「有動力的那一半」就是自動客車本身（上圖中的No. 93），有著幾乎一模一樣的木造車身，內建擁有垂直鍋爐的蒸汽引擎，可搭載50人。這兩輛車搭配在一起，成為「蒸汽動力分散式列車」，也就是今日的現代化動力分散式列車的始祖，在大西部鐵路的支線上行駛，在主線上則是做為一般的旅客車廂使用。

當自動客車在前面時，司機和司爐會在引擎室裡工作；當自動掛車在前面時，司爐會留在引擎室，負責操作各種閥門裝置和射水器，還得兼顧投煤。至於司機則會移動到自動掛車前端的駕駛室，他在那裡可以透過基本的控制裝置來指揮車組，這些控制裝置會透過一系列相互作用的活動桿、連結鎖、管路或鍊條連結到引擎。此外，他也可以搖響車廂前端的警鈴。

正面圖

背面圖

自動客車規格說明			
級別	自動客車	服役年分	1912-57年（No.93）
輪式	0-4-0＋4輪轉向架	汽缸數量	2
生產國	英國	鍋爐壓力	每平方公分11.25公斤
設計／建造者	喬治·傑克遜·丘齊沃德	動輪直徑	1220公釐
生產數量	18輛自動客車	最高速度	約每小時48公里

自動掛車規格說明	
生產國	英國
服役年分	1912-57年
車廂	1（和自動客車配對）
載客數	70人（加自動客車的50人）
營運路線	大西部鐵路路線

走道連結處可通往另一輛車廂

行李室位於自動掛車後方

吸菸車廂可容納30名乘客

中央入口門廊裝有可收起的踏階

禁菸車廂可容納40名乘客

自動掛車在前時就會用到駕駛室

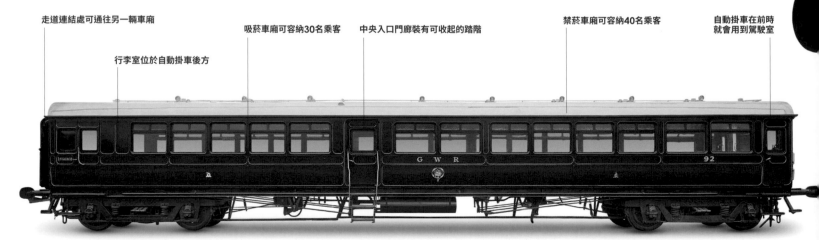

駕駛室
在自動掛車前端的駕駛室裡，駕駛可以控制一根
調節桿和真空制軔，它們連接到蒸汽自動客車，
還有一個鈴可用來提醒車長和司爐。

大西部城市
大西部鐵路的紋章採
用襪帶造型設計，包
含了倫敦和布里斯托
的城市盾徽，自1870
年起採用，在大西部
鐵路隨處可見。

外觀

在大西部鐵路營運的初期和後期，車廂全都漆成棕色和奶油色，但在1912-22年間，它們的標準塗裝卻是一種暗紅色，稱為「緋紅湖」（Crimson Lake）。這輛自動掛車在1912年出廠後，便漆上緋紅湖塗裝，搭配麥稈色的飾線——大約有366公尺長，還有大西部鐵路的標誌。最近一次的修復計畫在2012年完成，把自動掛車回復成原本的顏色。

1. 車廂編號 2. 駕駛用警鈴 3. 布里斯托市紋章 4. 車廂側面會掛上目的地告示牌 5. 行李間門上的標誌 6. 放下的乘客踏階，用來進入車廂 7. 通往乘車間的銅製門把 8. 儲氣槽的壓力計 9. 橫向板片彈簧的二次懸吊 10. 轉向架的部分特寫 11. 車廂照明用的儲氣槽 12. 後緩衝器

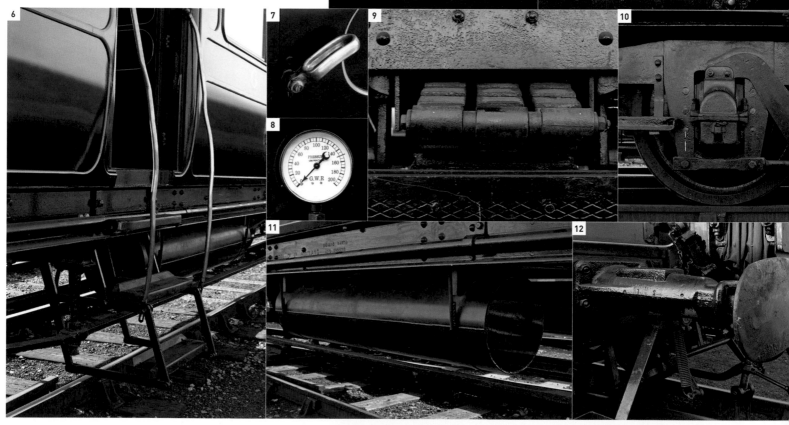

駕駛室

駕駛室的內部空間寬敞，可讓司機操縱基本的控制器。雖然駕駛室裡有折疊椅，但很少使用，因為司機必須站著，才能觸碰並操作調節器。司機、司爐和列車長之間可透過一組裝電池的電動信號鈴來溝通，鈴聲代號簡單易懂：響一次是「啟動」、響兩次是「停止」、響三次則代表「鬆閘」。為了讓工作環境舒適，駕駛室有一組蒸汽暖爐，車窗上也有雨刷，但受限於1912年的科技，雨刷沒有電動馬達，必須手動操作。

13. 駕駛室內部，調節桿位在中央窗戶上方，讓司機可以從自動掛車上控制蒸汽自動客車。 14. 真空計 15. 開啟砂箱的控制桿 16. 和其他工作人員溝通的信號鈴 17. 真空制軔控制桿 18. 用來鳴響車外警鈴的腳踏板

車廂內裝

經過北威爾斯蘭哥連鐵路（Llangollen Railway）工匠的修復之後，No. 92自動掛車兩個旅客車廂裡的座椅都已經重新裱裝上正統大西部鐵路風格的菱形圖案棕色割絨布。某些配有「翻轉椅背」的椅子還是從澳洲阿得雷德（Adelaide）一輛廢棄的電車裡搶救回來的，可以讓乘客面對列車行進的方向。

21. 捲簾 22. 木質手工雕刻托臂 23. 電燈開關（復原時添加） 24. 手腕帶懸吊在天花板上有裝飾的金屬支架上 25. 座位之間的扶案 26. 座位下的加熱器 27. 金屬椅腳 28. 車窗玻璃上的吸菸室標誌 29. 吸菸室裡的火柴摩擦板 30. 開關窗戶用的皮帶 31. 緊急拉鏈 32. 安裝在車廂門邊的銅製把手 33. 旅客車廂之間的乘務員室內的票架 34. 用來放下車外折疊式踏階的把手 35. 行李間的雙門 36. 行李間的門鎖機關 37. 車廂末端通往另一車廂的通道門

歐陸的魅力

鐵路已經征服了歐陸大部分地區，火車已經載運著大量的原物料和成品——當然還有大量的旅客——到處跑。往來歐洲各大城的時間大幅縮短，這要歸功於軌道和號誌的改良，也要歸功於現代化的車廂和強力的機車，它們能以更快的速度行駛更久的時間。在新科技的引領下，愈來愈多過熱和混合機車出廠，而受到美國影響的4-6-2輪式「太平洋」（Pacific）機車也開始現身。

◁ **Nord Compound**
北方混合式機車，1907年

車輪輪式	4-6-0
汽缸數	4（混合）
鍋爐壓力	每平方公分16.3公斤
動輪直徑	1750公釐
最高速度	約每小時113公里

法國工程師阿爾佛列德·德·格倫（Alfred de Glehn）設計了這款混合高速機車，生產給法國和國外的鐵路使用，有些服役到1960年代。

△ **Bavarian Class S3/6**
巴伐利亞S3/6型，1908年

車輪輪式	4-6-0
汽缸數	4（混合）
鍋爐壓力	每平方公分15公斤
動輪直徑	1870公釐
最高速度	約每小時120公里

這款高速機車由德國的馬菲公司（Maffei）設計，生產期間從1908年到1931年，長達將近25年，總產量159輛。其中有89輛是為皇家巴伐利亞國家鐵路（Royal Bavarian State Railways）生產的，另外70輛（18.4–5型）則屬於德意志國營鐵路（Deutsche Reichsbahn）。圖中這輛在1950年代接受現代化改裝。

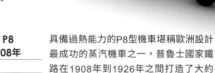

鐵道話題

1895年巴黎墜車事件

1895年10月22日下午，一列自孔維勒（Granville）出發、牽引三輛行李車、一輛郵局車和六輛客車的特快列車駛入法國巴黎的蒙帕納斯（Montparnasse）終點站。不過由於速度太快、氣軔失效，它以每小時48公里的速度撞毀止衝擋，衝入車站大廳，撞穿車站外牆，最後墜落在街道上。這起事件造成一名女性路人不幸喪生，但令人訝異的是火車上的所有人員都毫髮無傷。

著名的意外 No.172機車在撞穿了終點站60公分厚的牆、摔落10公尺之後，車鼻朝下直立在街道上。

▽ **Prussian Class P8**
普魯士P8型，1908年

車輪輪式	4-6-0
汽缸數	2
鍋爐壓力	每平方公分11.95公斤
動輪直徑	1750公釐
最高速度	約每小時110公里

具備過熱能力的P8型機車堪稱歐洲設計最成功的蒸汽機車之一，普魯士國家鐵路在1908年到1926年之間打造了大約3700輛。它由羅伯特·加貝（Robert Garbe）設計，德國境內好幾間不同的工廠都有生產。

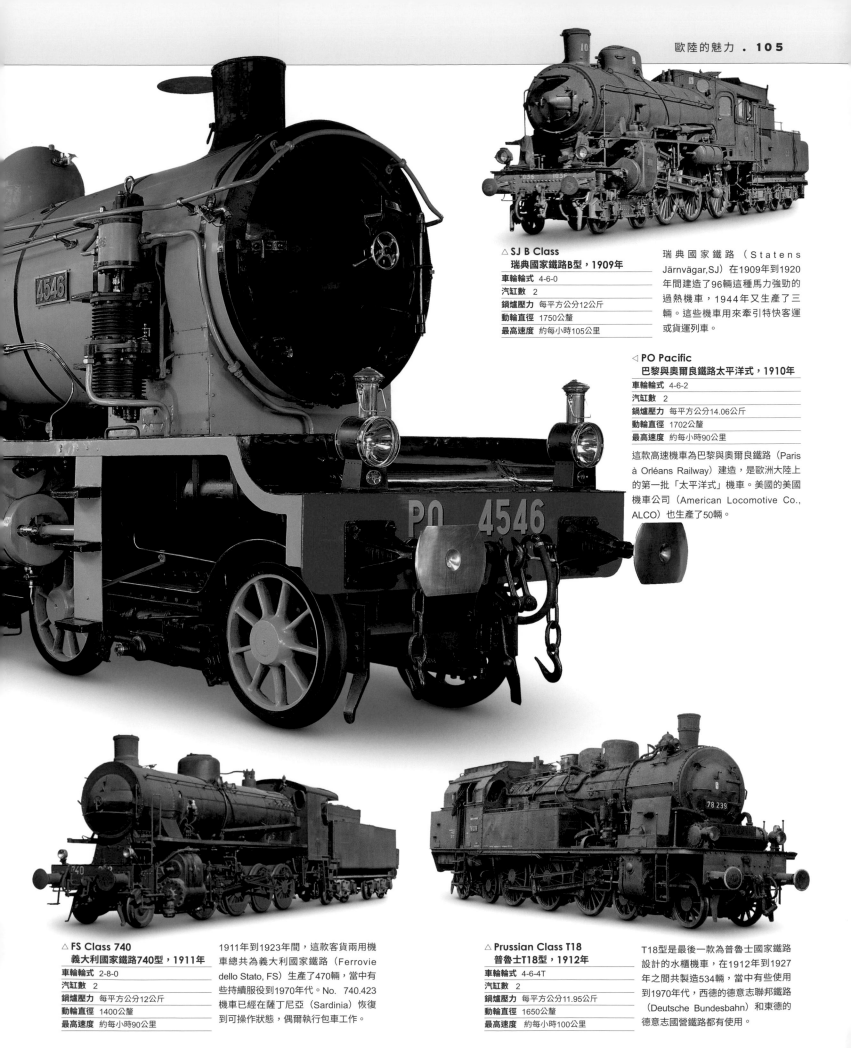

△ **SJ B Class**
瑞典國家鐵路B型，1909年

車輪輪式	4-6-0
汽缸數	2
鍋爐壓力	每平方公分12公斤
動輪直徑	1750公釐
最高速度	約每小時105公里

瑞典國家鐵路（Statens Järnvägar,SJ）在1909年到1920年間建造了96輛這種馬力強勁的過熱機車，1944年又生產了三輛。這些機車用來牽引特快客運或貨運列車。

◁ **PO Pacific**
巴黎與奧爾良鐵路太平洋式，1910年

車輪輪式	4-6-2
汽缸數	2
鍋爐壓力	每平方公分14.06公斤
動輪直徑	1702公釐
最高速度	約每小時90公里

這款高速機車為巴黎與奧爾良鐵路（Paris à Orléans Railway）建造，是歐洲大陸上的第一批「太平洋式」機車。美國的美國機車公司（American Locomotive Co., ALCO）也生產了50輛。

△ **FS Class 740**
義大利國家鐵路740型，1911年

車輪輪式	2-8-0
汽缸數	2
鍋爐壓力	每平方公分12公斤
動輪直徑	1400公釐
最高速度	約每小時90公里

1911年到1923年間，這款客貨兩用機車總共為義大利國家鐵路（Ferrovie dello Stato, FS）生產了470輛，當中有些持續服役到1970年代。No. 740.423機車已經在薩丁尼亞（Sardinia）恢復到可操作狀態，偶爾執行包車工作。

△ **Prussian Class T18**
普魯士T18型，1912年

車輪輪式	4-6-4T
汽缸數	2
鍋爐壓力	每平方公分11.95公斤
動輪直徑	1650公釐
最高速度	約每小時100公里

T18型是最後一款為普魯士國家鐵路設計的水櫃機車，在1912年到1927年之間共製造534輛，當中有些使用到1970年代，西德的德意志聯邦鐵路（Deutsche Bundesbahn）和東德的德意志國營鐵路都有使用。

富炯斯・比安維努
1852-1936年

法國土木工程師富炯斯・比安維努（Fulgence Bienvenüe）是巴黎地鐵（Paris Métro）的推手，這個路網為巴黎市民的日常生活帶來革命性的改變。雖然有如此傑出的成就，但他的鐵路職涯卻是在不幸中展開的。1881年在法國諾曼第（Normandy）參與生平第一個鐵路專案時，他因為一起施工意外而失去了左臂。但他並未因此放棄追逐工程夢想。1886年遷往巴黎以後，他出任巴黎地鐵首席工程師，在接下來超過35年的歲月裡指導它的發展。除了巴黎地鐵外，比安維努也監督巴黎高速公路、照明和清潔部門的工程專案。

巴黎地鐵之父

巴黎在1900年舉辦萬國博覽會，市議會要求比安維努起草一份計畫，為巴黎規畫使用電氣化列車的窄軌城市捷運路網。這項專案於1898年10月4日展開，而巴黎地鐵的第一條路線就是從文森門（Porte de Vincennes）到馬約門（Porte Maillot）的1號線，在1900年7月19日通車，及時趕上了萬國博覽會。

這條嶄新城市運輸系統的速度和效率讓巴黎市民印象深刻，因此市議會給了比安維努另一項工作，就是延伸並興建完全地下化的路網。工程進行得十分迅速。五年之內，2號線和3號線就完工了，長達42公里，不過中間也發生了一些不可預料的挫折，包括1903年在皇冕車站（Couronnes）發生火災，造成84人命喪火窟。當4號線在1904–10年從塞納河（River Seine）底下穿過時，使用的施工技術被譽為土木工程的傑作。到了第一次世界大戰前夕，巴黎地鐵大部分都已完工。

1933年，美茵大道（Avenue du Maine）車站改名為比安維努車站，以紀念這位「巴黎地鐵之父」。現在，巴黎地鐵每年載客量達15億人次，其路網早已是巴黎不可分割的一部分。

早期巴黎地鐵
3號、7號和8號線在歌劇院廣場（Place de l'Opéra）的地下交會。建造巴黎地鐵的工程龐大，巴黎市中心多條街道被挖開，讓巴黎市民怵目驚心。

光耀歷史
一列斯普拉格－湯姆笙（Sprague-Thomson）電氣化列車抵達巴黎地鐵1號線的巴士底廣場（Place de la Bastille）車站，時間是1912年。巴黎地鐵車站是根據重大事件、地點和法國歷史人物命名的。

杭亭頓與闊頂山鐵路16號守車

這輛木造的四輪守車由賓夕法尼亞鐵路在 1913 年生產，在這條鐵路中段哈立斯堡（Harrisburg）和阿爾圖納（Altoona）之間服役，之後賣給杭亭頓與闊頂山鐵路與煤礦公司（Huntingdon & Broad Top Mountain Railroad & Coal Company, H&BT）。這些守車被稱為「浮標」（bobber），會附掛在貨運列車尾端，作為旅程中的辦公室、瞭望台和工作人員的起居住所。

「浮標」於1870年代到1930年代之間在北美洲的鐵路上廣泛使用，之所以會獲得這個綽號，是因為鐵路工作人員在行車時覺得它們的車況顛簸且偶爾不穩。車頂的瞭望台讓列車長有全方位的視野，可以清楚看到四周環境，在旅程圖中隨時監看貨車的狀態。這輛守車原本的編號為No.478396，在賓夕法尼亞鐵路位於阿爾圖納的車輛工廠製造，並持續服役到1940年，之後才賣給杭亭頓與闊頂山鐵路與煤礦公司。之後它的編號改為No.16，並在這條位於賓夕法尼亞州中南部的短程煤礦運輸鐵路上運轉，成為美國境內仍在使用中的最後一輛木造車身四輪守車，直到這條鐵路在1954年關閉。之後有人把它從報廢場中救回，轉手過幾次後，於1998年被捐贈給賓夕法尼亞鐵道博物館。它在那裡經過專業修復，目前以杭亭頓與闊頂山鐵路的紅色塗裝展示。

背面圖

正面圖

H.&B.T.

亮眼的浮標
復原的No.16守車如今漆上了杭亭頓與闊頂山鐵路與煤礦公司的縮寫字母，這條鐵路在1855年通車，為賓夕法尼亞的煤礦提供運輸服務。

規格說明

級別	守車	服役年分	1913-54年
生產國	美國	載客數	1名列車長，列車人員宿舍
設計／建造者	阿爾圖納車輛工廠	重量	12.7公噸
生產數量	不詳	使用鐵路	賓夕法尼亞鐵路／杭亭頓與闊頂山鐵路

人員使用的火爐的煙囪

瞭望台是制軔員觀察四周狀況的位置

位置燈代表列車尾端

通往車頂的梯子

陽臺可通往制軔控制器和車頂

手軔機可讓列車長在下坡時降低列車速度

詹尼車鉤（連結器）可透過連結器開啟把手來手動操作。

登車踏階為鋼製，搭配木質踏板

列車人員的守車
北美的守車傳統上兩端都有陽臺，可從地面經由踏階進入。貨運列車的工作人員可以爬梯子登上車頂，以便把瞭望台的窗戶擦乾淨。

16

Sax Wt 29200 12 4

外觀

守車有瞭望台，制軔員可以從那裡監看是否發生車軸過熱的狀況，或是貨物轉移的狀況，以及任何火車發生的損害。詹尼車鉤可以手動操作。美國國會在1893年立法明訂要使用氣軔和這款車鉤，大幅降低了鐵路意外的次數與工作人員進行連結作業時的傷亡人數。

1. 車身側面漆上守車編號 2. 連結器 3. 連結器開啟把手 4. 通往陽台的踏階 5. 位置燈 6. 止回閥可使氣軔在長下坡時維持啟用狀態 7. 汽笛 8. 煙囪 9. 瞭望台煙囪 10. 輪組 11. 打開軸箱可看見軸承 12. 陽台上的制軔轉盤

內裝

守車舒適的內部空間包括一間辦公室,以及機車工作人員和列車長的臨時住所。墊高的座位讓人可以透過車頂車窗戶看出去,而用螺栓固定在地面鋼板上的燃煤火爐則可讓車組員在夜間保持溫暖,當然也可用來炊煮。這座火爐四周除了有保護鋼板以外,也有多種安全設計,例如可防止火熱煤炭灑出的雙門栓火爐門,而爐頂的凸緣則可防止鍋具在列車行進時滑落。

13. 守車內部 14. 窗栓 15. 氣軔壓力計 16. 瞭望台裡的座位
17. 油燈 18. 煤炭火爐的空氣調節裝制 19. 煤炭火爐 20. 流理台

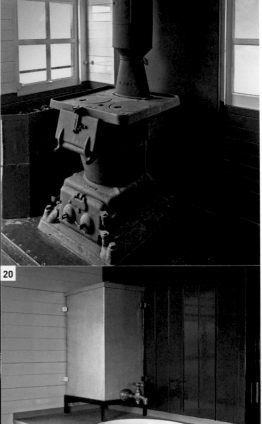

突飛猛進

在這個時期，鐵路建設已經完備，因此世界各地的客運和貨運機車設計都有突飛猛進的發展。重型貨運機車的產量屢創新高，例如普魯士國家鐵路的G8型就有超過1000輛，之後幾年裡，G8.1型也生產了大約5000輛。不過，數量最多的世界紀錄屬於俄羅斯的E型機車，共製造了大約1萬1000輛。

▷ **Austrian Gölsdorf Class 170**
奧地利戈爾斯多夫170型，1897年

車輪輪式	2-8-0
汽缸數	2（混合）
鍋爐壓力	每平方公分13公斤
動輪直徑	1298公釐
最高速度	約每小時60公里

170型貨運機車由卡爾・戈爾斯多夫（Karl Gölsdorf）為帝國皇家奧地利國家鐵路（Imperial Royal Austrian State Railways）設計，是第一款裝有稱為戈爾斯多夫車軸的徑向滑動聯軸的貨運機車。

△ **Prussian Class G8**
普魯士G8型，1902年

車輪輪式	0-8-0
汽缸數	2
鍋爐壓力	每平方公分11.95公斤
動輪直徑	1350公釐
最高速度	約每小時56公里

德國為普魯士國家鐵路製造了超過1000輛這款過熱貨運機車。第一次世界大戰過後，有幾百輛被移交給德國的敵人作為賠償。1916年土耳其修築巴格達鐵路（Baghdad Railway）時，這款機車有一些在當地運行。

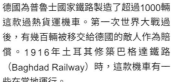

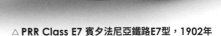

△ **PRR Class E7 賓夕法尼亞鐵路E7型，1902年**

車輪輪式	4-4-2
汽缸數	2
鍋爐壓力	每平方公分14.4公斤
動輪直徑	2000公釐
最高速度	約每小時129公里

原本的E7型No.7002是在美國賓夕法尼亞鐵路的阿爾圖納工廠建造的。曾有一段時間，它號稱是全世界速度最快的蒸汽機車，據說曾達到每小時204公里，但有所爭議。圖中這輛原本的編號是8063，後來因為第一輛7002機車被報廢，因此改用這個編號，目前在賓夕法尼亞鐵道博物館中展示。

◁ **Indian Class EM**
印度EM型，1907年

車輪輪式	4-4-2
汽缸數	2
鍋爐壓力	每平方公分13.4公斤
動輪直徑	1980公釐
最高速度	約每小時96公里

EM型機車原本是北不列顛機車公司為大印度半島鐵路生產的4-4-0輪式機車，一直服役到1970年代。EM No.922在1941年由慕果浦爾機廠（Mughalpura workshops）重建。

△ **VGN Class SA**
維吉尼亞鐵路SA型,1910年

車輪輪式	0-8-0
汽缸數	2
鍋爐壓力	每平方公分14.06公斤
動輪直徑	1295公釐
最高速度	約每小時16公里

SA型調車機車只生產了五輛,No.1、2和3由美國機車公司生產,No.4和5則是在鮑德溫機車廠製造。本圖為其中的No.4,它在1957年退役,是維吉尼亞鐵路(Virginian Railway, VGN)最後一輛蒸汽機車。

▽ **Russian E Class**
俄國E型,1912年

車輪輪式	0-10-0
汽缸數	2
鍋爐壓力	每平方公分11.95公斤
動輪直徑	1320公釐
最高速度	約每小時65公里

這款重型貨運機車最早是在烏克蘭的盧干斯克工廠(Lugansk Works)製造,但最後有一大部分都是在俄國境內生產,此外也在捷克斯洛伐克、德國、瑞典、匈牙利和波蘭等國製造。它有幾種次型,有一些裝有凝結式煤水車,以便在缺乏水資源的地區運轉。

△ **Austrian Gölsdorf Class 310**
奧地利戈爾斯多夫310型,1911年

車輪輪式	2-6-4
汽缸數	4(混合)
鍋爐壓力	每平方公分15.5公斤
動輪直徑	2140公釐
最高速度	約每小時100公里

310型四汽缸混合高速機車由卡爾·戈爾斯多夫設計,在1911到1916年間為帝國皇家奧地利國家鐵路生產了90輛,可說是當時外觀最高雅的機車之一。

鐵道科技

齒輪傳動機車

美國建造的輕量化齒輪傳動蒸汽機車,例如榭(Shay)、海斯勒(Heisler)和克萊梅克斯(Climax)等車型,都是用減速齒輪來驅動車輪。這些機車是為可快速鋪設、成本低廉的產業鐵路設計的,用在伐木、蔗糖、採礦和採石業上。在這些地方,速度並不重要,且坡度經常很陡。

海斯勒雙轉向架齒輪傳動機車No. 4 這輛機車由查爾斯·海斯勒(Charles L. Heisler)在1918年為芝加哥磨坊與木材公司(Chicago Mill & Lumber Co.)製造。它是這種機車中速度最快的,目前在賓夕法尼亞鐵道博物館中展示。

火車檔案：
維吉尼亞鐵路SA型No.4

這輛馬力強大的機車是僅有的五輛 SA 型 0-8-0 輪式調車機車之一，由賓夕法尼亞州愛迪斯敦（Eddystone）的鮑德溫機車廠在 1910 年 8 月交付給新成立的維吉尼亞鐵路公司。它負責在維吉尼亞和西維吉尼亞的鐵路調車廠裡調度沉重的運煤列車，1957 年退休，之後被柴油機車取代。它目前在洛亞諾克（Roanoke）的維吉尼亞交通博物館（Virginia Museum of Transportation）中展示，是維吉尼亞鐵路現存的最後一輛蒸汽機車。

維吉尼亞鐵路在1909年通車，是一家獲利頗高的公司，負責從位於西維吉尼亞的礦場運送高品質煤炭前往維吉尼亞西南部諾福克（Norfolk）塞維爾斯角（Sewells Point）的碼頭，煤炭會從那裡裝運上船。這條鐵路有個外號叫「世界最有錢的小鐵路」（Richest Little Railroad in the World），曾用世界馬力最強的一些蒸汽機車牽引沉重的東行運煤列車爬上陡峭的路線前往西維吉尼亞的克拉克斯峽（Clark's Gap），直到這段鐵路在1925年電氣化。

馬力強大的0-8-0輪式SA型調車機車負責在佩吉（Page，根據這家鐵路公司的其中一位創辦人命名）以及其他位於維吉尼亞和西維吉尼亞的鐵路調車場牽引運煤列車，其中No.4是唯一留存下來的。在五輛SA型調車機車中，No.1-3由美國機車公司建造，No.4-5則由鮑德溫機車廠提供。

正面圖

背面圖

鮑德溫機車廠
鮑德溫機車廠在1825年由馬蒂亞斯·鮑德溫（Matthias Baldwin）創辦，為世界各地的鐵路公司製造了超過7萬輛機車。1956年，公司因為失去一筆提供柴油機車給賓夕法尼亞鐵路的大訂單而停止生產。

規格說明			
級別	SA	服役年分	1910-57年
輪式	0-8-0	汽缸數量	2
生產國	美國	鍋爐壓力	每平方公分14.06公斤
設計／建造者	鮑德溫機車廠	動輪直徑	1295公釐
生產數量	5	最高速度	約每小時16公里

煤水車的水櫃容量為1萬8927公升

後砂包在倒車時會在動輪後方的軌道上撒砂

汽包內有節流閥

前砂包在前進時會在動輪前方的軌道上撒砂

煤櫃可攜帶10公噸煤碳

強而有力的調車機車
SA型No.4是講求實用的機車，重達82公噸，牽引力道高達2萬502公斤。後方的八輪煤水車滿載時，重量有將近50.8公噸。

外觀

SA型No.4機車是一款講求實用的大動力機車，可用來在調車廠以低速牽引沉重的運煤列車，裝有關節式車鉤和威斯汀豪斯的氣軔，都是美國的標準系統。氣軔用的兩組儲氣罐安裝在機車前方的兩組氣缸之間。

1. 車身側面漆有機車編號 2. 頭燈 3. 前連結器 4. 閥箱蓋與金屬星飾特寫 5. 機車側面的製造商銘牌 6. 車頂上的銅鐘 7. 汽包上的汽笛 8. 安全閥 9. 活塞桿 10. 十字頭支撐軛 11. 動輪 12. 動輪彈簧 13. 登上駕駛室的踏階 14. 有著亮紅色窗框的駕駛室 15. 駕駛室後方的煤水車 16. 註明煤水車水櫃容量的告示牌 17. 煤水車上的照明燈 18. 安裝在煤水車邊緣的把手

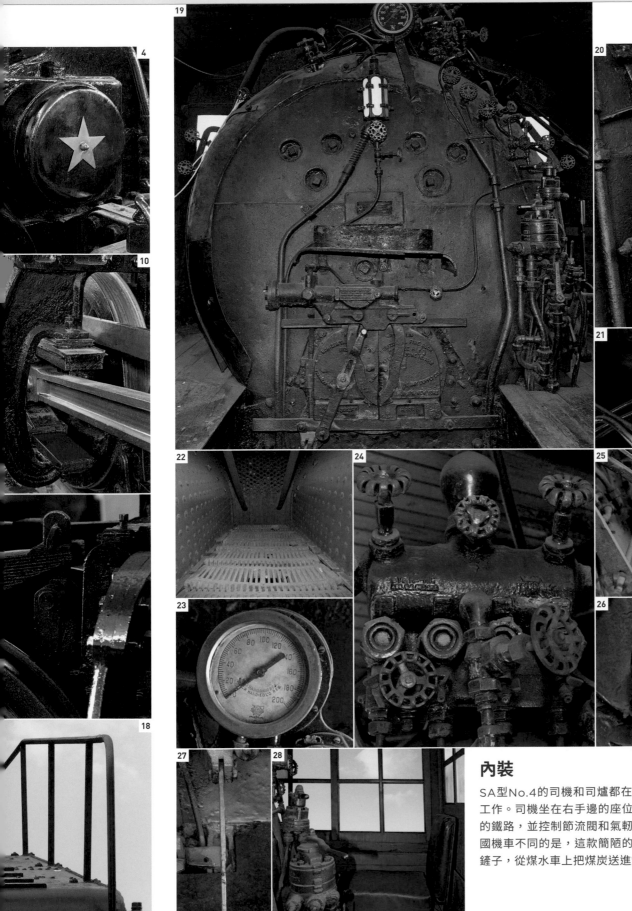

內裝

SA型No.4的司機和司爐都在一個高溫而不舒適的駕駛室內工作。司機坐在右手邊的座位上，從這個位置可以看到前方的鐵路，並控制節流閥和氣軔。跟裝有機械加煤機的眾多美國機車不同的是，這款簡陋的調車機車得由司爐用手拿著大鏟子，從煤水車上把煤炭送進燃燒室裡。

19. 駕駛室中的鍋爐後端 20. 機車與列車制軔 21. 蒸汽壓力計 22. 燃燒室內部 23. 氣軔計 24. 輔助控制 25. 節流閥把手（調節器） 26. 控制閥門 27. 控制踏板 28. 駕駛座位

紐約高架鐵路

倫敦和巴黎都是靠挖地道來滿足對快速可靠的大眾運輸系統的需求，但紐約卻是選擇地面上的路線。在1840到1870年間，紐約市的人口增加了超過50萬人。如此驚人的增長幅度讓馬匹牽引的公車和有軌街車的運輸量不堪負荷，當中有一些是沿著主要幹道行駛。儘管大家認為用蒸汽機車來取代馬匹不安全且不切實際，但兩位當地企業家——查爾斯·哈維（Charles Harvey）和魯弗斯·吉爾伯特（Rufus Gilbert）——仍堅信他們的機車可以在街道上方的高架橋上運行。他們在曼哈頓島（Manhattan Island）修建了兩條高架鐵路線，之後遇到財務問題，因此當局只好接手整個計畫。

根據〈1875年快速運輸法〉（1875 Rapid Transit Act），當局興建了四條路線，成為紐約高架鐵路（New York Elevated Railway，紐約人直接稱為「EL」）的核心。這些路線沿著第二、第三、第六和第九大道通往北邊，之後又陸續又增添了其他路線，直到1917年。

雖然蒸汽機車的黑煙和噪音後來被電動牽引取代，但到了1930年代，紐約高架鐵路就已經被視為過時的東西。因此這幾條路線在1938到1955年間陸續拆除，以便興建紐約地下鐵系統。

1896年，旅客在第三大道高架鐵路上搭乘由一輛輕量化的佛尼（Forney）水櫃機車牽引的列車，下方則是包厘街（Bowery）上的馬車和有軌街車。

其他軌距

喬治·史蒂芬生在1830年為英國鐵路採用了1.453公尺的軌距，不久這就成了世界許多鐵路都採用的標準軌距。然而，還是有很多例外。在印度，許多幹線鐵路都使用較寬的1.67公尺軌距，但輕便鋪設的軌道只有1公尺軌距，而山區鐵路則只有0.61公尺。儘管標準軌距是歐洲大陸和美國的標準，但在多山地區依然廣泛使用窄軌。在美國，涵蓋範圍最廣的窄軌路網是在亞利桑那（Arizona）、猶他和新墨西哥（New Mexico）的丹佛與格蘭德河鐵路（Denver & Rio Grande Railroad）採用的0.91公尺窄軌系統。

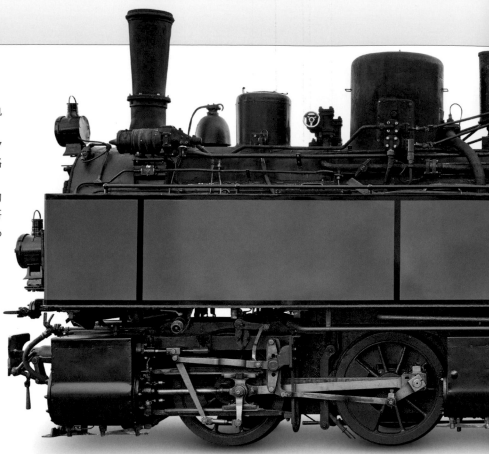

▷ **NWE Mallet 北豪森－維尼格若德鐵路馬雷特機車，1897年**

車輪輪式	0-4-4-0
汽缸數	4
鍋爐壓力	每平方公分14公斤
動輪直徑	1000公釐
最高速度	約每小時30公里

這款大馬力關節式蒸汽機車是為德國1公尺軌距的北豪森－維尼格若德鐵路（Nordhausen-Wernigerode Railway）建造的，共生產12輛。其中有幾輛在第一次世界大戰中失去了，但有三輛現在在德國中部哈次山脈（Harz Mountains）的北豪森－維尼格若德鐵路後繼者哈次山窄軌鐵路（Harzer Schmalspurbahnen）上運轉。

△ **NWR ST 西北鐵路ST機車，1904年**

車輪輪式	0-6-2T
汽缸數	2（安裝在車身內）
鍋爐壓力	每平方公分10.53公斤
動輪直徑	1295公釐
最高速度	約每小時48公里

ST No.707是印度西北鐵路慕果浦機場建造的第一批機車之一，使用格拉斯哥北不列顛機車公司供應的零件。這輛1.67公尺軌距的機車重達55公噸，主要用來執行調車工作。它現在在新德里的國家鐵道博物館中展出。

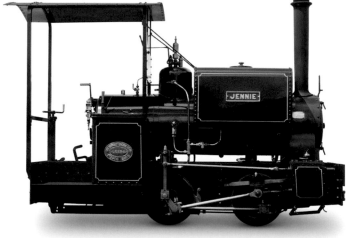

△ **KS Wren Class 柯爾斯圖亞特倫型（Wren），1905年**

車輪輪式	0-4-0
汽缸數	2
鍋爐壓力	每平方公分9.84公斤
動輪直徑	500公釐
最高速度	約每小時24公里

在1905到1930年之間，英國的柯爾斯圖亞特公司（Kerr Stuart）總共建造了163輛這種窄軌機車，供世界各地的產業鐵路使用。不過到了2008年，亨斯萊特機車公司為0.6公尺軌距的斯塔福郡阿默頓鐵路（Amerton Railway）打造了珍妮號（Jennie）。

▷ **Indian SPS 印度標準化過熱客運機車，1903年**

車輪輪式	4-4-0
汽缸數	2（安裝在車身內）
鍋爐壓力	每平方公分11.25公斤
動輪直徑	1980公釐
最高速度	約每小時80公里

英國把一些標準設化計引進印度，其中包括標準化客運機車（Standard Passenger, SP），之後增添過熱功能時，就成為SPS。這些英國設計的機車有一些服役時間相當久。印巴兩國在1947年分家之後，圖中這輛就在新成立的巴基斯坦鐵路（Pakistan Railways）上服役到1980年代。

△ **Mh 399**
Mh 399機車，1906年

車輪輪式	0-8+4
汽缸數	2
鍋爐壓力	每平方公分12.65公斤
動輪直徑	910公釐
最高速度	約每小時40公里

這款機車是林茲（Linz）的克勞斯（Krauss）為奧地利鐵路0.76公尺窄軌的瑪麗亞采爾鐵路（Mariazell Railway／Mariazellerbahn）建造的。它的後輪也是由連接桿驅動。圖為奧地利瑪麗亞采爾鐵路保存的No. 399.06機車。

△ **TGR K Class Garratt**
塔斯馬尼亞政府鐵路K型蓋瑞特式，1909年

車輪輪式	0-4-0+0-4-0
汽缸數	4
鍋爐壓力	每平方公分13.70公斤
動輪直徑	800公釐
最高速度	約每小時40公里

No.K1是世界上第一輛蓋瑞特式關節式機車，由英格蘭曼徹斯特的倍爾皮寇克公司建造，供澳洲的塔斯馬尼亞政府鐵路（Tasmanian Government Railway）使用，在0.6公尺軌距的東北丹達斯纜車（North East Dundas Tramway）路線上行駛。這輛具有歷史意義的機車在1947年回到英國，如今在威爾什高地鐵路（Welsh Highland Railway）牽引列車。

△ **EIR No. 1354 Phoenix**
東印度鐵路 No. 1354鳳凰號，1907年

車輪輪式	0-4-0WT
汽缸數	2（安裝在車身內）
鍋爐壓力	每平方公分8.44公斤
動輪直徑	910公釐
最高速度	約每小時32公里

鳳凰號是英格蘭納斯米思威爾遜公司（Nasmyth Wilson & Company）生產的五輛軌道車之一，於1907年製造，提供給1.67公尺軌距的東印度鐵路使用。到了1925年，它不再用來牽引車廂，並在印度當地接受改裝，作為小型調車機車使用，如今在新德里的國家鐵道博物館中展出。

▷ **Lima Class C Shay**
利馬C型樹式，1906年

車輪輪式	B-B-B
汽缸數	3
鍋爐壓力	每平方公分14.06公斤
動輪直徑	910公釐
最高速度	約每小時24公里

C型齒輪傳動三轉向架蒸汽機車由美國發明家伊夫芮恩·樹（Ephraim Shay）設計，在1885年首度獲得採用。圖中這輛樹式No. 1由利馬機車與機械公司（Lima Locomotive & Machine Co.）在1906年為賓夕法尼亞州標準軌距的林業鐵路生產，目前在斯特拉斯堡的賓夕法尼亞鐵道博物館中展出。

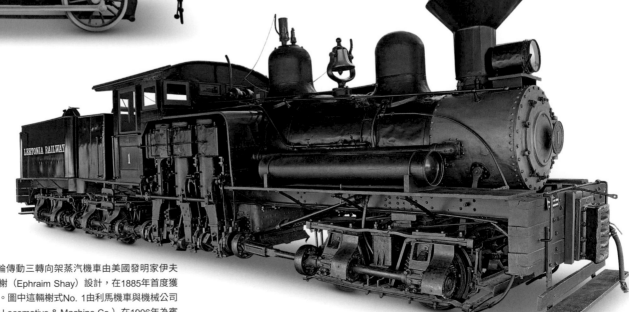

建造偉大鐵道：
西伯利亞鐵路

西伯利亞鐵路（Trans-Siberian Railway）跨越八個時區，長達 9289 公里，是全世界最長的連續鐵路。它從俄羅斯首都莫斯科出發，一路通往太平洋岸上的海參崴，成為連接歐亞的戰略通道。

鐵路標誌

在1890年，俄羅斯帝國從它的歐洲邊境一路向東延伸，越過烏拉爾山脈（Ural Mountains）和遼闊的西伯利亞，直抵太平洋岸。雖然俄羅斯在烏拉爾山脈以西的歐洲部分已經經歷了工業成長，在19世紀中也有了鐵路（第一條鐵路在1851年通車，連接莫斯科和聖彼得堡），但東邊的領土幾乎都尚未開發。由於深入這個地區的道路很少，唯一的運輸手段就是西伯利亞龐大的河川系統，只是一年當中只有大約五個月的時間可供航行，其他時間都在結凍狀態。所以鐵路是開闢這塊廣闊腹地的關鍵。

1891年，這條政府出資的西伯利亞鐵路在沙皇亞歷山大三世（Alexander III）和他的兒子、未來的沙皇尼古拉二世（Nicholas II）的

繞著貝加爾湖行駛的蒸汽機車
金鷹西伯利亞特快車（Golden Eagle Trans-Siberian Express）是在這條鐵路上運行的豪華列車之一。這條路線上也有各式各樣沒那麼豪華的國內與國際服務。

珀母（Perm）附近的卡馬河
在這張攝於1909-1915年左右的早期彩色照片裡，可以看到一座金屬桁架鐵路大橋橫跨卡馬河（Kama River）。西伯利亞鐵路跨越許多條重要河川。

祝福下開工。工程從莫斯科和海參崴兩端同時開始進行，動員俄軍士兵以及罪犯擔任築路工人。工程進度相當快，到了1898年，路線就已經有5185公里長，從莫斯科到貝加爾湖（Lake Baikal）西岸的伊爾庫次克（Irkutsk）。

在更東邊，從海參崴通往伯力（Khabarovsk）的路線已經在1897年通車，不過從伯力往西通向赤塔（Chita）的阿穆爾線（Amur）還要再過很久才會開通。這個地區

俄 羅 斯 聯 邦

跨越河川：這條鐵路在橫貫俄國的漫長路程中跨越了許多重要河川，包括在鄂木斯克跨越世界第五長河鄂畢河（Ob）。

雅羅斯拉夫　　　基洛夫　　　珀母　　　葉卡捷琳堡　　　鄂木斯克　　　新西伯利亞　　　克拉斯諾雅斯克

莫斯科

3 莫斯科：
1890年，也就是西伯利亞鐵路開工前一年，莫斯科就已經有俄國首都的氣勢。雅羅斯拉夫斯基車站（Yaroslavsky Station）在1904年啟用，前往海參崴的西伯利亞鐵路客運列車就從這裡發車。

2 葉卡捷琳堡附近的工程：
在夏季，西伯利亞鐵路以一天4公里的速度快速修建。為了降低成本，這裡使用的軌道比歐洲的標準軌道輕便。

烏克蘭

圖例
● 起點／終點站
● 主要車站
▓▓▓ 主要路線
▓▓▓ 1903年原始路線
▓▓▓ 穿越蒙古路線
▓▓▓ 穿越滿州路線

哈薩克

蒙

中 國

地形相當險峻，因此他們修建了一條從海參崴取道滿州通往赤塔的捷徑。但是後來，俄國因為滿州地區的利益和日本發生衝突，所以一條完全在俄國境內的鐵路線就成了必要之物，阿穆爾線因此開工。

在此同時，西伯利亞鐵路的東西兩段都已抵達位於貝加爾湖兩岸的終點。這座湖泊是世界最深的淡水湖，深達1642公尺。可破冰的火車渡輪貝加爾號（SS Baikal）於1899年下水，可載運整列火車橫跨湖泊，最多可運送24節火車車廂和一輛機車。1905年，沿著多岩的貝加爾湖西岸修築的貝加爾湖環線（Circum-Baikal Line）通車——它有33座隧道和200座橋梁，由罪犯和政治犯建造，也花了國家很大一筆錢。但自此之後，就不需要渡輪服務了。

阿穆爾河（也就是黑龍江）上的伯力大橋興建於1913年。而隨著阿穆爾線在1916年竣工，整條西伯利亞鐵路終於全線通車。

西伯利亞景觀
西伯利亞鐵路在2002年全線電氣化。這列早期的旅客車廂由三輛柴電機車牽引，穿越空曠大地。

重點提示

日期
1891 年 建築工程從海參崴（東）和莫斯科（西）同時展開，向中間推進
1903 年 取道滿州的原始路線完工
1904 年 環繞貝加爾湖的貝加爾湖環線竣工
1916 年 最後的路段完成，全線通車

列車
No.002 列車露西亞號（Rossiya）從莫斯科出發，往東行駛到海參崴，No.001 列車則向西行駛。有很多班俄國國內列車和國際直達列車從莫斯科出發，前往蒙古烏蘭巴托、中國北京和北韓平壤。會根據最終目的地來決定列車要由俄國還是中國的機車牽引。此外也有豪華列車，例如蒸汽機車牽引的金鷹號和沙皇黃金號（Tsar's Gold）。

旅程
莫斯科到海參崴 9289 公里；6 天 4 小時；No. 002M 列車

鐵路
軌距 1.52 公尺寬軌
隧道 貝加爾湖環線有 33 座，最長的旅客列車隧道在塔曼丘坎（Tarmanchukan），長 1.4 公里。
橋梁 鐵路橫跨 16 條重要河川，包括窩瓦河（Volga）、鄂畢河、葉尼塞河（Yenisey）和奧咯河（Oka）。最長的是黑龍江上的伯力大橋，長 2590 公尺。
最低溫 出現在阿穆爾段的莫哥恰（Mogocha）和斯科沃羅季諾（Skovordino）之間，低達攝氏零下 62 度。

快速建設

西伯利亞鐵路是人類勞動力的驚人壯舉，由數以千計的俄軍官兵以及被判服勞役的罪犯和政治犯修建。修建25年完工後，它可說是實現了俄國最後一位沙皇的夢想。

5 6 貝加爾湖環線鐵路：
西伯利亞鐵路後來沿著世界最深湖泊貝加爾湖的湖畔修建。儘管軌道是沿著湖的西岸修築，但大部分是在隧道裡。

4 貝加爾號：
剛開始，西伯利亞鐵路的列車是在破冰火車渡輪貝加爾號上橫渡貝加爾湖。它的零件在英國製造，在俄國組裝，可穿過91公分厚的冰層橫越湖泊。

阿穆爾線：赤塔－伯力線在1916年年底竣工，所在的地形相當險峻。

中國東方線：這條路線在1903年通車，是通往赤塔的捷徑，但俄國和日本發生衝突，使俄國當局了解到在本國領土上修築鐵路的重要性。

1 烏蘇里（Ussuri）段：當局動員罪犯修築這段從海參崴通往伯力的鐵路，在1897年竣工。

伊爾庫次克

烏蘭烏德　赤塔

伯力

東清鐵路（Trans-Manchurian Railway）：載客車廂和載貨車廂會更換轉向架，以便在中國境內的標準軌鐵路上運行。

哈爾濱

古

蒙古縱貫鐵路（Trans-Mongolian Railway）：蒙古的鐵路在1955年通車，採用和俄國鐵路相同的寬軌距。

海參崴

7 海參崴車站1893-94年：在東邊，西伯利亞鐵路的修建工程在1891年從歷史悠久的海參崴港展開。

北京

0　　300　　600　　900 公里

北

來自新式電氣化火車的競爭

雖然蒸汽牽引列車在19世紀末和20世紀初達到鼎盛，但其他更快、更乾淨的鐵道運輸模式也已經在發展階段。1880年代，電氣化路面電車首先出現在歐洲和美國街頭，到了20世紀初，這項科技也開始應用在鐵路上。電動牽引運用第三軌或是架空線來供應電源。第一次世界大戰爆發時，英國和美國的許多大都市通勤路線就已經採用這種做法。由於具備加速度快的特性，這些列車非常適合用在交通繁忙的路線，也解決了在建築密集地區和隧道中的汙染問題。美國華盛頓州長達4.23公里的喀斯開隧道（Cascade　Tunnel）在1909年電氣化，是密閉空間內用乾淨的電力機車取代蒸汽機車令人窒息的廢氣的早期案例。

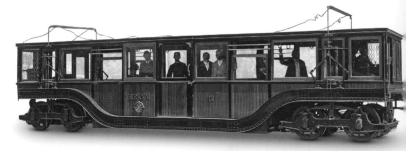

△ Budapest Metro car
布達佩斯地下鐵車廂，1896年

車輪輪式	2 x 4輪動力轉向架搭配28組電源供應馬達
電源供應	300伏特直流電，架空線供應
額定功率	每具引擎28匹馬力（20.59千瓦）
最高速度	約每小時48公里

這款地下鐵電車裝有兩具西門子哈爾斯克（Siemens & Halske）牽引馬達，共生產20輛，提供給匈牙利布達佩斯的地鐵使用。這是歐陸的第一條電氣化地下鐵，在1896年通車。加開兩條路線來擴大地鐵路網的計畫早在1895年就已經擬定，但一直要到70多年之後，也就是在1970及1976年，這些新路線才通車。No. 18車廂在1970年代初退役以後，幸運地被保留下來，目前在美國肯納邦克波特（Kennebunkport）的濱海有軌列車博物館（Seashore Trolley Museum）中展示。

◁ NER petrol-electric autocar
東北鐵路油電自動車，1903年

車輪輪式	2 x 4輪轉向架（1個有動力）
傳動方式	2組牽引馬達
引擎	汽油
總動力輸出	80匹馬力（59.6千瓦）
最高速度	約每小時58公里

英國的東北鐵路約克工廠在1903年生產了兩輛這款油電軌道車。它原本是用沃爾西（Wolsey）四汽缸引擎驅動發電機提供電力給兩組電動牽引馬達，但在1923年被一具225匹馬力（168千瓦）的六汽缸引擎取代。這種軌道車在1931年退役，其中有一輛在約克夏的恩貝希和波爾頓修道院蒸汽鐵路（Embsay & Bolton Abbey Steam Railway）修復。

▷ Drehstrom-Triebwagen
三相電流機動車，1903年

車輪輪式	2 x 6輪動力轉向架，外軸連接馬達
電源供應	6-14伏特直流電（20-50 Hz）
額定功率	1475匹馬力（1100千瓦）
最高速度	約每小時210公里

這款高速三相電流機動車由西門子哈爾斯克和德國通用電氣公司（AEG）建造，安裝三相感應馬達，1903年有兩輛原型車在柏林南方的普魯士軍用鐵路上測試。它由架高的三條架空線供電，而通用電氣公司打造的原型車在1903年10月28日在佐森（Zossen）和瑪莉恩菲爾德（Marienfelde）之間締造了每小時210公里的軌道車速度世界紀錄，這個紀錄一直要到1931年才被打破。

▷ NER electric locomotive
東北鐵路電動機車，1905年

車輪輪式	Bo-Bo
電源供應	600-630伏特直流電，第三軌或架空線供應
額定功率	640匹馬力（477千瓦）
最高速度	約每小時43公里

這款電動機車可由第三軌或架空線供電，英國的湯姆森－休斯頓（Thomson-Houston）在1903-04年為東北鐵路製造了兩輛，但一直等到1905年這條路線電氣化以後才得以使用。它們在通往泰恩河畔紐卡索碼頭區的一條大坡度貨運路線上運作到1964年，目前有一輛保存在達蘭郡希爾登的鐵路機車博物館（Locomotion Museum）。

鐵路票務

早期的鐵路公司以手寫紙票的形式出售車票給旅客，但這種方式不但浪費時間，也讓不肖售票員有中飽私囊的機會。英格蘭的一位車站站長湯瑪斯·埃德蒙森（Thomas Edmondson）發明了一種新的埃德蒙森鐵路票務系統，於1842年獲得採用。這種車票不但使用預先印製在耐用紙卡上的車票來加快售票速度，車票上還有獨一無二的流水編號，每日需由售票員清點計算。車站和列車上的剪票員及查票員則要在車票上打洞，以避免車票被重複使用。

剪票器

這把銀色的剪票器可打出三尖瓣造形的洞，是邦尼－維斯拉吉工具公司（Bonney-Vehslage Tool Co.）在1906年為巴爾的摩與俄亥俄鐵路製作的。

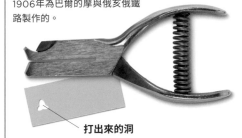

打出來的洞

△ B&O Bo Switcher
B&O Bo調車機車，1895年

車輪輪式	Bo (0-4-0)
電源供應	約450伏特直流電，架空線供應
額定功率	約15匹馬力（11.2千瓦）
最高速度	約每小時16公里

巴爾的摩與俄亥俄鐵路在1860年通車，其中巴爾的摩費爾斯角（Fells Point）濱海倉庫區的鐵路網原本是用馬匹拖曳。1896年，當地開始架設高架的街車用電車線，並引進小型電動調車機車來取代馬匹，例如圖中這輛奇異公司在1909年製造的No.10。

▷ Schynige Platte Class He2/2
施尼格高台He2/2型，1910年

車輪輪式	0-4-0
電源供應	1500伏特直流電，架空線供應
額定功率	295匹馬力（220千瓦）
最高速度	約每小時8公里

0.8公尺軌距的瑞士伯恩高地（Bernese Oberland）施尼格高台鐵路（Schynige Platte Railway）在1893年通車，一開始是用蒸汽機車牽引。這條大坡度的山區齒軌鐵路在1914年電氣化。原始的四輛電動機車由瑞士機車與機械製造廠（Swiss Locomotive & Machine Works）和布朗博韋里（Brown Boveri）製造，現在依然在這條鐵路上行駛。

1914-1939年：
蒸汽火車
的盛世

NEW YORK CENTRAL

5429

EMPIRE STATE EX

The New Empire State Express Passing West Point in the Highlands of the Hudson on the New York Central System

New York Central System

蒸汽火車的盛世

1914 年，世界陷入一場可怕的衝突。第一次世界大戰一路打到 1918 年，而在這硝煙四起的四年裡，鐵路扮演了關鍵角色。用火車運輸人員、彈藥和物資的能力有了全新的重要性。許多國家特地為軍事用途打造全尺寸的機車，並且鋪設窄軌鐵路來支援作戰。窄軌鐵路在設計時就強調容易鋪設、可逼近前線。

到了戰爭結束時，各國疆域變動，地圖重劃，許多新生或重建的國家都繼承了既有的鐵路系統。它們調整這些系統，以符合新領土內的特定需求。在德國，戰後的重組把各地鐵路的管轄權集中管理，德意志國營鐵路因而誕生。在英國，政府主導合併私人鐵路公司，組成所謂的「四大鐵路公司」（Big Four）。

想要進步的渴望，加上愈來愈強烈的競爭（包括來自汽車和飛機的競爭），開啟了強調速度與流線的新時代。隨著裝飾藝術風格席捲全球，看上去很有未來感的嶄新火車也陸續上路。鐵路之間比的不再只是速度和舒適度，還有高明的行銷手法。1938 年 7 月，也就是這個時期即將結束時，英國的野鴨號（Mallard）據稱達到每小時 203 公里的速度，打破了由德國機車締造的蒸汽機車紀錄——這個紀錄至今仍未被正式打破。

然而，就在蒸汽機車達到生命巔峰的同時，對速度與現代化的追求也在巨型蒸汽機車之外創造了一個新車種。1930 年代，新型的輕量化柴油機車開始在北美和歐洲出現。

△ **1935年的皇家藍號車票**
巴爾的摩與俄亥俄鐵路走典雅奢華路線來行銷升級版的服務，讓人回想起第一代皇家藍號（Royal Blue）列車的魅力。

> 「**一列火車急馳著橫越大陸，比特洛伊的一切血腥故事還有詩意。**」

美國詩人華金·米勒（Joaquin Miller）

◁ **出自雷斯里·拉根（Leslie Ragan）** 之手的全新帝國州特快車海報凸顯出1930年代美國鐵路旅遊的蓬勃發展。

△ **破紀錄的野鴨號**
1938年7月3日星期天，野鴨號和測量車在巴克斯頓（Barkston）的鐵道上待命，準備進行即將打破蒸汽機車速度世界紀錄的奔馳。

第一次世界大戰的機車

第一次世界大戰爆發後，英國皇家工兵（British Royal Engineers）的鐵路作業處（Railway Operating Division, ROD）在1915年成立，以便在歐洲和中東戰區執行鐵路作業。英國的窄軌壕溝鐵路網由戰爭局輕便鐵路（War Department Light Railways）負責，而法國人則已把可攜式的0.6公尺軌距軌道標準化，也就是軍用杜科維勒（Decauville）軌道裝備，用來在西線上補給物資及彈藥。德國人也在他們的壕溝鐵路網中運用類似的系統，也就是陸軍野戰鐵路（Heeresfeldbahn）。美國在1917年參戰後，許多美製機車經由海運橫渡大西洋，被送往法國服役。

△ GWR Dean Goods
大西部鐵路迪恩貨運機車，1883年

車輪輪式	0-6-0
汽缸數	2（安裝在車身內）
鍋爐壓力	每平方公分12.65公斤
動輪直徑	1570公釐
最高速度	約每小時72公里

這款標準軌距的貨運機車由威廉·迪恩（William Dean）設計，大西部鐵路的斯文教工廠在1883到1899年間產出260輛。1917年，鐵路作業處徵用了62輛，運往法國北部，用來牽引補給列車，其中有一些到了二次大戰期間仍在法國服役。

△ Baldwin Switcher
鮑德溫調車機車，1917年

車輪輪式	0-6-0T
汽缸數	2
鍋爐壓力	每平方公分13.4公斤
動輪直徑	1220公釐
最高速度	約每小時48公里

鐵路作業處的651–700系列調車機車由美國的鮑德溫機車廠製造，在1917年引進，供法國境內的英國軍用鐵路（British Military Railways）使用。戰爭結束後，它們成為比利時國家鐵路（Belgian National Railways）的58型機車。

▽ Henschel metre-gauge
亨謝爾米軌機車，1914年

車輪輪式	0-6-0T
汽缸數	2
鍋爐壓力	每平方公分14公斤
動輪直徑	800公釐
最高速度	約每小時29公里

這款1公尺軌距的米軌（metre-gauge）機車由德國公司亨謝爾（Henschel）在1914年製造，有兩輛原本提供給陸軍技術研究所（Army Technical Research Institute），之後移交給德國中部哈次山脈的北豪森－維尼格若德鐵路，在那裡牽引載運標準軌距貨車的列車。

▷ O&K Feldbahn
奧倫許坦科佩爾野戰鐵路機車，1903年

車輪輪式	0-8-0T
汽缸數	2
鍋爐壓力	每平方公分12.65公斤
動輪直徑	580公釐
最高速度	約每小時24公里

這款0.6公尺軌距的「旅級機車」（Brigadelok）在1903年獲得採用，由幾家德國公司生產約2500輛，在德國陸軍建來運補前線的輕便軌道上廣泛使用。本圖中的機車編號No.7999，由奧倫許坦科佩爾（Orenstein & Koppel）在1915年建造，前後軸配備克萊恩－林德納（Klein-Lindner）關節式機構。

△ GCR Class 8K
大中部鐵路8K型，1911年

車輪輪式	2-8-0
汽缸數	2
鍋爐壓力	每平方公分12.65公斤
動輪直徑	1420公釐
最高速度	約每小時72公里

大中部鐵路（Great Central Railway）在1911年採用的8K型貨運機車於一次大戰期間被選為英國鐵路作業處標準的2-8-0輪式機車。它總共生產了521輛，有許多在法國牽引運兵和貨運列車。二次大戰期間，這款機車有許多被運往中東地區服役。

△ **Baldwin ALCO narrow-gauge**
　鮑德溫美國機車公司窄軌機車，1916年

車輪輪式	4-6-0PT
汽缸數	2
鍋爐壓力	每平方公分12.51公斤
動輪直徑	590公釐
最高速度	約每小時29公里

這款0.6公尺軌距的側掛式水櫃機車以法國
的設計為基礎，由美國的鮑德溫機車廠和美
國機車公司供應給英國戰爭局，於第一次世
界大戰期間在法國北部和中東的前線軍用鐵
路上使用。

裝甲機車

第一次世界大戰期間，英國率先在運補前線的臨時
鐵路上操作有裝甲的小型窄軌汽油動力機車。這種
機車可以在白天牽引彈藥列車開往前線陣地而不被
察覺，不像蒸汽機車一樣容易被發現。

簡便機車（Simplex locomotive）

1917年，摩托軌道公司（Motor Rail Ltd）為英國陸軍
部（War Office）生產這款機車。它是0.6公尺軌距的
四輪機車，可牽引15.2公噸彈藥，以8公里的時速在法
國北部的壕溝間行駛。

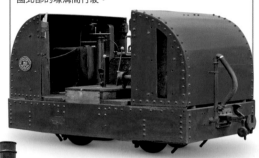

△ **Pershing Nord**
　潘興北方機車，1917年

車輪輪式	2-8-0
汽缸數	2
鍋爐壓力	每平方公分13.28公斤
動輪直徑	1420公釐
最高速度	約每小時90公里

格拉斯哥的北不列顛機車公司供應
113輛團結潘興（Consolidation
Pershing）機車給法國的北方鐵路公
司（Compagnie des Chemins de fer
du Nord）。雖然這家鐵路公司對這
些時速可達90公里的大型機車相當滿
意，但其他的法國鐵路公司卻比較偏
愛較低的運轉速度。

△ **Baldwin "Spider"** 鮑德溫「蜘蛛」，1917年

車輪輪式	4-6-0
汽缸數	2
鍋爐壓力	每平方公分13.4公斤
動輪直徑	1570公釐
最高速度	約每小時105公里

這款用條形框架打造的客貨兩用機車被英軍士兵取了
個綽號叫「蜘蛛」（Spider），美國鮑德溫機車廠在
1917到1918年間建造了70輛，於第一次世界大戰期間
在西線服役，之後成為比利時國家鐵路40型機車。

戰爭機器

從南北戰爭到第二次世界大戰都可以看到鐵道砲的蹤影。它們能造成嚴重破壞，尤其是一次大戰期間德國使用的巴黎砲（Pariskanonen），當時德軍從120公里外發射重達106公斤的砲彈轟擊法國首都。裝在火車上的砲塔可提供快速機動的火力支援，且因為可以移動，所以也能躲避敵軍的攻擊。在1862到1945年間，還沒有空襲技術之前，鐵道砲可能是破壞力最大的長距離武器。

前線上

奧匈帝國、英國、法國、德國、俄羅斯和美國全都布署過鐵道砲。雖然法國是第一個讓陸軍配備列車砲的國家，把改裝過的海軍火砲安裝到鐵路貨車上，但在尺寸、射程和破壞力方面都創下紀錄的卻是德國研發的火砲。例如，克魯伯（Krupp）和許科達（Skoda）分別打造出胖貝爾塔（Dicke Bertha／Big Bertha）和瘦艾瑪（Schlanke Emma／Skinny Emma），這兩款火砲都對法國和比利時的防禦工事施予慘痛打擊。不過克魯伯的重古斯塔夫（Schwerer Gustav／Heavy Gustav）雖然是有史以來最龐大的陸戰武器，卻是個失敗之作。它雖然可以把重達4046公斤的砲彈發射到46公里外的地方，卻需要兩條平行的軌道和至少1420名官兵才可操作，因此這門火砲相當不切實際，只出動過一次。

第一次世界大戰期間，法軍鐵道砲兵投入索母河（Somme）攻勢的戰鬥中，圖中這門火砲需要15人操作。

快又有力

歐洲和美國在1920和1930年代導入更長、更重的特快客運列車，因此需要建造馬力更強、速度更快的機車，並成為標準設計。在英國，奈傑爾·格雷斯利爵士用他的三汽缸A1和A3太平洋4-6-2輪式機車打頭陣，其中飛翔的蘇格蘭人可說是實至名歸，享譽全世界。英國的其他機車工程師，例如大西部鐵路的查爾斯·科萊特（Charles Collett）和倫敦、米德蘭和蘇格蘭鐵路（London, Midland & Scottish Railway）的亨利·富勒（Henry Fowler），則偏好4-6-0輪式設計。在美國、德國和法國，太平洋式成為大受歡迎的高速客運機車類型。

△ PRR Class K4s
賓夕法尼亞鐵路K4s型，1914年

車輪輪式	4-6-2
汽缸數	2
鍋爐壓力	每平方公分14.4公斤
動輪直徑	2030公釐
最高速度	約每小時113公里

美國在1914年到1928年間共生產425輛K4s型太平洋式機車，是賓夕法尼亞鐵路的頭等高速蒸汽機車，經常以兩輛或三輛串聯的方式牽引較重的列車。

◁ NZR Class Ab
紐西蘭鐵路Ab型，1915年

車輪輪式	4-6-2
汽缸數	2
鍋爐壓力	每平方公分12.65公斤
動輪直徑	1372公釐
最高速度	約每小時96公里

紐西蘭鐵路（New Zealand Railways）Ab型太平洋式機車共有141輛，其中的No.608叫帕斯尚達雷號（Passchendaele），為的是紀念在第一次世界大戰中殉職的紐西蘭鐵路職員。Ab型機車在1960年代被柴油機車取代，但有五輛保存下來。

◁ SOU Class Ps-4
南方鐵路Ps-4型，1923年

車輪輪式	4-6-2
汽缸數	2
鍋爐壓力	每平方公分14.06公斤
動輪直徑	1854公釐
最高速度	約每小時129公里

Ps-4型太平洋式高速客運機車擁有亮眼的綠色塗裝，是為美國的南方鐵路（Southern Railway）打造的，由美國的鮑德溫機車廠和美國機車公司生產，在1923年到1928年共生產64輛。它們設計用來牽引鐵路上的重型客運列車，於1950年代初期被柴油機車取代。No. 1401目前在美國首都華盛頓的史密森學會（Smithsonian Institution）展示。

△ PRR Class G5s
賓夕法尼亞鐵路G5s型，1924年

車輪輪式	4-6-0
汽缸數	2
鍋爐壓力	每平方公分14.4公斤
動輪直徑	1730公釐
最高速度	約每小時113公里

這輛機車由威廉·基塞爾（William Kiesel）設計，負責牽引賓夕法尼亞鐵路的通勤列車，是世界最大且最有力的4-6-0輪式機車之一。No.5741目前在賓夕法尼亞鐵道博物館中展出。

▷ LMS Royal Scot Class
倫敦、米德蘭和蘇格蘭鐵路皇家蘇格蘭人型，1927年

車輪輪式	4-6-0
汽缸數	3
鍋爐壓力	每平方公分17.57公斤
動輪直徑	2057公釐
最高速度	約每小時129公里

這款皇家蘇格蘭人型（Royal Scot）機車由亨利·富勒設計，共生產70輛，負責在倫敦、米德蘭和蘇格蘭鐵路牽引途長特快列車。它們之後由威廉·斯塔尼爾（William Stanier）改造，安裝Type 2A錐形鍋爐，並持續服役到1960年代初期。

BUILDING THE 'ROYAL SCOT' ENGINE

◁ DR Class 01
德意志國營鐵路01型，1926年

車輪輪式	4-6-2
汽缸數	2
鍋爐壓力	每平方公分16.3公斤
動輪直徑	2000公釐
最高速度	約每小時130公里

在1926到1938年之間，這款標準化的01型高速機車總計為德意志國營鐵路生產了241輛（其中包括10輛改造的02型）。它們有一些留在東德境內，服務到1980年代初。

△ LNER Class A3
倫敦與東北鐵路A3型，1928年

車輪輪式	4-6-2
汽缸數	3
鍋爐壓力	每平方公分15.46公斤
動輪直徑	2030公釐
最高速度	約每小時174公里

英國的奈傑爾・格雷斯利爵士為倫敦與東北鐵路設計了這款A3型機車。它們負責牽引特快列車，從倫敦的國王十字車站出發前往蘇格蘭。No.4472飛翔的蘇格蘭人是這款機車唯一保留下來的實車。

△ GWR Castle Class
大西部鐵路城堡型，1936年

車輪輪式	4-6-0
汽缸數	4
鍋爐壓力	每平方公分15.82公斤
動輪直徑	2045公釐
最高速度	約每小時161公里

這款城堡型高速機車由查爾斯・科萊特為大西部鐵路設計，旗下斯文敦工廠在1923和1950年間共生產171輛，圖中這輛是No. 5051。這款機車全部都在1965年退役，但有八輛保存至今，No.5051德萊斯溫城堡號（Drysllyn Castle）目前保存在迪德科特鐵路中心。

△ GWR King Class
GWR國王型，1930年

車輪輪式	4-6-0
汽缸數	4
鍋爐壓力	每平方公分17.57公斤
動輪直徑	1980公釐
最高速度	約每小時145公里

國王型機車由查爾斯・科萊特為大西部鐵路設計，英格蘭的斯文敦工廠在1927年到1936年間共生產30輛這種高速機車，並在1960年代初期被柴油機車取代。其中有三輛被保留下來，包括圖中這輛No.6023愛德華二世國王號（King Edward II）。

▷ Nord Pacific 北方鐵路太平洋式機車，1936年

車輪輪式	4-6-2
汽缸數	4（混合）
鍋爐壓力	每平方公分16.87公斤
動輪直徑	1918公釐
最高速度	約每小時130公里

法國工程師安德烈・夏佩隆（André Chapelon）為北方鐵路公司設計了這款大動力的機車，負責在法國北部牽引特快列車，例如金箭號（Flèche d'Or）。圖中為編號No.3.1192的機車，目前在法國默路斯（Mulhouse）的火車城博物館中展示。

愛德華二世國王號

國王型機車 No. 6023 愛德華二世國王號於 1930 年 6 月在斯文敦工廠（Swindon Works）建造，它所屬的機車型號公認是英國鐵路所有機車當中馬力最強者。這個型號的第一輛是 No. 6000，在 1927 年生產，並根據當時在位的君主命名為喬治五世國王號（King George V）。之後出廠的機車則以之前的歷代國王來命名，但次序跟他們的在位順序相反。愛德華二世國王號服役 32 年，先是隸屬於大西部鐵路，後來轉移到英國鐵路（British Railways）。

查爾斯·科萊特設計的國王型機車從他的四汽缸4-6-0輪式城堡型自然衍生而來，推出後大獲成功。當時的時事評論員甚至懷疑它到底屬於全新設計，或者只是一輛「超級」城堡型。國王型機車能夠牽引大西部鐵路所操作最沉重的列車，但它們也受到沉重的軸重所限，只能在倫敦到普利茅斯（Plymouth）和倫敦經比士特（Bicester）到伍爾弗罕普頓（Wolverhampton）的路線上運行。正因為可行駛路線受到限制，所以建造數量較少。

No.6023愛德華二世國王號在1962年6月退役之後，被賣給南威爾斯巴里（Barry）的報廢機車拆解公司伍登兄弟（Woodham Brothers），在那裡待到1984年12月，之後才被解救出來。不過這個時候的它不過就是一大塊生鏽的廢鐵而已，後動輪組也已經因為調車事故而被割炬切下。這輛經典機車現在已經完全修復至可操作的狀態，並在2011年回到迪德科特鐵路中心展示。

正面圖

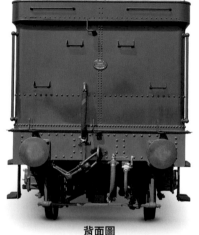

背面圖

英國鐵路標誌
原始的獅子標誌稱為「轉輪雄獅」（Cycling Lion），用在1950到1956年間的機車上。

規格說明			
級別	國王型	服役年分	1930-62年（愛德華二世國王號）
輪式	4-6-0	汽缸數量	4
生產國	英國	鍋爐壓力	每平方公分17.5公斤
設計／建造者	查爾斯·科萊特／斯文敦工廠	動輪直徑	1980公釐
生產數量	30	最高速度	約每小時177公里

駕駛室側面的兩塊紅色圓盤代表這輛機車在大西部鐵路的馬力和重量分級。

有黃銅字母的銅製銘牌

修改過後的外露蒸汽管線，與原始的不同

銅頂煙囪是典型的大西部鐵路煙囪的設計

科萊特煤水車No.2460是和這輛機車搭配的24輛不同的煤水車之一。

緩衝梁上的燈掛座

漫長的服役史

愛德華二世國王號是這型機車僅存的三輛之一，行駛總里程累計超過241萬4000公里。緩衝器結構上的「PDN」是大西部鐵路的一個代號，代表它最早的基地：老橡樹公地（Old Oak Common）鐵路機廠。

外觀

國王型機車原本是採用大西部鐵路傳統的綠色斯文敦塗裝，搭配獨一無二的銅頂煙囪。不過在1948年，有兩輛國王型機車被試驗性地改成了深藍色塗裝，並搭配紅色、奶油色和灰色的線條。1950年，英國鐵路採用了標準加里東藍搭配黑白線條的塗裝。隨著時間過去，公司又把塗裝改回了綠色。愛德華二世國王號目前是恢復成1950年代的英國鐵路藍色塗裝。

1. 鑲黃銅字母的鋼製銘牌 2. 駕駛室側面的編號牌 3. 煙箱內部 4. 有拋光銅帽的煙囪 5. 前轉向架輪軸組的輪軸和板片彈簧懸吊 6. 真空制軔切換用的止回閥，以及潤滑器銅管 7. 內側汽缸的十字頭，可從檢查孔觀察 8. 把蒸汽從汽缸旋塞導出的銅管 9. 十字頭與滑桿 10. 連結桿較大端軸承 11. 外部燃燒室側面的包覆蓋板 12. 真空制軔彈射器 13. 煤水車水箱後方的製造商銘牌 14. 車速表驅動器 15. 煤水車下方注水口（現代加裝） 16. 煤水車後方緩衝器 17. 從駕駛室看煤水車正面

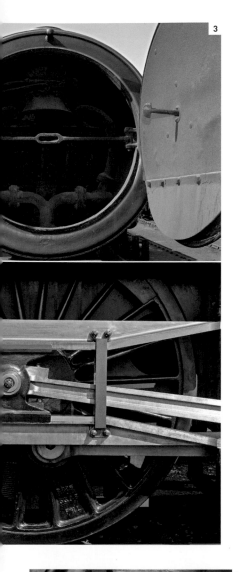

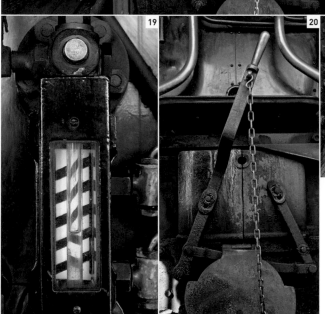

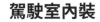

駕駛室內裝

國王型機車的駕駛室遵照斯文敦工廠的標準設計,不但實用,而且相當寬敞。早期的機車通常都是右手駕駛配置,司爐的座位則在左側或近側。複線鐵路出現後,道旁號誌設置在左邊,因此許多鐵路公司把腳踏板的設計改成左手駕駛,不過大西部鐵路還是採用右手駕駛配置。跟其他設計師不同的是,科萊特不會為駕駛室的工作人員設置鋪墊座椅,他反而偏愛簡單的可摺收木椅。

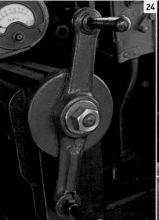

18. 燃燒室後端的駕駛室控制裝置 19. 水位表 20. 爐口門 21. 燃燒室內部 22. 真空制軔控制器 23. 機械潤滑油表 24. 螺旋反向器(順時針方向前進,逆時針方向後退) 25. 列車自動控制系統(Automatic Train Control, ATC)的音頻號誌系統(audible signalling system)。 26. 駕駛室司爐位置的可摺收木椅

鐵道壯遊：
東方快車

因文學作品和電影而一舉成名的東方快車是比利時人喬治‧納格馬克斯（Georges Nagelmackers）的心血結晶。他創辦了國際臥鋪車公司（Compagnie Internationale des Wagons-Lits），專門在歐洲鐵路上提供豪華列車服務。

1882年在巴黎和維也納之間進行了一次成功的試營運後，第一班定期服務的東方快車（Express d'Orient）在一輛外露汽缸的東方鐵路公司2-4-0輪式機車牽引下，於1883年10月4日駛出巴黎東站（Gare de l'Est）。它先向東朝斯特拉斯堡（Strasbourg）行駛，接著前往慕尼黑（Munich），然後越過邊境進入奧地利，在薩爾茲堡（Salzburg）和維也納停靠。火車再從這裡繼續旅程，前往布達佩斯、布加勒斯特，以及羅馬尼亞境內多瑙河畔的朱爾祝（Giurgiu）。乘客之後會乘渡輪過河，前往保加利亞的魯塞（Rustchuk），在那裡轉乘奧地利東方鐵路（Austrian Eastern Railway）的較老舊列車，前往黑海海岸上的瓦納（Varna）。乘客再從瓦納出發，經過一段長達18小時的海上旅程後，抵達君士坦丁堡。在巴黎到朱爾祝這一段，列車由五節附轉向架的新型臥鋪車廂、一節附轉向架的餐車車廂和兩節行李車廂組成，全都以柚木精心打造，旅程中也多次更換機車。這段旅程總共要花四天，所以旅客在行程的第一段會有充裕時間享受餐車的高檔餐飲美食。

隨著塞爾維亞、保加利亞和土耳其其歐洲領土境內穿越巴爾幹半島的鐵路通車，列車自1889年開始就直接在巴黎和君士坦丁堡之間運行。1891年，它的名字從「Express d'Orient」改成「Orient Express」。

第一次世界大戰爆發時，東方快車只能結束服務，但戰後就恢復營運，並再度受到歡迎。阿爾卑斯山下的辛普倫隧道1906年就已經通車，而在1919年，辛普倫東方快車

早期的東方快車
這輛蒸汽機車可回溯到1896年，它在巴黎到君士坦丁堡之間的東方快車原始路線的其中一段上行駛。

1920年代的珍藏海報

（Simplon-Orient-Express）就沿著一條新的路線，從巴黎經米蘭、威尼斯、的里雅斯特（Trieste）和貝爾格來德（Belgrade）前往君士坦丁堡。到了1930年代，營運中的路線共有三條：在原本的1889年路線上運行的東方快車、經辛普倫隧道的辛普倫東方快車，以及途經蘇黎世、因斯布魯克（Innsbruck）和布達佩斯並且有直達車前往雅典的亞爾伯格東方快車（Arlberg-Orient-Express）。臥鋪車從加來（Calais）開始行駛，提供最早的橫跨歐洲大陸之旅。

因為二次大戰而暫停營運之後，東方快車又在1952年恢復，不過到了1962年就和亞爾伯格東方快車一起停止營運。辛普倫東方快車也在當年被直達東方快車（Direct-Orient-Express）取代，之後在1977年結束服務。1982年，一家私人公司收購了一些車廂，目前的威尼斯辛普倫東方快車（Venice Simplon-Orient Express）依然在幾個歐洲目的地之間營運。

東方快車的風華
1896年前後的東方快車沙龍車廂設計得十分奢華，有精雕細琢的木質鑲板和鑲嵌天花板。

英 國

北 海

倫敦

英吉利海峽

加來

黑森林： 1
東方快車行經德國西南部巴登（Baden）滿是樹木的黑森林山區。

巴黎

斯特拉斯堡

蘇黎世

瑞士

法 國

米蘭

摩納哥

最後旅程： 直達東方快車最後一次行駛是在1977年，終點為摩納哥。1920年代的車廂在這裡公開拍賣並成交，之後經過修復，主要用在倫敦到威尼斯的路線上。

北

| 0 | 150 | 300 | 450 公里 |

重點提示

日期

1883 年 第一班定期東方快車從巴黎東站開出，前往羅馬尼亞的朱爾祝

1889 年 第一班巴黎到君士坦丁堡的直達列車

1891 年 東方快車改以英語命名

1977 年 巴黎到伊斯坦堡的定期班車停止營運

列車

機車型式

在法國，第一班東方快車是由東方鐵路公司的外露汽缸 2-4-0 輪式機車牽引，並使用過多款不同的機車。

車廂（1883 年）

五個附轉向架的臥鋪車廂可容納 20 名乘客，並有兩間盥洗室；一個餐車車廂；一節行李車廂；一節郵件車廂。

旅程

1883 年巴黎至君士坦丁堡（原始行程） 列車從巴黎前往朱爾祝，旅客從朱爾祝搭船橫渡多瑙河前往保加利亞的魯塞，再搭七小時火車前往瓦納，搭船前往君士坦丁堡（伊斯坦堡）。共約 2414 公里，費時四天。

1889 年巴黎至君士坦丁堡 列車在布達佩斯轉向前往塞爾維亞的貝爾格萊德和尼士，穿過德拉哥曼隘口（Dragoman Pass）前往加利亞的帕札吉克和普洛第夫，然後抵達君士坦丁堡。共約 2250 公里，費時 67 小時 35 分鐘。

巴黎至伊斯坦堡（目前路線，地圖上未標示） 每年一班，共約 2253 公里，費時六天五夜，在布達佩斯和布加勒斯特過夜。

倫敦至威尼斯（目前的威尼斯辛普倫東方快車路線，地圖上未標示） 途經巴黎／因斯布魯克／維洛納；共約 1714 公里，費時兩天一夜。

鐵路

軌距 1.435 公尺標準軌距

隧道 最長的是阿爾卑斯山辛普倫隧道（辛普倫東方快車路線），長 1 萬 9824 公尺

最高點 阿爾卑斯山辛普倫隧道，705 公尺

圖例

- ● 起點／終點
- ● 主要車站
- 原始路線
- 1889年路線
- 換車路線
- 海路行程

德 國

2 穿越阿爾卑斯山：
列車在奧地利境內沿路穿越位於提洛爾阿爾卑斯山（Tyrolean Alps）的滑雪勝地聖安東（St Anton）。

3 布達佩斯：
匈牙利首都布達佩斯在1873年合併之前是兩座不同的城市：布達在多瑙河西岸，佩斯在東岸。

5 瓦納：
古老港口城市瓦納的歷史可追溯至 5000 年前，那裡的史前墓地是目前最古老的黃金冶煉地點。

黑

布魯克

薩爾茲堡

維也納

奧地利

洛納

的里雅斯特

威尼斯

匈 牙 利

布達佩斯

大 利

貝爾格萊德

塞 爾 維 亞

尼士

鐵門峽谷（Iron Gates）：4
這座位於多瑙河上的峽谷形成塞爾維亞和羅馬尼亞的邊界。

羅 馬 尼 亞

布加勒斯特

朱爾祝：旅客在朱爾祝搭上渡輪橫越多瑙河，在魯塞換乘另一列火車。

朱爾祝

魯塞

康士坦查

瓦納

保 加 利 亞

普洛第夫

帕札吉克

黑 海

君士坦丁堡（伊斯坦堡）

錫爾凱吉車站：6
東方快車餐廳（Orient Express Restaurant）位於君士坦丁堡歷史悠久的錫爾凱吉車站（Sirkeci Station）內，這裡是昔日東方快車的終點站。

土 耳 其

雅典

浪漫的冒險

東方快車的原始路線現在每年都會推出復刻行程，最早期旅程中的所有奢華元素一應俱全。古色古香的列車會經過七個國家，沿路停靠眾多車站，車上會有豪華私人包廂、個人管家和美味佳餚。

1

2

3

4

5

6

客貨兩用機車

到了1930年代，歐洲和美國機車製造商的機械零件標準化，大幅降低了生產和保養維護成本。用來牽引貨運和客運特快車的高性能機車從生產線大量駛出。在英國，大西部鐵路的查爾斯·科萊特和倫敦、米德蘭和蘇格蘭鐵路的威廉·斯塔尼爾在設計他們的新式4-6-0輪式機車時，會在共通部分採用標準化設計。而在德國，為德意志國營鐵路建造的41型2-8-2輪式機車也採用同時為其他三款機車研發的零件。

△ **LMS Class 5MT**
倫敦、米德蘭和蘇格蘭鐵路5MT型，1934年

車輪輪式	4-6-0
汽缸數	2
鍋爐壓力	每平方公分15.82公斤
動輪直徑	1830公釐
最高速度	約每小時129公里

這款大馬力客貨兩用機車由威廉·斯塔尼爾為倫敦、米德蘭和蘇格蘭鐵路設計，總共生產842輛。在英國，許多「黑頭五」（Black Five）一直服役到蒸汽機車在1968年被全面淘汰。

◁ **SR S15 Class**
南部鐵路S15型，1927年

車輪輪式	4-6-0
汽缸數	2
鍋爐壓力	每平方公分12.30-14公斤
動輪直徑	1700公釐
最高速度	約每小時105公里

這種強大的英製機車是早期羅伯特·尤里（Robert Urie）設計的改良版，由理察·曼塞爾（Richard Maunsell）引進，並由英格蘭南方南部鐵路（Southern Railway）的伊斯特利工廠（Eastleigh Works）建造。

◁ **NZR Class K**
紐西蘭鐵路K型，1932年

車輪輪式	4-8-4
汽缸數	2
鍋爐壓力	每平方公分14.06公斤
動輪直徑	1372公釐
最高速度	約每小時105公里

為了在多山的紐西蘭北島（North Island）牽引沉重的貨運和客運列車，哈特機廠（Hutt Workshops）於1932到1936年間為紐西蘭鐵路建造了30輛K型機車，它們在1964和1967年間陸續退役。

新鮮牛奶

用鐵路運送容易腐敗的貨品，像是牛奶、漁獲和肉類等，需要專門的貨車。在英國，牛奶原本是在鄉下車站裝進通風貨車內的牛奶攪拌器中運輸，但自1930年代起，就改成在乳品廠裝進六輪的奶罐車中運輸。奶罐車被編進列車裡，由強大的高速蒸汽機車牽引，送抵倫敦市內和周邊地區的倉庫。英國牛奶列車最後的運行時間是在1981年。

倫敦的乳品供應車　這輛乳品快遞（Express Dairy）的六輪奶罐車容量為1萬3638公升，滿載時就跟一輛滿載的旅客車廂一樣重。這輛奶罐車由南部鐵路在1931年生產，並在1937年改裝。

△ LNER Class V2
倫敦與東北鐵路V2型，1936年

車輪輪式	2-6-2
汽缸數	3
鍋爐壓力	每平方公分15.46公斤
動輪直徑	1880公釐
最高速度	約每小時161公里

這款機車由奈傑爾‧格雷斯利爵士為倫敦與東北鐵路設計，用來牽引特快客運和貨運列車。No.4771綠箭號（Green Arrow）是目前唯一保存的實車。

△ DR Class 41
德意志國營鐵路41型，1937年

車輪輪式	2-8-2
汽缸數	2
鍋爐壓力	每平方公分20.39公斤／每平方公分16公斤
動輪直徑	1600公釐
最高速度	約每小時90公里

這款馬力強大的高速貨運機車在1937到1941年間為德意志國營鐵路生產，建造時採用了為其他幾款不同型號機車設計的零件。

◁ GWR Manor Class
GWR莊園型，1938年

車輪輪式	4-6-0
汽缸數	2
鍋爐壓力	每平方公分15.82公斤
動輪直徑	1730公釐
最高速度	約每小時105公里

這些大西部鐵路的客貨兩用機車因為軸載荷較輕，因此可以在英格蘭和威爾斯的二級鐵路或支線鐵路上運行，當然也可以在幹線上行駛。圖中這輛是No.7808庫克罕莊園號（Cookham Manor）。

◁ GWR Hall Class
GWR宅邸型，1928年

車輪輪式	4-6-0
汽缸數	2
鍋爐壓力	每平方公分15.82公斤
動輪直徑	1830公釐
最高速度	約每小時113公里

這款宅邸型多用途機車由查爾斯‧科萊特設計，大西部鐵路斯文敦工廠在1928到1943年間生產了259輛，圖中這輛是No.5900欣德頓別墅號（Hinderton Hall）。

多用途機車

大馬力高速蒸汽機車的發展在1920和1930年代加快了腳步，而在此同時，專門用來在車站、鐵路機廠、貨運站等地方調車或是在鄉間支線鐵路上載運乘客和貨物用的較小型機車也有所發展。這種多用途機車很多都活躍到蒸汽機時代結束，之後則有一些經過整修，開始在遺產鐵路上運轉。

▷ **P&R Switcher No. 1251**
費城與里丁鐵路調車機車No. 1251，1918年

車輪輪式	0-6-0T
汽缸數	2
鍋爐壓力	每平方公分10.53公斤
動輪直徑	1270公釐
最高速度	約每小時40公里

No.1251是在1918年從一輛1-2a型團結式機車改裝而來的，服役期間在賓州里丁（Reading）的費城與里丁鐵路機廠內擔任調車機車。它在1964年以美國一級鐵路上最後一輛蒸汽機車的身分退役，目前在賓夕法尼亞鐵道博物館展示。

△ **LMS Class 3F "Jinty"**
LMS 3F型「金蒂」，1924年

車輪輪式	0-6-0T
汽缸數	2（安裝在車身內）
鍋爐壓力	每平方公分11.25公斤
動輪直徑	1400公釐
最高速度	約每小時64公里

這種水櫃機車綽號「金蒂」（Jinty），由亨利·富勒為倫敦、米德蘭和蘇格蘭鐵路設計，廣泛使用於英格蘭西北部和中部的調車和地方貨運工作，共生產422輛，最後一批服役至1967年。

△ **GWR 5600 Class　GWR 5600型，1924年**

車輪輪式	0-6-2T
汽缸數	2（安裝在車身內）
鍋爐壓力	每平方公分14.06公斤
動輪直徑	1410公釐
最高速度	約每小時72公里

這款強大的機車由查爾斯·科萊特為大西部鐵路設計，這家公司的斯文敦工廠建造了150輛，而泰恩河畔紐卡索的阿姆斯壯懷特渥斯（Armstrong Whitworth）則建造了50輛。它們主要在南威爾斯的山谷地帶牽引運煤列車，但也會用在地方客運服務。

▽ **L&B Lew 林頓&班斯塔普露號，1925年**

車輪輪式	2-6-2T
汽缸數	2
鍋爐壓力	每平方公分11.25公斤
動輪直徑	840公釐
最高速度	約每小時40公里

圖中的萊號（Lyd）於2010年在費斯特奈歐格鐵路的波士頓小屋機廠完成，是1925年的露號（Lew）複製品，露號是曼寧沃德爾（Manning Wardle）為南部鐵路0.6公尺軌距的林頓（Lynton）到班斯塔普（Barnstaple）路線打造的。這條路線在1935年關閉，但目前鐵道迷正努力讓它重新通車。

鐵道科技

電池動力

電池機車以安裝在車上的巨大電池為動力來源，可在非服勤時間充電。這些機車曾經用在工業設施中的鐵路上，例如火藥廠、化學工廠、礦坑，或是其他任何一般蒸汽或柴油機車可能會造成危險的地方，因為可能引發火災、爆炸或煙霧等等。在英格蘭，倫敦地下鐵在遇到切斷一般電源的夜間維修場合時，就會使用以電池為動力來源的電動機車。

英國電氣EE788 0-4-0輪式電池機車　這款四輪、70匹馬力（52千瓦）的電池機車由英國電氣（English Electric）於1930年在其位於英格蘭普雷斯頓（Preston）的工廠裡生產，在這家公司的斯塔福工廠（Stafford Works）裡運轉多年。它目前在普雷斯頓的里布爾河蒸汽鐵路博物館（Ribble Steam Railway Museum）裡展示。

△ GWR 4575 Class Prairie Tank
GWR 4575型草原式水櫃機車，1927年

車輪輪式	2-6-2T
汽缸數	2
鍋爐壓力	每平方公分14.06公斤
動輪直徑	1410公釐
最高速度	約每小時80公里

4575型草原式水櫃機車由查爾斯·科萊特設計，1927年到1929年在大西部鐵路的斯文敦工廠裡生產了100輛，當中有許多用在英格蘭西部鄉間支線的客運和貨運業務。本圖中的No.5572是六輛用來進行推拉作業的機車之一，目前保存在迪德科特鐵路中心。

△ GWR 5700 Class Pannier Tank
GWR 5700型懸掛水櫃機車，1929年

車輪輪式	0-6-0PT
汽缸數	2
鍋爐壓力	每平方公分14.06公斤
動輪直徑	1410公釐
最高速度	約每小時64公里

這款懸掛水櫃機車算是英國數量最多的蒸汽機車型號之一，在1929到1950年之間為大西部鐵路和英國鐵路生了863輛，通常用於調車工作，或是牽引支線上的客運及貨運列車。它們當中有16輛保存下來，本圖的No. 3738目前在迪德科特鐵路中心展出。

△ DR Class 99.73–76
德意志國營鐵路99.73–76型，1928年

車輪輪式	2-10-2T
汽缸數	2
鍋爐壓力	每平方公分14.06公斤
動輪直徑	800公釐
最高速度	約每小時31公里

德意志國營鐵路為德國東部薩克森0.75公尺軌距的鐵路建造了這些水箱機車，成為新的標準設計，其中有一些和1950年代採用的改裝版本今日仍在服役。

△ EIR Class XT/1
東印度鐵路XT/1型，1935年

車輪輪式	0-4-2T
汽缸數	2
鍋爐壓力	每平方公分11.25公斤
動輪直徑	1448公釐
最高速度	約每小時64公里

德國柏林的佛瑞德里希·克魯伯公司（Freidrich Krupp AG）為1.67公尺軌距的東印度鐵路建造了這款機車，於1929年首度引進，負責較輕鬆的旅客列車牽引工作。圖中這輛No. 36863於1935年製造，目前在新德里國家鐵道博物館中做靜態展示。

貨運機車

隨著火車速度提升，它們可以載運的貨物也愈來愈多樣，當然也包括容易腐敗的食品，因此貨運機車也要跟著進化。歐陸和北美讓六動輪機車退出第一線，但英國依然繼續生產。2-8-0輪式以及四對軸距的衍生車型成為主流。加拿大、德國、中國和蘇聯都建造五對動輪的車型，但地形和運量還是促成了巨型機車的出現，尤其在美國。

△ XE Class
X鷹型，1928/30年

車輪輪式	2-8-2
汽缸數	2
鍋爐壓力	每平方公分14.8公斤
動輪直徑	1562公釐
最高速度	約每小時48公里

除了關節式車型以外，這款英製X鷹型（X Eagle）御門式（Mikado，2-8-2輪式）是印度次大陸上最大的蒸汽機車。這款1.67公尺軌距寬軌機車共生產93輛，當中有35輛在印巴分家後歸屬巴基斯坦，圖為No.3634安加德號（Angadh）。

▷ DR Class 44
德意志國營鐵路44型，1930年

車輪輪式	2-10-0
汽缸數	3
鍋爐壓力	每平方公分16公斤
動輪直徑	1400公釐
最高速度	約每小時80公里

德意志國營鐵路在1926年取得這款機車第一批共十輛，接下來就把訂單延後到1937年，之後到1949年為止，共生產了至少1979輛。跟一般貨運機車設計不同的是，它們擁有三個汽缸，因此可牽引重達1200公噸的列車。

▷ CP T1-C Class Selkirk
加拿大太平洋鐵路T1-C型塞爾寇克，1929年

車輪輪式	2-10-4
汽缸數	2
鍋爐壓力	每平方公分20.03公斤
動輪直徑	1600公釐
最高速度	約每小時105公里

這款半流線型的機車由加拿大太平洋鐵路建造，用來穿越塞爾寇克山脈（Selkirk Mountains）。這款燃油機車至1949年為止共生產30輛，是大英國協（British Commonwealth）各國生產過最大、馬力最強且非關節式設計的機車。它們牽引列車從亞伯達的卡加立穿山越嶺，前往卑詩省的雷弗爾斯托克（Revelstoke），里程達422公里。

◁ PRR Class A5s
賓夕法尼亞鐵路A5s型，1917年

車輪輪式	0-4-0
汽缸數	2
鍋爐壓力	每平方公分13公斤
動輪直徑	1270公釐
最高速度	約每小時40公里

賓夕法尼亞鐵路連結巴爾的摩、費城和紐約周邊眾多工業區，因此非常需要短軸距的調車機車來確保列車可維持班次密集。A5s可說是馬力最強的0-4-0輪式機車，至1924年為止在這條鐵路位於賓夕法尼亞阿爾圖納的工廠內生產了47輛。

貨車

到了20世紀，鐵路運輸的貨物從鹽到糖、從汽油到牛奶、從牲口到煤炭，應有盡有。因此貨車也跟著進化，以達成特定使命：斗車用來運輸煤炭、礦石和石塊；槽車用來運送液體和氣體；冷凍車則用來輸送易腐敗的貨物。在連續制軔系統引進之前，不管運送的是什麼，每一列火車都配有守車。制軔員可以在這裡監看整列火車，並用他的制軔控制器在下坡時和停車時控制連結較鬆的貨車。

△ GWR "Toad" brake van
大西部鐵路「蟾蜍」守車，1924年

類型	守車
重量	20.32公噸
結構	木製車身搭配鋼製四輪底盤
使用鐵路	大西部鐵路

在英國的貨運列車還沒有任何直通制軔相關技術的時候，制軔員在控制列車這件事情上扮演著舉足輕重的角色。自1894年起，大西部鐵路的制軔員便搭乘「蟾蜍」（Toad）守車，這個名稱源自守車的電報代碼。

◁ **UP Challenger CSA-1 Class/CSA-2 Class**
聯合太平洋鐵路挑戰者CSA-1型/CSA-2型，1936年

車輪輪式	4-6-6-4
汽缸數	4
鍋爐壓力	每平方公分19.68公斤
動輪直徑	1573公釐
最高速度	約每小時113公里

聯合太平洋鐵路的挑戰者式（Challenger）是一款簡單的關節機車，但能以高速牽引沉重的貨運列車。它的每組動輪都由兩組汽缸提供動力，四個後輪可協助支撐巨大的燃燒室。美國機車公司在1936年到1944年之間建造了105輛，其中No.3977和No.3985保留至今。

▷ **SAR Class 15F**
南非鐵路15F型，1938年

車輪輪式	4-8-2
汽缸數	2
鍋爐壓力	每平方公分14.8公斤
動輪直徑	1524公釐
最高速度	約每小時96公里

南非鐵路的15F型機車是各型機車中數量最多的，主要用在奧蘭治自由邦（Orange Free State）和西特蘭斯瓦爾（Western Transvaal）。它的生產期間跨越了第二次世界大戰，205輛由英國公司建造，另外50輛由德國公司生產。這輛1945年出廠的No.3007目前在它的誕生地格拉斯哥的河濱博物館。

◁ **GWR 2884 Class**
大西部鐵路2884型，1938年

車輪輪式	2-8-0
汽缸數	2
鍋爐壓力	每平方公分15.81公斤
動輪直徑	1410公釐
最高速度	約每小時72公里

大西部鐵路1903年的2800型是英國第一款2-8-0輪式機車，推出後獲得成功，促使大西部鐵路多生產了83輛。它改良的幅度雖然不大，卻值得有新的編號，因此就成為2884型，從1938年到1942年共生產81輛，目前共有九輛保存，No.3822是其中一輛。

◁ **FGEX fruit boxcar**
果農快遞水果篷車，1928年

類型	特快冷藏篷車
重量	25.13公噸
結構	木製車身整合冷卻系統，安裝在鋼製底架上，並附有兩組四輪轉向架
使用鐵路	果農快遞

果農快遞（Fruit Growers' Express）是一間租賃公司，由美國東部和東南部11間鐵路公司共同持有，製造並操作幾千輛冷藏車輛。No.57708號車在1970年代末退役，目前保存在庫柏鎮與馬恩鐵路（Cooperstown & Marne Railroad）。

△ **ACF three-dome tanker**
美國車輛與鑄造公司三圓頂槽車，1939年

類型	三圓頂附轉向架油槽車
重量	18.37公噸
結構	鋼製上層結構安裝在雙轉向架鋼製底盤上
使用鐵路	託運人車輛鐵路運輸公司

美國車輛與鑄造公司（American Car & Foundry Co.）目前仍是美國軌道車輛的主要製造商之一，於1939年為託運人車輛鐵路運輸公司（Shippers' Car Line Corporation）建造了這輛No.4556三圓頂槽車。這輛槽車擁有兩組四輪轉向架，可用來輸送丙烷和液化石油氣，容量為1萬7230公升。

赫貝爾特・奈傑爾・格雷斯利爵士
1876–1941年

奈傑爾・格雷斯利17歲開始到克魯工廠當學徒，工程生涯就此展開。當完學徒後，他又拓展了自己在這個領域的經驗，擔任過裝配工人、設計師、測試員和機車庫的領班。1905年，他開始在大西部鐵路上班，負責設計機車、試驗關節車廂等工作，最後在1911年升任機車部門主管。1923年倫敦與東北鐵路成立後，格雷斯利出任首席機械工程師，在這個職位上鞠躬盡瘁，並於1936年受封爵位。

工程師與創新家

格雷斯利最早在1915年開始設計一款太平洋式機車，但等到他設計的第一款機車在1922年生產時，卻是完全不同的另一台機器。格雷斯利在那時已經開發出一種共軛閥門裝置，可簡化三汽缸機車的傳動過程。格雷斯利之後設計了英國車體最大、馬力最強的蒸汽機車，也就是2-8-2輪式的P2型機車。為了提高效能，他也試驗原本發展給船隻使用的高壓水管鍋爐。

自1928年起，格雷斯利根據A1型太平洋式機車的設計開發出A3型太平洋式機車。這些A3型太平洋式機車配備較高壓的鍋爐，因此性能表現更好，不過第一輛時速達到100英里（161公里）的機車，卻是A1型太平洋式機車——飛翔的蘇格蘭人號，時間在1934年11月30日。次年，格雷斯利引進擁有典雅流線造型的A4型太平洋式機車，而A4型太平洋式機車野鴨號則在1938年刷新了蒸汽機車的最快速度紀錄，且保持至今。

雖然格雷斯利在蒸汽機車的領域貢獻卓著，但他也對其他軌道推進方式有興趣，並於1936年時開始設計運用1500伏特直流電機車的跨本寧山脈（Pennine）鐵路電氣化方案。這個方案雖因第二次世界大戰而延誤，但最後還是在1950年代完成。

破紀錄的蒸汽機車
野鴨號是格雷斯利A4型太平洋式機車的終極版：1938年7月3日，它以每小時203公里的速度創下了蒸汽機車速度的世界紀錄，並且保持至今。野鴨號目前在英格蘭約克的國家鐵道博物館中展出。

突破百英里
No.4472飛翔的蘇格蘭人號於1923年出廠，負責牽引從倫敦至愛丁堡的直達列車。1934年，它正式成為第一輛時速達到100英里（161公里）的客運蒸汽機車。

歐洲的流線型蒸汽機車

在歐洲，1930年代是高速蒸汽機車牽引列車的黃金時代。各國鐵路競相爭奪夢寐以求的世界最快火車頭銜，因為這關乎國家民族的榮耀。在英國，大西部鐵路的赤爾登罕飛人號（Cheltenham Flyer）首先在1932年脫穎而出。在倫敦與東北鐵路上，由奈傑爾·格雷斯利爵士的新式流線A4型太平洋式機車牽引的銀禧年號（Silver Jubilee，1935年）和加冕號（Coronation，1937年）提供的運輸服務，在速度、奢華和可靠度等方面都立下了標竿。蒸汽機車速度的世界紀錄不斷被刷新，先是1936年的德國05型機車，接著是1938年格雷斯利的野鴨號。第二次世界大戰結束了這場追求高速的刺激，但野鴨號創下的紀錄自此之後就再也沒有被打破。

△ **LNER Class P2**
　倫敦與東北鐵路P2型，1934年

車輪輪式	2-8-2
汽缸數	3
鍋爐壓力	每平方公分15.46公斤
動輪直徑	1880公釐
最高速度	約每小時121公里

奈傑爾·格雷斯利爵士的P2型機車負責在倫敦和亞伯丁牽引重量級特快客運列車。倫敦與東北鐵路的頓卡斯特工廠在1934和1936年之間共生產六輛這款高性能機車，並在第二次世界大戰期間改造成A2/2型太平洋式。

△ **LMS Coronation Class**
　倫敦、米德蘭和蘇格蘭鐵路加冕型，1938年

車輪輪式	4-6-2
汽缸數	4
鍋爐壓力	每平方公分17.57公斤
動輪直徑	2057公釐
最高速度	約每小時183公里

這款高性能機車由威廉·斯塔尼爾設計，倫敦、米德蘭和蘇格蘭鐵路的克魯工廠在1937到1948年間共生產38輛。其中有十輛安裝流線型外罩，但在第二次世界大戰後拆除。No.6229漢密爾頓公爵夫人號（Duchess of Hamilton）在裝回流線型外罩後保存下來。

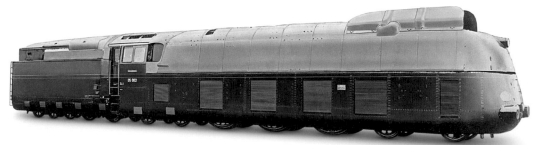

△ **DR Class 05**
　德意志國營鐵路05型，1935年

車輪輪式	4-6-4
汽缸數	3
鍋爐壓力	每平方公分20.39公斤
動輪直徑	2299公釐
最高速度	約每小時201公里

在1935年到1937年間，共有三輛流線型設計的05型機車生產出來，提供給德意志國營鐵路使用。1936年，No.05.002在柏林與漢堡間創下了蒸汽機車速度的世界紀錄，高達每小時201公里。No.05.001目前保存在紐倫堡（Nürnburg）。

▷ **LNER Class A4**
　倫敦與東北鐵路A4型，1935年

車輪輪式	4-6-2
汽缸數	3
鍋爐壓力	每平方公分17.57公斤
動輪直徑	2030公釐
最高速度	約每小時203公里

英國工程師奈傑爾·格雷斯利爵士設計了這款A4型流線型機車，倫敦與東北鐵路的頓卡斯特工廠在1935年到1938年製造了35輛。No.4468野鴨號於1938年在東海岸幹線上締造了每小時203公里的蒸汽機車速度世界紀錄，且再也沒有被打破。

△ **SNCB Class 12**
比利時國家鐵路12型，1938年

車輪輪式	4-4-2
汽缸數	2（安裝在車身內）
鍋爐壓力	每平方公分18公斤
動輪直徑	2096公釐
最高速度	約每小時166公里

12型機車是拉烏‧諾泰斯（Raoul Notesse）為比利時國家鐵路設計的。這款大西洋式蒸汽機車在1938年到1939年之間共生產六輛，用來牽引布魯塞爾到奧斯坦德之間的水陸聯運列車。它們在1962年退役，No.12.004被保存下來。

鐵道話題

巡迴展覽

倫敦、米德蘭和蘇格蘭鐵路的流線型列車加冕蘇格蘭人號（Coronation Scot）經由海運越過大西洋，在美國巴爾的摩亮相。它在美國各地巡迴行駛了超過4828公里，接著在1939年紐約的萬國博覽會上展出，卻因為二次大戰爆發而無法送回英國。這列火車的機車No.6220加冕號其實是No. 6229漢密爾頓公爵夫人號假冒的，最後在1942年送回英國，但車廂還是留在美國，充當美國陸軍的軍官餐車使用，直到戰爭結束才運回英國。

漢密爾頓公爵夫人號的頭燈 安裝在漢密爾頓公爵夫人號上的兩組頭燈之一。這組頭燈現在還在美國，目前在巴爾的摩的巴爾的摩與俄亥俄鐵路博物館中展出。

◁ **DR Class 03.10**
德意志國營鐵路03.10型，1939年

車輪輪式	4-6-2
汽缸數	3
鍋爐壓力	每平方公分20.38公斤
動輪直徑	2000公釐
最高速度	約每小時140公里

在1939到1941年間，這款流線型高速客運機車總共生產了60輛給德意志國營鐵路使用。第二次世界大戰後，這些機車分屬東德、西德與波蘭等國所有。德國的機車在整修時拆除流線型外罩，並在1970年代末退役。

鐵道科技

銀禧年號

銀禧年號高速客運列車是為了紀念英王喬治五世登基25週年而命名的，在1935年由倫敦與東北鐵路採用，於倫敦國王十字車站和泰恩河畔紐卡索之間運行。這種關節列車採用銀灰雙色塗裝，並由奈傑爾‧格雷斯利爵士設計的四輛新式A4型流線型太平洋式機車牽引，分別叫銀鏈號（Silver Link）、水銀號（Quicksilver）、銀王號（Silver King）和銀狐號（Silver Fox）。這項服務因為第二次世界大戰爆發而終止。

首發列車 1935年9月30日，倫敦與東北鐵路的A4型機車No.2509銀鏈號牽引首班銀禧年號特快列車，離開國王十字車站前往泰恩河畔紐卡索。

火車檔案：野鴨號

1930 年代，想要冠上世界最快頭銜的渴望瀰漫全球鐵路界，許多工業化國家都曾摘下這個桂冠。不過在 1938 年 7 月 3 日，一輛奈傑爾·格雷斯利爵士設計的 A4 型太平洋式蒸汽機車、倫敦與東北鐵路的 No. 4468 野鴨號達到每小時 203 公里的高速，為英國贏得這項蒸汽機車的世界級殊榮。第二次世界大戰爆發後，挑戰世界紀錄的嘗試隨之結束，野鴨號的榮耀就此保持至今。

格雷斯利的A4型4-6-2輪式流線型太平洋式機車是為倫敦與東北鐵路設計生產的，被譽為經典的英國機車設計。倫敦與東北鐵路想要提升服務的速度，而他們的機械總工程師奈傑爾·格雷斯利曾在一次前往德國的旅途中觀察過流線型列車。1935年，經過討論之後，倫敦與東北鐵路的高層同意讓格雷斯利和他的團隊開始為這條鐵路設計專用的流線型機車。

第一輛開發出來的三汽缸流線型A4型機車是No. 2509銀鏈號，於1935年9月在頓卡斯特工廠完成。緊接著，野鴨號也在1938年3月出廠。據說格雷斯利設計出這麼令人印象深刻的流線造型外罩，是參考一輛他在法國看過的楔型布加迪（Bugatti）軌道車。它們充滿未來感的造型自然是吸引了大量媒體關注。雖然從蒸汽機車工程的角度而言，A4型機車是從格雷斯利更早的A3太平洋式機車發展而來的，但醒目的外罩就是讓它看起來大異其趣。

側面圖

正面圖

規格說明			
級別	A4	服役年分	1938-63年（野鴨號）
輪式	4-6-2（太平洋式）	汽缸數量	3
生產國	英國	鍋爐壓力	每平方公分17.57公斤
設計／建造者	奈傑爾·格雷斯利爵士／頓卡斯特工廠	動輪直徑	2030公釐
生產數量	35（A4型）	最高速度	約每小時203公里

最新穎的駕駛室設計可提高車組員舒適度。

野鴨號首度引進雙煙囪設計。

煤水車可載運9.14公噸的煤炭與2萬2730公升的水。

流線造型可改善空氣動力性能。

紀念速度紀錄

機車上有一塊銘牌，上面寫著它創下的速度紀錄，即每小時203公里，相當於每分鐘行駛超過3.22公里。它的速度是由搭乘測力計車的計時人員測定的。在打破速度紀錄的行駛過程中，中間的大端因為運作過度而發熱，導致軸承的金屬融化。

牽引銀禧年號

A4型機車最早是用來牽引倫敦與東北鐵路的銀禧年號特快客運列車，從倫敦到紐卡索。就外觀而言，這輛機車的流線外型可提升速度並降低燃料消耗。就內部而言，流線型通氣口可允許蒸汽自由流動。野鴨號是第一輛安裝基爾夏波（Kylchap）排氣與鼓風管的A4機車。它的側裙在第二次世界大戰期間拆卸，以方便保養，之後整修時才重新裝上。

外觀

野鴨號流線型的設計和平滑的外罩不只讓列車速度更快，也引起了大眾的高度興趣。這款機車擁有楔型車頭，並設有一道門，打開後可通往排煙室，以便進行維修保養工作，尤其是清理灰燼。這道門因為外形而被取了綽號叫「鱈魚嘴」。野鴨號創新的基爾夏波排氣系統就位於雙煙囪下方，由於效果極佳，因此所有本型的機車後來都接受改裝，採用這種煙囪設計。A4型的獨家側裙設計是出自工程師奧利佛·布立埃德（Oliver Bulleid）之手。

1. 金屬銘牌　2. 機車編號和型號，手繪在車頭前端　3. 前緩衝器　4. 汽笛　5. 流線型煙囪　6. 前連結鉤　7. 銅製製造商銘牌　8. 動輪　9. 外側連桿大端特寫　10. 動輪回行曲柄　11. 軸箱與軸箱蓋　12. 板片彈簧懸吊

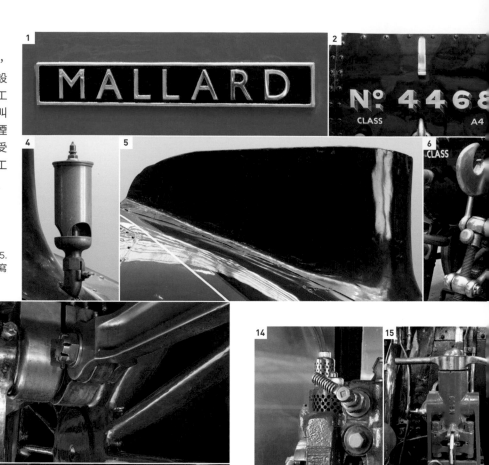

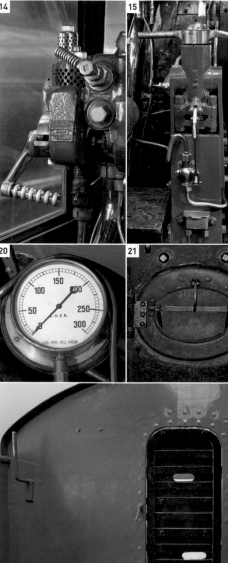

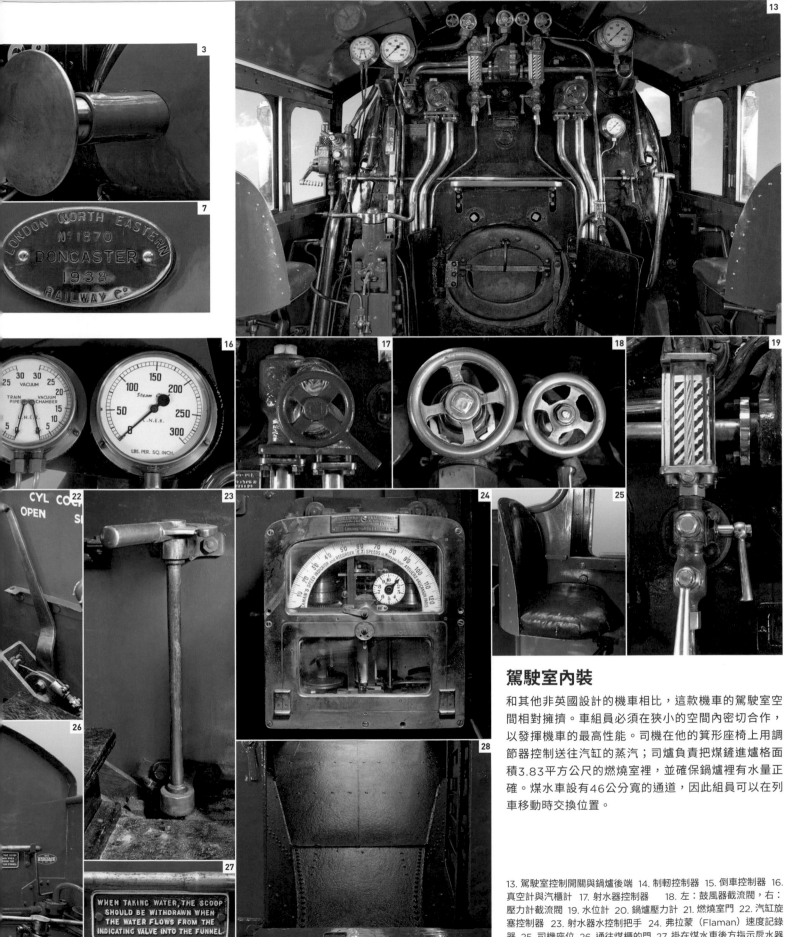

駕駛室內裝

和其他非英國設計的機車相比,這款機車的駕駛室空間相對擁擠。車組員必須在狹小的空間內密切合作,以發揮機車的最高性能。司機在他的箕形座椅上用調節器控制送往汽缸的蒸汽;司爐負責把煤鏟進爐格面積3.83平方公尺的燃燒室裡,並確保鍋爐裡有水量正確。煤水車設有46公分寬的通道,因此組員可以在列車移動時交換位置。

13. 駕駛室控制開關與鍋爐後端 14. 制軔控制器 15. 倒車控制器 16. 真空計與汽櫃計 17. 射水器控制器 18. 左:鼓風器截流閥,右:壓力計截流閥 19. 水位計 20. 鍋爐壓力計 21. 燃燒室門 22. 汽缸旋塞控制器 23. 射水器水控制把手 24. 弗拉蒙(Flaman)速度記錄器 25. 司機座位 26. 通往煤櫃的門 27. 掛在煤水車後方指示戽水器使用方式的說明牌 28. 煤水車煤櫃

高速與時髦的年代

第二次世界大戰爆發前十年可以稱為「速度的時代」，特徵就是許多火車、飛機和汽車都擁有未來感十足的設計。世界各地的鐵路公司紛紛引進現代化高速特快列車，透過奢華的內裝、俐落的服務和可靠緊密的時刻表來吸引旅客。除了德國和美國少數幾款柴油動力流線型火車，這些經典的列車全都是由最新的裝飾藝術風格蒸汽機車牽引，其中有許多出自當時世界上首屈一指的工業設計師之手。

△ **VR S Class 維多利亞鐵路S型，1937年**

車輪輪式	4-6-2
汽缸數	3
鍋爐壓力	每平方公分14.06公斤
動輪直徑	1854公釐
最高速度	約每小時138公里

澳洲維多利亞鐵路（Victoria Railways）在1928年引進四輛S型太平洋式機車，它們在1937年加裝流線型外罩，用來牽引墨爾本（Melbourne）和奧伯立（Albury）之間帶有裝飾藝術風格的直達特快車進步精神號（Spirit of Progress）。在導入柴油機車後，它們全都在1954年報廢拆解。

▷ **Japan/China Class SL7**
日本／中國SL7型，1935年

車輪輪式	4-6-2
汽缸數	2
鍋爐壓力	每平方公分15.5公斤
動輪直徑	2000公釐
最高速度	約每小時140公里

這款太平洋式第7型（Pashina）機車共建造12輛，由日本川崎重工業和中國關東州的沙河口工廠生產，1934到1943年之間用來在日本控制的南滿鐵路上牽引亞細亞號（Asia Express）特快列車。二次大戰後它們的編號改為勝利7型，並繼續在中國服役，直到1970年代末。

▽ **MILW Class A**
密爾瓦基鐵路A型，1935年

車輪輪式	4-4-2
汽缸數	2
鍋爐壓力	每平方公分21.09公斤
動輪直徑	2134公釐
最高速度	約每小時181公里

這款機車是為了牽引美國的海瓦莎號（Hiawatha）特快列車而設計的。這種A型大西洋式機車在1935到1937年間總共製造四輛，提供給密爾瓦基鐵路（Milwaukee Road, MILW）使用。1935年5月，A型機車No. 2在密爾瓦基和新里斯本（New Lisbon）之間達到每小時181公里的速度。

鐵路與公路

到了1930年代中期，美製裝飾藝術設計風格的汽車和流線型蒸汽列車已可達到每小時193公里的速度。知名工業設計師——例如美國的戈登·布里格（Gordon Buehrig）、法裔美籍的雷蒙德·洛伊（Raymond Loewy）、英國的約翰·格尼·納丁（John Gurney Nutting）與在義大利出生的法國人埃托雷·布加迪（Ettore Bugatti）——全都在這段短暫但令人興奮的科技進步時代留下了傳世神作，但接下來，二次大戰的爆發就結束了這個時代。

速度的競爭 傑克·尤拉托維奇（Jack Juratovic）1935年的經典作品〈鐵路與公路〉（*Rail and Road*）如今十分搶手，描繪的是一輛杜森伯格（Duesenberg）魚雷跑車（Torpedo Phaeton）和一輛流線型蒸汽機車競速。

△ **CN Class U-4-a**
CN U-4-a型，1936年

車輪輪式	4-8-4
汽缸數	2
鍋爐壓力	每平方公分19.33公斤
動輪直徑	1956公釐
最高速度	約每小時145公里

蒙特婁機車廠（Montreal Locomotive Works）在1936年為加拿大國家鐵路製造了五輛這種流線型的邦聯式（Confederation）高速客運機車。它們是多倫多和蒙特婁之間的頂級高速機車，直到在1950年代被柴油機車取代。

△ **NSWGR Class C38**
新南威爾斯政府鐵路C38型，1943年

車輪輪式	4-6-2
汽缸數	2
鍋爐壓力	每平方公分17.22公斤
動輪直徑	1750公釐
最高速度	約每小時129公里

標準軌距的澳洲C38型高速客運機車在1939年設計，並在1943年到1945年間由雪梨的克萊德工程公司（Clyde Engineering）供應給新南威爾斯政府鐵路（New South Wales Government Railways）五輛，負責牽引特快列車，並於1961到1976年間退役。

△ **PP&L "D" Fireless locomotive**
賓州電力公司「D」無火機車，1939年

車輪輪式	0-8-0
汽缸數	2
鍋爐壓力	每平方公分9.14公斤
動輪直徑	1067公釐
最高速度	約每小時32公里

這款賓州電力公司（Pennsylvania Power & Light Co.）研發的無火調車機車雖然具備流線造型，但速度不快，由海斯勒為伊利（Erie）的錘磨紙業公司（Hammermill Paper Co.）製造。無火機車適用於易燃燃料可能構成危害的工業廠房，蒸汽儲存在鍋爐內。這類機車當中最大的是No. 4094-D，目前在美國斯特拉斯堡的賓夕法尼亞鐵道博物館中展出。

雷蒙德·洛伊

在法國出生的美國工業設計師雷蒙德·洛伊（1893-1986年）號稱「流線之父」，因為在美國工業界有各式各樣的作品而出名。他除了為鐵路以及石油公司（例如殼牌）設計出世界知名的商標之外，也在交通領域留下傳世作品，像是斯圖貝克（Studebaker）汽車和經典的鐵路機車，例如賓夕法尼亞鐵路的K4s、T1和S1型流線型蒸汽機車。1930年在倫敦設立辦公室之後，他就著手替鮑德溫機車公司的早期柴油機車改款。洛伊於1980年回到他的出生地法國居住，不久就去世了。

居高臨下 雷蒙德·洛伊站在賓夕法尼亞鐵路獨一無二的S1型6-4-4-6輪式試驗型流線機車上留影。這是他的經典設計之一，也是美國最大、速度最快的高速機車。

柴油與電力流線型火車

歐洲和北美在1930年代導入高速柴油和電氣化列車。這些流線型列車由埃托雷‧布加迪之類的頂尖工程師設計，並在風洞中測試。它們吸引了大眾的高度興趣、打破了速度的世界紀錄，並開啟了高速鐵道旅行的新時代。在歐洲，德國人以飛行的漢堡人號（Flying Hamburger）──也就是今日城際列車的先驅──拔得頭籌。在美國，先鋒微風號（Pioneer Zephyr）具備未來感的現代化設計也達到全新境界。但令人惋惜的是，這個令人興奮的進步過程，全因第二次世界大戰爆發嘎然而止。

**△ DR Class SVT 137 Fliegender Hamburger
德意志國營鐵路SVT 137型「飛行的漢堡人號」，
1935年**

車輪輪式	雙車關節組─前後轉向架2' Bo' 2'
傳動方式	每車電動（一組牽引馬達）
引擎	每車麥巴赫（Maybach）12汽缸8850 cc柴油引擎
總動力輸出	810匹馬力（604千瓦）
最高速度	約每小時160公里

德意志國營鐵路在1932年建造了一輛原型車，並於1935年在柏林和漢堡之間投入營運，擁有自助餐廳及98個座位。飛行的漢堡人號採用柴電動力，是世界上速度最快的定期班次客運列車，平均速度高達每小時124公里。它在二次大戰期間暫停營運，但1945-49年間在法國營運，之後又回到德國，營運到1983年。

**△ SBB Class Ae8/14
瑞士聯邦鐵路Ae8/14型，1931年**

車輪輪式	(1'A)A1A(A1') +(1A')A1A(A1')
電力供應	15kV 17 Hz交流電，架空線
額定功率	7394-1萬956匹馬力（5514-8173千瓦）
最高速度	約每小時100公里

瑞士聯邦鐵路（Schweizerische Bundesbahnen, SBB）在1930年代為聖哥達（Gotthard）路線打造三輛Ae8/14型電氣化機車的原型車。這款馬力強大的重聯機車擁有八根驅動軸，能夠獨立牽引重運量列車在這條高難度的路線上行駛。本圖中的No.11852一度是世界馬力最強的機車。

**▷ Bugatti railcar (autorail)
布加迪軌道車，1932/33年**

車輪輪式	每車兩組八輪轉向架，二或四軸有動力
傳動方式	機械
引擎	每車二或四具1萬2700cc布加迪引擎
總動力輸出	四引擎800匹馬力（596千瓦）
最高速度	約每小時196公里

這種汽油引擎動力軌道車由埃托雷‧布加迪設計，在法國阿爾薩斯（Alsace）的布加迪工廠內製造。它能提供單車、雙車或三車的編組，其中最舒適、最快速的是48人座雙車四引擎「總統號」（Presidentiel），於1934年創下每小時196公里的軌道車輛速度世界紀錄。

**▷ GWR streamlined railcar
大西部鐵路流線型軌道車，1934年**

車輪輪式	二組四輪轉向架，一組有動力
傳動方式	機械
引擎	AEC 8850 cc柴油引擎
總動力輸出	130匹馬力（97千瓦）
最高速度	約每小時100公里

這款流線型柴油軌道車由大西部鐵路在1934年率先引進，外號「飛行香蕉」（Flying Banana），並在英國鐵路服役到1960年代。生產的版本包括包裹車和關節式餐車組，安裝了兩具聯合裝備公司（Associated Equipment Company, AEC）柴油引擎，可達到每小時129公里的極速。

鐵道科技

德國實驗

軌道齊柏林號是一輛實驗用軌道車，具備鋁製車身，看起來像齊柏林（Zeppelin）飛船。這款原型車的車廂造型設計和1960年代日本的子彈列車（Bullet Train）有著不可思議的相似度。
這輛26公尺長的螺旋槳驅動軌道車重量只有20.32公噸，動力來源是一具巴伐利亞發動機製造廠（BMW）的12汽缸汽油航空引擎，可產生600匹馬力（447千瓦）。1931年6月，它在柏林和漢堡之間的路線上締造了使用空氣動力推進的軌道車輛的陸上速度世界紀錄，高達時速230公里。這輛軌道車在1939年報廢解體，材料轉作軍用，以供應二次大戰的德國戰爭需求。

齊柏林列車 軌道齊柏林由漢諾威（Hannover）的法蘭茲‧克魯肯貝爾格（Franz Kruckenberg）設計打造，只有兩根輪軸，可載運40名乘客。

後整流罩 整流罩的設計經過風洞測試，配有梣木製作的四葉螺旋槳。

◁ **PRR Class GG1**
賓夕法尼亞鐵路GG1型，1934年

車輪輪式 2-C+C-2
電源供應 11kV 25 Hz交流電，架空線
額定功率 4620匹馬力（3446千瓦）
最高速度 約每小時161公里

在1934至1943年間，這款性能強大的電力機車共生產139輛給賓夕法尼亞鐵路使用。它的外號是「海盜旗」（Blackjack），於1935年開始服役，在剛剛電氣化的紐約至華盛頓特區幹線上牽引特快客運列車。它們在1950年代被降級，牽引貨運列車，並在1983年全數除役。No. 4935目前在賓夕法尼亞鐵道博物館中展示。

◁ **CB&Q Pioneer Zephyr**
芝加哥、柏林頓與昆西鐵路先鋒微風號，1934年

車輪輪式 三輛關節車廂，四組轉向架
傳動方式 機械
引擎 八汽缸溫頓（Winton）柴油引擎
總動力輸出 600匹馬力（447千瓦）
最高速度 約每小時181公里

先鋒微風號是由芝加哥的巴德公司（Budd Co.）為芝加哥、柏林頓與昆西鐵路（Chicago, Burlington & Quincy Railroad）建造，是一款由三輛不鏽鋼製關節車廂組成、由雅各式轉向架（Jacobs bogie）連接的流線型列車，並以一具潛艇用引擎為動力來源。它的首航在芝加哥和丹佛之間進行，在1633公里長的路程中平均速度達到每小時124公里，最高速度達到每小時181公里。

▷ **SBB Doppelpfeil**
瑞士聯邦鐵路雙箭號，1939年

車輪輪式 二組四輪動力轉向架（單一車組）
電源供應 15kV 17 Hz交流電，架空線
額定功率 單一車組528匹馬力（394千瓦）；雙車組1126匹馬力（840千瓦）
最高速度 約每小時125公里

瑞士聯邦鐵路在1935年採用七輛紅箭號（Rote Pfeil／Red Arrow）單一車組流線型電力軌道車，用在瑞士聖哥達鐵路上。這是一條位於德國和義大利之間的重要國際鐵路交通幹線，途經1萬5003公尺長的聖哥達鐵路隧道（Gotthard Rail Tunnel）。三輛雙車組被稱為雙箭號（Doppelpfeil／Double Arrows），於1939年引進。

實用柴油與電力機車

第一次世界大戰過後，歐洲的鐵路網可說是滿目瘡痍。煤炭奇缺且價格昂貴，雖然蒸汽依然受歡迎，但很快就有其他類形的牽引方式出現，預示一個時代的結束。在多山的國家，例如義大利和瑞士，清潔乾淨的水電能源充沛，使鐵路幹線電氣化成為可行。性能優異的電力機車，像是瑞士的「鱷魚」（Krocodil），隨即開始在需求量大的路線上牽引重運量列車。而在義大利，墨索里尼的嶄新高速鐵路也打破了速度紀錄。

△ **GIPR Class WCP 1**
大印度半島鐵路WCP 1型，
1930年

車輪輪式	1'Co2'
電源供應	1.5kV直流電，架空線
額定功率	2158匹馬力（1610千瓦）
最高速度	約每小時121公里

這是印度最早使用的電力機車。英國的大都會維克斯公司（Metropolitan-Vickers）自1930年起生產了22輛這款大馬力客運機車，提供給大印度半島鐵路使用。這些機車當中的第一輛——No.4006羅傑·拉姆利爵士號（Sir Roger Lumley）——目前在新德里的國家鐵道博物館中展示。

▷ **SBB Class Ce 6/8 II and**
Ce 6/8 III
SBB Ce 6/8 II和Ce 6/8 III
型，1919-20年

車輪輪式	1-C+C-1
電源供應	1.5kV 17Hz交流電，架空線
額定功率	3647匹馬力（2721千瓦）
最高速度	約每小時76公里

這款電力機車在1919到1927年間建造，用來在瑞士聯邦鐵路聖哥達路線上牽引重運量貨運列車，共生產51輛，並服役到1980年代。由於車頭內裝有馬達，凸出部分較長，因此獲得「鱷魚」的綽號。

▷ **DR E04**
德意志國營鐵路E04型，1933年

車輪輪式	1'Co1'
電源供應	15kV 17Hz交流電，架空線
額定功率	2694匹馬力（2010千瓦）
最高速度	約每小時121公里

這款E04型電力機車共生產23輛，提供給德意志國營鐵路剛電氣化不久的司徒加特（Stuttgart）到慕尼黑幹線使用。這型的機車在西德服役到1976年，在東德則服役到1982年，當中有幾輛幸運保存下來。

▷ **GHE T1**
蓋爾洛德－哈茨葛洛德鐵路T1型，
1933年

車輪輪式	A1 (0-2-2)
傳動方式	機械
引擎	四汽缸柴油引擎
總動力輸出	123匹馬力（92千瓦）
最高速度	約每小時40公里

這輛獨樹一格的四輪1公尺軌距柴油軌道車在1933年由德紹車輛製造廠（Waggonfabrik Dessau）為德國蓋爾洛德－哈茨葛洛德鐵路（Gernrode-Harzgeroder Railway）打造。二次大戰後，它成為東德德意志國營鐵路No.187.001號車，並作為工人的工具車廂使用。它可搭載34名乘客，經過整修後，目前在哈次山脈的窄軌鐵路上運行。

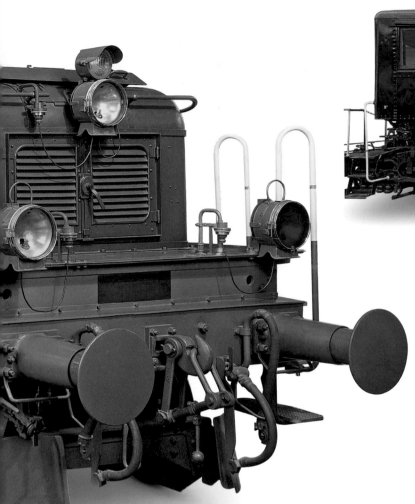

△ **PRR Class B1**
賓夕法尼亞鐵路B1型，1934年

車輪輪式	C (0-6-0)
電源供應	11kV 25Hz交流電，架空線
額定功率	697匹馬力（520千瓦）
最高速度	約每小時40公里

賓夕法尼亞鐵路的阿爾圖納工廠在1934年建造了14輛這種單一車組電力調車機車，它們服役期間幾乎都在美國紐約的賓州車站調度空車廂，直到1970年代初才退役。

△ **DR Class Kö**
德意志國營鐵路Kö型，1934年

車輪輪式	B (0-4-0)
傳動方式	機械
引擎	改裝後是79匹馬力（959千瓦）柴油引擎
總動力輸出	24-29匹馬力（18-22千瓦）
最高速度	約每小時18公里

這種小型柴油機械調車機車被稱為標準小型機車（Einheitskleinlokomotiven），在德意志國營鐵路的小型車站服役。它只裝有一組腳踏制軔，二次大戰期間，有一些改裝成可使用液化石油氣來行駛。這些機車當中有三輛又經過改裝成為Kö II型，在1公尺軌距的哈次山脈鐵路運行，包括本圖中的No. 199.011。

▷ **LMS Diesel Shunter No. 1831**
倫敦、米德蘭和蘇格蘭鐵路柴油調車機車No. 1831，1931年

車輪輪式	C (0-6-0)
傳動方式	液力
引擎	戴維·派克斯曼（Davey Paxman）六汽缸柴油引擎
總動力輸出	400匹馬力（298千瓦）
最高速度	約每小時40公里

這是英國的第一輛試驗性柴油調車機車。倫敦、米德蘭和蘇格蘭鐵路的德比工廠在1931年利用同編號的米德蘭鐵路1377型0-6-0輪式蒸汽機車的車架和車輪運轉裝置建造它，但結果不如人意，因此在1939年退役。

◁ **FS Class ETR 200**
義大利國家鐵路ETR 200型，1937年

車輪輪式	三輛關節車廂搭配四輪轉向架
電源供應	3kV直流電，架空線
額定功率	1408匹馬力（1050千瓦）
最高速度	約每小時203公里

布瑞達（Breda）共計為義大利國家鐵路生產18組這款三車組電聯車，並於1937年起在米蘭和那不勒斯之間投入營運。它的流線型設計經過風洞測試，1939年7月時ETR 212車組創下了電力軌道牽引速度的世界紀錄，高達時速203公里。本型機車的定期客運服務持續到1990年代，ETR 212車組也被保存下來。

鐵道科技

軌道檢查

在19世紀，成千上萬公里長的鐵軌都位於一般道路無法抵達的地方，因此要維護保養，只得依靠巡軌員在軌道上步行，或是利用無動力的手搖人力巡軌搖車，透過推動一根手柄上下擺動的方式來前進。到了20世紀，檢查軌道這項工作也採用許多更巧妙的辦法，像是在一般道路使用的機動車輛上加裝凸緣車輪，成為公鐵路兩用車。這種車輛目前仍在世界各地較偏遠地區的鐵路上使用，在美國則稱為「hi-rail vehicle」。在蘇格蘭，西高地線（West Highland Line）採用荒原路華（Land Rover）車輛來執行這項工作。

別克（Buick）馬賓檢查車No. 101，1937年 這輛車原本是一輛靈車，之後經過改裝，在馬里蘭與賓夕法尼亞鐵路（Maryland & Pennsylvania Railroad）上使用，負責測試機車和鐵路管制單位之間的無線電通訊系統。

火車檔案：里丁電聯車No. 800

里丁公司（又叫里丁鐵路）是一個鐵路和煤礦企業集團，在1830年代迅速擴張。這家公司從事從費城出發的軌道通勤業務，於1893年興建了氣勢宏偉的里丁鐵路終點站（Reading Terminal station）。1928年，許多通勤鐵路線都決定要進行電氣化工程。儘管華爾街股市在1929年大崩盤，但鐵路網的擴展持續進行，電氣化鐵路自1931年7月起開始營運。

里丁電聯車是專為電氣化專案打造的。這種列車融合當時的最新科技，目標是降低營運成本。它的車身內部大量運用鋁材，以達到輕量化的目的、降低操作它們所需的耗電量。電聯車的設計讓它們可以自行運轉，也可以和其他列車一起編組，因為它們的兩端都有駕駛室。此外，和被它們取代的蒸汽機車相比，電聯車的操作更簡單，反應也更快。

里丁公司在1928年訂購第一批車共61輛，並在1931年交貨。接著，當電氣化路網擴張時，公司又訂購了更多電聯車。到了1933年，路網中有超過135公里的鐵路已經電氣化。有些車輛服役超過60年，當中有38輛在1963和1965年之間接受改裝，並繼續服役到1990年。1983年，州政府所有的賓夕法尼亞州東南地區交通局（Southeastern Pennsylvania Transportation Authority, SEPTA）接管前里丁公司路線上的運輸服務，大部分較老舊的車輛就在一兩年之後退役。

正面圖

背面圖

電氣與蒸汽

里丁鐵路使用「里丁連線」（Reading Lines）作為客運服務的品牌名稱。除了電氣化列車以外，這家鐵路公司也操作幾種蒸汽機車。

規格說明			
級別	EPa/EPb	服役年分	1931-90年（No. 800）
輪式	B2	使用鐵路	里丁鐵路
生產國	美國	額定功率	480匹馬力（358千瓦）
設計／建造者	哈蘭霍林斯沃思（Harlan & Hollingsworth）	電源供應	11kV 25Hz交流電，架空線
生產數量	91（里丁電聯車）	最高速度	約每小時113公里

集電弓可從架空線上汲取電力　　　通風扇安裝在車頂上　　　客車車廂全長都有車窗　　　電力匯流排連接器可把電力傳送給下一輛車

電力匯流排連接器
在頭燈上方可以看見電力匯流排連接器，美國最早使用這種東西的就是里丁公司的電聯車。相鄰車廂的連結器會相互接觸，使電力可以安全地從一輛車傳送給另一輛車，因此同時操作幾輛電車時，只需要一組集電弓就可以了。

外觀

里丁電聯車看起來就跟今日的通勤列車很像——有鋼造的車身側面、兩端的駕駛室、自動門，在剛引進時就已經十分先進。電聯車的車頂上設有高壓電源線，連接集電弓（和架空線接觸來獲得電力供應）和位於車廂兩端的電力匯流排連接器。

1. 車身側面的列車編號 2. 車廂兩端的電力匯流排連接器 3. 頭燈 4. 喇叭 5. 電聯車車頂上布設的11kV交流電電源線使用的礙子 6. 收起的集電弓 7. 標誌燈 8. 駕駛室車窗及雨刷 9. 排障器 10. 12接腳多用途工作電纜插座 11. 12接腳多用途工作電纜 12. 制動靴 13. 開啟的軸箱可看見軸承 14. 車輪組上的板片彈簧懸吊 15. 泰勒彈性轉向架（Taylor Flexible Truck） 16. 手軔機鍊 17.氣軔控制閥

駕駛室內裝

里丁公司電聯車的司機在駕駛室內必須站著操作簡易控制裝置，這種裝置是從電力街車的控制裝置研發而來的。他們必須自行估算列車的速度，因為早期的電聯車沒有安裝車速表。不過里丁電聯車從一開始就裝有駕駛室號誌系統，電氣信號可經由軌道傳送給列車。

18. 駕駛室　19. 手軔機　20. 手軔機棘輪　21. 節流控制器附有內六角扳手插孔　22. 燈號切換開關（左）和制軔壓力計　23. 標誌燈紅色濾光片代表列車尾端　24. 標誌燈黃色濾光片（使用油燈時顯示白色）代表非排班列車　25. 標誌燈藍色濾光片（使用油燈時顯示綠色）代表排班列車　26. 軔組頂端　27. 駕駛室內部門鎖

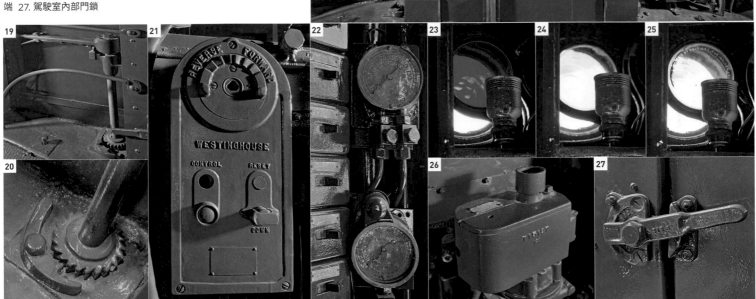

車廂內裝

標準的里丁電聯車車廂擁有18排2+2設計可反轉式座位，並規畫了面對走道的橫向座位的安裝空間以及一間列車長室。貨運列車在其中一端有獨立隔間，且座位較少。里丁鐵路也導入多種創新，像是列車行進間會自動關閉的車廂內門，以及車廂加熱用恆溫器，可降低成本並提高乘客舒適度。

28. 電聯車車廂內部　29. 車頂上的照明燈　30. 座位上方的金屬行李架　31. 黃銅製的窗框夾　32. 歇腳桿和座椅下的加熱器　33. 盥洗室門　34. 玻璃櫃中的太平斧

1940-1959年：
戰爭與
和平

WAR TRAFFIC MUST COME FIRST

DON'T WASTE TRANSPORTATION

ASSOCIATION OF **AMERICAN RAILROADS** IN COOPERATION WITH THE OFFICE OF DEFENSE TRANSPORTATION

戰爭與和平

第二次世界大戰期間，不論是同盟國還是軸心國，鐵路都是追求勝利不可或缺的一部分，但和戰爭活動沒有直接關聯的鐵路運輸就得不到資源。許多歐洲國家的鐵路在交戰期間被破壞，且因為牽扯到運送數百萬人到集中營的黑暗歷史，形象大幅惡化。但擺脫了戰爭的陰影後，西歐鐵路帶著一個光鮮亮麗的新面貌回歸，也就是全歐特快車（Trans-Europ Express, TEE）——這是戰爭浩劫過後，各國合作重建鐵路並擦亮品牌的行動之一。

　　雖然美國在 1940 年代初推出像「大男孩」（Big Boy）這樣的巨型蒸汽機車，但柴油化的腳步已經展開，大家都迅速過渡到這種新的牽引形式。戰後，柴油和電力動力逐步取代蒸汽，因為它開始被視為是航髒、耗費人力且過時的東西。1955 年，兩列法國電氣化列車打破火車速度的世界紀錄，進一步強化了新科技的優勢。

　　在英國，新成立的國營英國鐵路依舊選擇蒸汽動力，直到現代化計畫在 1950 年代中期推出。儘管如此，使用數量愈來愈多的柴油調車機車已經指明了方向。1955 年，岱爾提克（Deltic）原型車推出，是高速運輸的新面貌。不過一直到 1950 年代末，不管是歐洲還是美國都沒能發展出最具革命性的軌道運輸型式。這項榮耀最後歸於日本。

△ **紅地毯列車**
一張1941年的海報為美國客運列車「20世紀特快車」打廣告。後來這列火車出現在電影《北西北》（North By Northwest）中。

> 「**長官下令，火車就來，因此沒有任何東西可以取代鐵路。**」
>
> 恩斯特·馬夸德特（Ernst Marquardt），德國交通部，1939年

◁ **在美國費城和紐約**工作的插畫家佛瑞德·錢斯（Fred Chance）在1939-45年間繪製的宣傳海報。

● 關鍵事件

▷ **1941年**：美國聯合太平洋鐵路開始使用「大男孩」巨型蒸汽機車。

▷ **1942年**：德國開始採用52型「戰時機車」（Kriegslok），是一種因應戰爭需求的精簡設計，其可靠度佳，也有助於戰後重建工作。

▷ **1945年**：盟軍部隊使用「列車剋星」（train-buster）來擊毀德國機車。

△ **戰爭傷害**
1945年4月11日，盟軍攻占明斯特（Muenster）時，發現了這輛被炸到立起來的德國機車。

▷ **1948年**：英國鐵路收歸國有，英國鐵路公司取代私人公司。

▷ **1949年**：西德成立，將鐵路定名為德意志聯邦鐵路（Deutsche Bundesbahn），東德鐵路則繼續沿用德意志國營鐵路這個名稱。

▷ **1951年**：英國鐵路展開新一批「標準化」蒸汽機車設計。

▷ **1954年**：英國鐵路在12月1日公布現代化計畫，決定淘汰蒸汽機車。

▷ **1955年**：法國電力機車BB 9004和CC 7107達到每小時331公里的速度，締造了世界紀錄。

▷ **1957年**：範圍遍及全歐洲的全歐特快車路網計畫啟動，各國也建造出一系列經典列車在這些路線上運轉。

二次大戰的後勤物流

對第二次世界大戰的參戰國而言，用鐵路運送原物料、部隊、軍事裝備和彈藥具有戰略上的重要性。因此德國、英國和美國都大量生產低成本、高馬力的貨運機車，在各個戰區活躍。戰後，這些機車當中有許多作為原有鐵路機車的替代品或戰爭賠償，繼續在歐洲各國的鐵路上奔馳。大批為美國陸軍運輸兵（United States Army Transportation Corps, USATC）生產的機車透過租借法案送往亞洲，而戰爭結束後，聯合國善後救濟總署（UN Relief & Rehabilitation Administration）也執行過類似的方案。

◁ **LMS 8F**
倫敦、米德蘭和蘇格蘭鐵路8F型，1935年

車輪輪式	2-8-0
汽缸數	2
鍋爐壓力	每平方公分15.82公斤
動輪直徑	1430公釐
最高速度	約每小時80公里

這型機車由威廉・斯塔尼爾為倫敦、米德蘭和蘇格蘭鐵路設計，在二次大戰期間一度是英國的標準貨運機車。它們隸屬英國戰爭局，在埃及、巴勒斯坦、伊朗和義大利等地服役，1941年時賣給土耳其25輛。它的產量共計有852輛，有些留在英國服役到1968年，但在土耳其運轉到1980年代。

△ **DR Class 52 "Kriegslok"**
德意志國營鐵路52型「戰時機車」，1942年

車輪輪式	2-10-0
汽缸數	2
鍋爐壓力	每平方公分16.3公斤
動輪直徑	1400公釐
最高速度	約每小時80公里

德意志國營鐵路大約生產7000輛這種重型貨運機車，主要用在東線戰場。有一小部分在波士尼亞運行到現在，也有許多被保存，例如圖中這輛修復過的52型No. 52.8184-5號車。

◁ **USATC S160**
美國陸軍運輸兵S160型，1942年

車輪輪式	2-8-0
汽缸數	2
鍋爐壓力	每平方公分15.82公斤
動輪直徑	1440公釐
最高速度	約每小時72公里

當局總共為美國陸軍運輸兵製造2120輛這種樸素的團結式重型貨運機車，其中800輛運往英國，D日登陸之後在歐洲使用。戰爭結束後，它們在歐洲各地的鐵路上運行，此外也出現在北非、中國、印度、南北韓等地。

▷ **USATC S100**
美國陸軍運輸兵S100型，1942年

車輪輪式	0-6-0T
汽缸數	2
鍋爐壓力	每平方公分14.8公斤
動輪直徑	1370公釐
最高速度	約每小時56公里

這款機車是為美國陸軍運輸兵生產的，共有382輛運往英國，並在1944年6月D日登陸之後在歐洲使用。英國南部鐵路後來購買了15輛，作為調車機車使用。

△ **Class V36 Shunter**
V36型調車機車，1937年

車輪輪式	0-6-0
傳動方式	液力
引擎	德意志造船廠（Deutsche Werke）／基爾機械製造廠（MAK）柴油引擎
總動力輸出	360匹馬力（268千瓦）
最高速度	約每小時60公里

這型的柴油機車有四根輪軸，但只有三對動輪，為德意志國防軍（Wehrmacht）生產，執行調車工作。戰爭結束後，它們在歐洲及北非各地廣泛使用。

▷ **裝甲車廂，1942年**

構型	四輪
容量	130人（整列）
結構	鋼製裝甲板
使用鐵路	德意志國防軍

這節迷彩車廂屬於德意志國防軍的BP42裝甲列車，負責在巴爾幹半島和俄國境內護送補給和運輸列車。裝甲列車中央是一輛有裝甲的57型0-10-0輪式蒸汽機車，其他部分則是搭載步兵、駕駛、高射砲和砲兵的車廂，此外還會加裝戰車砲塔。

▷ SR Class Q1
南部鐵路Q1型，1942年

車輪輪式	0-6-0
汽缸數	2（安裝在車身內）
鍋爐壓力	每平方公分16.17公斤
動輪直徑	1550公釐
最高速度	約每小時80公里

這種貨運機車是奧利佛・布立埃德為南部鐵路公司研製的，重量很輕，因此在公司大部分的路網上都能行駛。它共生產40輛，全都在英國鐵路的南區路線上持續服役到1960年代。本圖為當中的第一輛No. C1。

鐵道話題

馬里蘭車廂

1947年，美國記者德魯・皮爾森（Drew Pearson）開始幫助遭到戰火摧殘的法國和義大利人民。一列友誼列車在全美各地巡迴行駛，募集到價值4000萬美元的救濟物資。為了表達感謝，法國人也送了一列裝滿禮物的感恩列車到美國。這列感恩列車於1949年抵達紐約，由戰爭期間在歐洲運輸士兵和馬匹的篷車組成，共有49節車廂，每個州分得一節（不過哥倫比亞特區和夏威夷必須共享一節）。本圖中的馬里蘭車廂（Maryland Car）原本是1915年為巴黎、里昂與地中海鐵路（Paris, Lyon & Mediterranean Railway）打造的，目前在巴爾的摩的巴爾的摩與俄亥俄鐵道博物館中展出。

△ WD Austerity
戰爭局簡化版機車，1943年

車輪輪式	2-8-0
汽缸數	2
鍋爐壓力	每平方公分15.82公斤
動輪直徑	1430公釐
最高速度	約每小時72公里

這款貨運機車由里德爾斯（R.A. Riddles）為英國戰爭局設計，是LMS 8F型機車的「簡化」或低成本版本，共製造935輛，其中有許多在1944年6月D日登陸之後於歐洲大陸使用。戰爭結束後，有733輛在英國鐵路上服務，其餘的則在荷蘭、香港和瑞典運轉。

▽ Indian Class AWE
印度AWE型，1943年

車輪輪式	2-8-2
汽缸數	2
鍋爐壓力	每平方公分14.76公斤
動輪直徑	1562公釐
最高速度	約每小時100公里

這輛巨大的機車由鮑德溫機車廠為美國陸軍運輸兵生產，用來在二次大戰期間於印度牽引重運量的貨運列車。它們配備直徑達2134公釐的鍋爐，有40輛成為印度鐵路的AWE型機車。其中的一輛——No.22907維拉特號（Virat）——目前已在雷瓦里蒸汽機車機廠（Rewari Steam Loco Shed）恢復至可動狀態。

德意志國營鐵路 No.52.8184-5

德意志國營鐵路 52 型「戰時機車」是二次大戰期間為了德國的鐵路運輸專門建造的，設計簡單，並運用戰時可容易取得的材料生產。話雖如此，二次大戰結束很久以後，它在許多國家依然是牢靠的經典機車，這有一部分是因為它可以在輕便的軌道上牽引大量貨物。雖然它原本的設計只預期它有幾年的壽命，但結果卻經久耐用。

52型「戰時蒸汽機車」（Kriegs-Dampflokomotive）之所以誕生，是因為二次大戰期間德國既需要快速建造機車，又需要同時維持軍火的最大產能。生產計畫預計建造1萬5000輛機車，並且在歐洲各地的占領區生產。儘管實際上只有7000輛左右出廠，但德國的52型依然算是建造數量最多的機車型號之一。這幾頁介紹的機車是1944年在維也納生產的。

52型的十個動輪賦予它充足的摩擦力，可牽引高達2000公噸的重量，在平面上以每小時50公里的速度前進。此外它也擁有各式防凍設備，當戰火在冬季延伸到俄國內陸時相當有用。有些甚至配備可以把廢蒸汽回收成水的煤水車，這表示它們可以不必加水走上很遠的距離。

戰爭結束後，「戰時機車」繼續服役。有些經過現代化改裝並重新編號，包括現在這輛No.52.8184-5號車，目前保存在德國的斯塔司弗特（Stassfurt）。

正面圖

背面圖

Deutsche Reichsbahn

為戰爭而生
跟二次大戰期間絕大部分的德國工業一樣，德意志國營鐵路也要為戰爭服務。52型「戰時機車」堪稱是那段期間建造的戰爭機器的縮影。

規格說明

級別	52型或戰時機車一型	服役年分	1942年至今（No. 52. 8184-5）
輪式	2-10-0	汽缸數量	2
生產國	德國	鍋爐壓力	每平方公分16.3公斤
設計／建造者	軌道車輛主要工作小組（Hauptausschuß Schienenfahrzeuge）	動輪直徑	1400公釐
生產數量	約7000（52型）	最高速度	約每小時80公里

導煙板可使廢氣不遮擋司機的視線

汽包負責從鍋爐收集要使用的蒸汽

駕駛室完全封閉，可在寒冷的天候下保護工作人員

狹窄的煤櫃可讓司機擁有較佳的後方視野

無車架設計的水櫃可降低生產成本

簡單高雅

由於將設計減到最少，捨棄一切
多餘，因此52型機車才擁有如
此樸素的外觀。重要零組件也都
盡一切可能簡化。

52 8184-5

H. Unt
03.04
V

外觀

對戰時設計52型機車的人而言，外觀不是首要考量，但某些這型的機車後來接受了修改，讓簡陋的外觀多多少少柔和了些。由於把功能性擺在第一位，它們以簡易方式組裝，並使用易於取得的材料，重要零組件也容易取得。52型的外觀重點在於動輪較小，它們提供的是較大的牽引力道和較低的軸重，而不是高速度。很多「戰時機車」還有另一項外觀特徵，就是管狀的煤水車。

1. 機車前方的號碼牌 2. 煙箱門把手 3. 前頭燈 4. 前緩衝器 5. 煙囪 6. 十字頭總成 7. 關斷閥 8. 踏腳板下的檢查燈 9. 空氣幫浦 10. 輪組與連結桿 11. 儲氣槽 12. 駕駛室門與窗戶；在二次大戰期間，較小的窗戶可以降低機車被轟炸機發現的機率 13. 駕駛室踏階 14. 煤水車轉向架上的板片彈簧懸吊 15. 煤水車水櫃 16. 煤水車後方的車頂燈和號碼牌

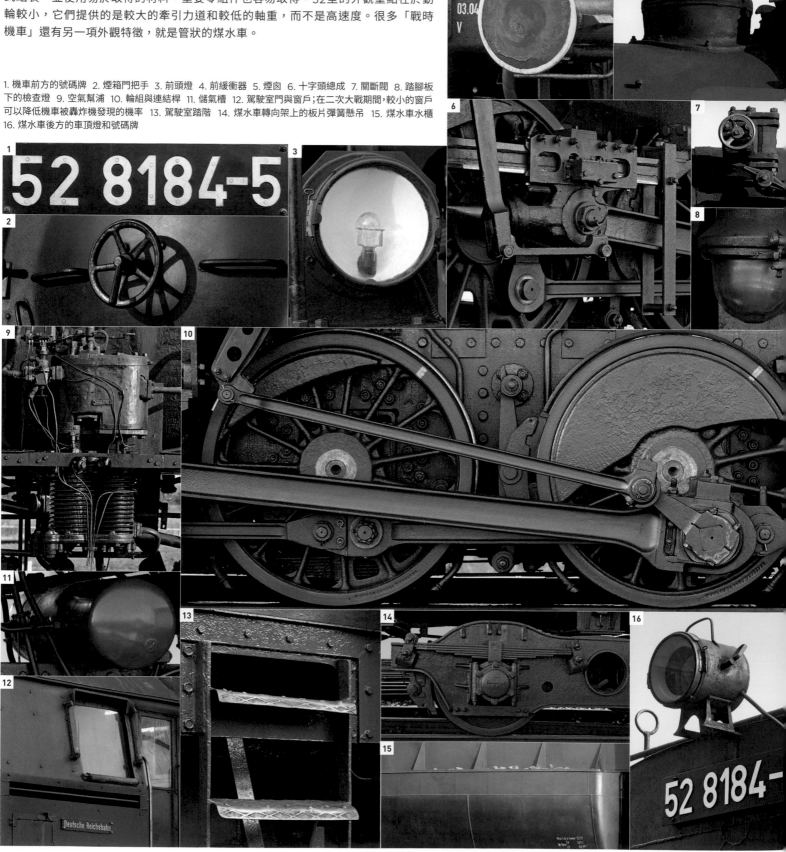

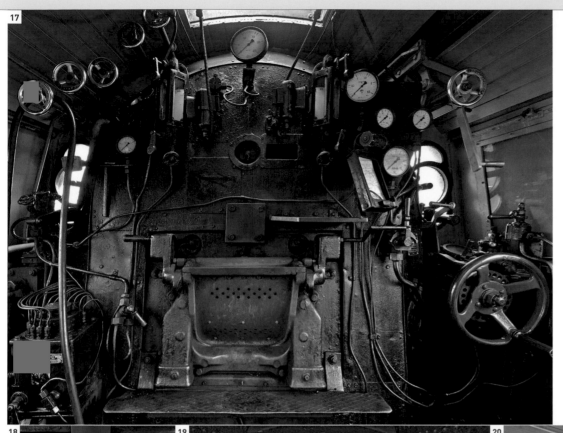

駕駛室內裝

為了在冬季防寒，「戰時機車」駕駛室的建造原則是實用簡樸，所有操作裝置的位置都便於人員使用。依照標準的德國配置規範，司機坐在右邊，司爐則在左邊。調節把手、逆轉機和司軔閥全都位於方便司機操作的地方，而司爐則可以很順手地調節注入鍋爐的水量。爐門是一塊可旋轉的板子，兩端附有把手，因此司機打開門後，司爐就可以把煤炭鏟進燃燒室裡。

17. 駕駛室內部景象 18. 火爐口 19. 燃燒室內部 20. 司爐位置的控制裝置 21. 潤滑器 22. 玻璃水位計 23. 砂箱控制器 24. 氣軔壓力計 25. 卓菲莫夫（Trofimoff）閥的使用說明 26. 逆轉機 27. 司軔閥 28. 電燈開關 29. 往煤水車的通道

戰時服役

鐵路在第二次世界大戰期間的重要性，可以從雙方都努力破壞對方鐵路網看得出來。在1940年到1942年，德國空軍對英國鐵路網發動超過1萬次空襲，但仍然無法阻止他們運輸國家所需的燃料、糧食、裝備和彈藥。德國的鐵路不只用來運送重要物資，還在史上最殘酷的種族屠殺中扮演重要角色——運送猶太人和其他族群前往死亡集中營。

在同盟國這邊，中東的伊朗縱貫鐵路（Trans-Iranian）讓波斯灣的石油可以源源不絕地供應蘇聯，而北美的列車則運送大量補給物資到大西洋沿岸各港口，再透過海路運往英國。

大量生產

1942年，當戰爭局勢開始對同盟國有利之後，他們就開始計畫入侵軸心國占領的歐洲。英國和美國都認知到鐵路是成功的重要關鍵，因此以史無前例的規模展開製造機車的計畫。到了1944年6月6日的「D日」，已有超過1000輛牽引補給列車用的嶄新機車生產出來，並馬上投入戰場。盟軍在1945年5月獲得最後勝利，儘管背後有諸多因素，但鐵路無疑扮演了關鍵角色。

11萬名英國鐵路工作人員在軍中服役，他們留下的空缺就由婦女志願役（Women's Voluntary Service, WVS）來填補。如圖，婦女志願役的成員正在倫敦、米德蘭和蘇格蘭鐵路的車庫中清潔機車。

美國邁入柴油時代

在20世紀，柴油機車可說是美國鐵路發展最偉大的進步。儘管柴油引擎在1890年代就有了，但真正的挑戰在於讓柴油引擎夠小、夠輕、可安裝在空間有限的機車上，但又維持馬力強勁，可以牽引列車。真正的突破在1935年，通用汽車（General Motors）發表他們的12汽缸2循環引擎，體積縮小23%，且因為使用輕量化合金的關係，還比之前的引擎輕了20%。在進入1940年代後，柴油開始征服美國。

◁ **Boxley Whitcomb 30-DM-31**
巴克斯利惠特康30-DM-31, 1941

車輪輪式	0-4-0
傳動方式	機械
引擎	八汽缸康明斯（Cummins）引擎
總動力輸出	150匹馬力（120千瓦）
最高速度	約每小時32公里

這種機車由伊利諾州洛歇爾（Rochelle）的惠特康（Whitcomb）公司生產，「30」指的是以公噸計算的機車重量範圍，「DM」指的是傳動方式（機械傳動柴油機車）。維吉尼亞州洛亞諾克（Roanoke）的巴克斯利材料公司（Boxley Materials Co.）在1953年從休士頓船造公司（Houston Shipbuilding Corporation）手中買下No.31號車。

◁ **VC Porter No. 3**
VC波特No. 3，1944年

車輪輪式	A1-A1
傳動方式	電力
引擎	不詳
總動力輸出	300匹馬力（224千瓦）
最高速度	約每小時32公里

波特公司（H.K. Porter Inc.）是美國最大的工業用機車製造商之一，到1950年為止，已經生產了8000輛左右。這輛連桿式調車機車波特No.3是為維吉尼亞中央鐵路（Virginia Central Railroad）建造的，也是28輛同級車當中最後建造的一輛，目前在維吉尼亞交通博物館中展出。

▷ **PMR GM EMD SW-1 No.11**
PMR通用汽車易安迪 SW-1 No.11，
1942年

車輪輪式	Bo-Bo
傳動方式	電力
引擎	易安迪 Model 567 V-6引擎
總動力輸出	600匹馬力（448千瓦）
最高速度	約每小時72公里

馬奎特神父鐵路（Pere Marquette Rail-way）的名稱得自17世紀一位在美加五大湖區傳教的法國耶穌會神父。通用電動SW-1型在1936年獲得採用，其中No. 11在1942年4月交付給這條鐵路，並開始在安大略的伊羅（Eireau）調度斗車，最後在1984年退役。

△ **GM Class E7a**
通用汽車E7A型，1945年

車輪輪式	A1A-A1A
傳動方式	電力
引擎	2 x 易安迪Model 567A 12汽缸引擎
總動力輸出	2000匹馬力（1491千瓦）
最高速度	約每小時137公里

通用汽車的E7型供應給超過20條鐵路使用，可以說是美國最早的標準柴油機車之一。在1945年和1949年之間，共生產了428組E7a有駕駛室機車和82組E7b輔助機車。值得一提的是，本圖的海灣、莫比爾和俄亥俄鐵路（Gulf, Mobile, & Ohio Railroad）No. 103號車曾經在電影《惡夜追緝令》（The Heat of the Night）中亮相。

△ **Baldwin Class DS-4-4-660**
鮑德溫DS-4-4-660型，1946年

車輪輪式	Bo-Bo
傳動方式	電力
引擎	四循環引擎
總動力輸出	660匹馬力（492千瓦）
最高速度	約每小時96公里

乞沙比克與西部鐵路公司（Chesapeake & Western）負責經營位於美國雪南多亞河谷（Shenandoah Valley）長度超過86公里的鐵路。1946年，這條鐵路接收了三輛柴油機車。由於柴油機車的營運成本每英哩只要25美分（蒸汽機要96美分），所以這對乞沙比克與西部鐵路來說是個轉捩點。No. 662號車在1964年退役，在報廢場內接受風吹雨打，之後才被捐贈給維吉尼亞交通博物館。

◁ **Ma&Pa GM EMD Type NW2**
馬里蘭與賓夕法尼亞鐵路通用汽車易安迪
NW2型，1946年

車輪輪式	Bo-Bo
傳動方式	電氣
引擎	12汽缸引擎
總動力輸出	1000匹馬力（750千瓦）
最高速度	約每小時97公里

這款機車最早在1939年引進。馬里蘭與賓夕法尼亞鐵路（一小段連接巴爾的摩與賓州的約克與漢諾威的鐵路）在1946年12月接收了兩輛通用汽車電氣動力部（EMD，也就是後來的易安迪）NW2型No.80和81號車。在1939到1949年之間，共有1145輛NW2型被運交給超過50家鐵路公司（馬里蘭與賓夕法尼亞鐵路只買了兩輛，但聯合太平洋鐵路卻買了95輛）。No.81號車自1997起成為賓夕法尼亞鐵道博物館的館藏。

戰後的美國

有些鐵路業者還不太相信柴油可以擁有媲美蒸汽的牽引力，但通用汽車的貨運展示車和原型車一旦消除了他們的疑慮，那經濟上的誘因就再也無法抗拒了。幹線用機車後來分成兩大類：棚式（cab unit）和罩式（hood unit）。棚式擁有時尚造型車身和色彩繽紛的塗裝，負責牽引高速列車，並有無駕駛室輔助機車提供額外動力。罩式扮演的則是吃苦耐勞的角色，它的一部或多部引擎、散熱器和輔助設備都安裝在底盤上方的平台上，駕駛室則位於某一端或中間。從蒸汽過渡到柴油大約花了20年時間。到了1960年，已有大約3萬4000輛柴油機車在美國運轉。

▷ **B&A GE 70-ton switcher**
巴爾的摩與安納波利斯鐵路GE 70噸調車機車，1946年

車輪輪式	Bo-Bo
傳動方式	電力
引擎	2 x 庫柏貝瑟莫（Cooper-Bessemer）FDL-6T 6汽缸4循環引擎
總動力輸出	660匹馬力（492千瓦）
最高速度	約每小時96公里

巴爾的摩與安納波利斯鐵路（Baltimore & Annapolis Railroad）本來是一條通勤路線，但在1950年敗給公路運輸，只得把把客運列車換成巴士。這家公司當年購買了唯一一輛柴油機車，也就是奇異公司的70噸調車機車No.50，用來牽引貨運列車。這款機車在1946年推出，是次要路線上重量輕、低成本的選擇，到1955為止共生產238輛。No.50號車在1986年退役，目前保存在巴爾的摩與俄亥俄鐵路博物館裡。

△ **Baldwin S12 switcher**
鮑德溫S12調車機車，1950年

車輪輪式	Bo-Bo
傳動方式	電力
引擎	德拉韋涅（De La Vergne）Model 606A SC四循環引擎
總動力輸出	1200匹馬力（895千瓦）
最高速度	約每小時96公里

S12調車機車配備馬力強大的Model 606A引擎渦輪增壓版本，因此以強大的牽引力出名，鮑德溫原本的No.1200號車就是個證明。本圖其實是厄爾（Earle）No.7號車，或根據營運者的記錄，是美國海軍的No.65-000369號車，只是經過塗裝假扮成了No. 1200號車。S12調車機車共生產451輛，在1951到1956年間共運交18輛給美國海軍，而這輛就在新澤西州厄爾的海軍彈藥庫服役。

▷ **B&O F7 Class**
B&O F7型，1949年

車輪輪式	Bo-Bo
傳動方式	電力
引擎	通用電動567B 16汽缸引擎
總動力輸出	1500匹馬力（1119千瓦）
最高速度	約每小時80-193公里

F7型是通用汽車F型機車中產量最多的型號，到1953年為止，共製造2341輛A式和1467輛B式（無駕駛室），它的速度變化是八種不同的齒輪比搭配出來的。儘管F7型機車是專門為貨運量身打造的，但許多美國鐵路公司卻把它用在第一線載客服務，直到1970年代。本圖中的No.7100號車由巴爾的摩與俄亥俄鐵路在1951年採購，並於1987年到1990年代間在馬里蘭區域通勤鐵路（Maryland Area Regional Commuter, MARC）上展開事業第二春。

◁ **N&W EMD GP9 Class**
諾福克與西部鐵路EMD GP9型，1955年

車輪輪式	Bo-Bo
傳動方式	電力
引擎	通用電動567C 16汽缸引擎
總動力輸出	1750匹馬力（1305千瓦）
最高速度	約每小時125公里

通用汽車的GP9型機車可說是美國最成功、最屹立不搖的柴油機車之一，儘管它的外型不算是最吸引人的。外觀並非美國和加拿大鐵路公司的首要考量，它們在1954年到1963年間共購買4087輛A種和165輛無駕駛室B種。No.521號車是諾福克與西部鐵路（Norfolk & Western）擁有的306輛GP9型機車之一，有許多在二級路線上和工業用戶手中使用，但有些一級路線還是用它們做為調車機車。

△ Budd RDC railcar
巴德軌道柴油客車，1949年

車輪輪式	Bo-2
傳動方式	機械
引擎	2 x 通用汽車Type 6-110六汽缸引擎
總動力輸出	275匹馬力（205千瓦）
最高速度	約每小時137公里

二次大戰後，巴德公司運用他們打造輕量化不鏽鋼車廂的專長來組裝柴油客車（柴聯車），做為二級路線和地方客運服務用車。原型車「軌道柴油客車」（Rail Diesel Car, RDC）在1949年推出，結果立即因為經濟效益獲得青睞，到了1962年就已經有398輛使用中。在西部，這款軌道柴油客車在猶他州鹽湖城（Salt Lake City）和加州奧克蘭（Oakland）之間長達1487公里的路線上沿途載客運行，此外也出口到澳洲、巴西、加拿大和法國。

◁ N&W ALCO T6 (DL440) Class
諾福克與西部鐵路美國機車公司T6（DL440）型，1958年

車輪輪式	Bo-Bo
傳動方式	電力
引擎	美國機車公司251B 6汽缸4循環引擎
總動力輸出	1000匹馬力（746千瓦）
最高速度	約每小時96公里

美國機車公司相信鐵路公司需要一種在調車場和終點站之間以較快速度牽引列車的調車機車，因此在1958年推出T6型機車。結果並非如此，因此到1969年只賣出57輛，其中諾福克與西部鐵路就占了38輛。No.41號車在1985年退役，目前保存在美國維吉尼亞交通博物館。

諾福克與西部鐵路
GP9型No. 521

美國最後一個從蒸汽轉換到柴油的主要鐵路公司，是以維吉尼亞州洛亞諾克為基地的諾福克與西部鐵路。這家公司為了淘汰蒸汽火車而採取了一些行動，例如某些路線上已經有電氣化列車。自 1955 年起，這家公司開始使用柴油機車，一開始是美國機車公司 RS-3 型，之後又跟通用汽車電氣動力部（EMD）採購 306 輛 GP9 型柴電機車。大部分 GP9 型都用來牽引貨運列車，但也有一些牽引客運列車，包括 No.521 號車在內。

通用汽車EMD通用系列（General Purpose, GP）鐵路柴油機車最早在1949年出現，並成為北美地區最成功的中功率柴油機車。這個系列的第一款是GP7型，在1949到1954年間生產，之後改良型GP9就跟著推出。這款機車外號「基普」（Geep），銷售數量龐大，目的是要取代1950年代依然在使用的蒸汽機車。「基普」不斷接受升級改良，最後一款「基普」是GP60型，生產到1994年。

501到521號機車是諾福克與西部鐵路採購的最後一批GP9型機車，並配備蒸汽鍋爐，可用來替旅客車廂加熱。剛開始它們取代了諾福克與西方鐵路在1950年代用來牽引客運列車的J型高速蒸汽機車，但等到客運業務結束以後，它們就和這家鐵路公司操作的另外285輛GP9型機車一起牽引貨運機車。1982年，諾福克與西部鐵路和南部鐵路合併，成為諾福克南部鐵路（Norfolk Southern Railway），至今依然是美國最大的一級鐵路公司之一。

正面圖

背面圖

特殊標誌
由於引進了新式的GP9型客運機車，機車車頭正面上掛了一塊較少見的黑底黃字諾福克與西部鐵路標誌圓板。

規格說明			
級別	GP9	服役年分	1958-85年（No. 521）
輪式	BoBo	傳動方式	電動
生產國	美國	引擎	通用電動567C 16汽缸引擎
設計／建造者	通用汽車電氣動力部	總動力輸出	1750匹馬力（1305千瓦）
生產數量	306（諾福克與西部鐵路GP9機車）	最高速度	約每小時125公里

諾福克與西部鐵路客運機車採用托斯卡紅（Tuscan red）塗裝

電軔格柵可讓制軔散熱

油箱可容納4090公升柴油

駕駛室頂蓋上裝有兩組汽笛

整輛機車四周裝有護欄

黃銅鐘用來在調車場或車站行駛時提醒工作人員或旅客注意

NORFOLK AND WESTERN

521

「紅雀」
諾福克與西部鐵路採購的最後21輛
GP9型客運機車採用特殊的托斯卡紅
塗裝,搭配黃色字體,因此得到「紅
雀」的外號。

外觀

GP9型機車的設計簡單粗獷，具備當時所有EMD機車的共同特點，像是美國標準的關節式連結器。這種連結器發展於1890年代，每一輛GP9型機車的車尾都有安裝。這些機車在1950年代如此暢銷的另一個原因，就是EMD各型機車的備用零件都可互換通用。

1. 機車車頭的號碼牌 2. 雙頭燈 3. 前往機車車頂的梯子 4. 電氣連接蓋
5. 關節式連結器 6. 柴油油箱蓋 7. 緊急燃料切斷裝置 8. 前踏階 9. 輪組
（轉向架）10. 駕駛室上方的汽笛 11. 機車轉向架彈簧 12. 氣軔軔缸 13. 電
軔格柵 14. 閘瓦 15. 後端的銅鐘 16. 駕駛室門

駕駛室內裝

駕駛室配備標準的EMD控制站，擁有用控制桿操作的動力、反向和司軔閥。機車和列車的制軔裝備並排在一起。機車頭不論是往哪個方向都可以加速到全速，而司機不論在駕駛室哪一端都可以有相當良好的前方視野。動力控制器（節流閥）有八個「凹口」，因此司機可以漸進加速或減速。

17. 駕駛室內部及司機駕駛台 18. 緊急制軔閥 19. 擋風玻璃雨刷馬達 20. 雨刷開關 21. 司軔閥 22. 警告標語 23. 車速表 24. 控制面板斷路器開關 25. 氣軔計 26. 負荷指示器 27. 油門

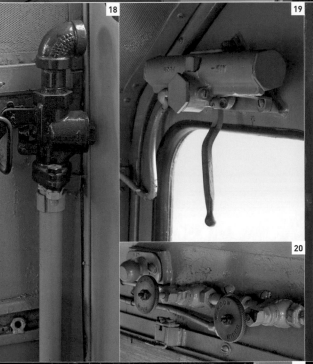

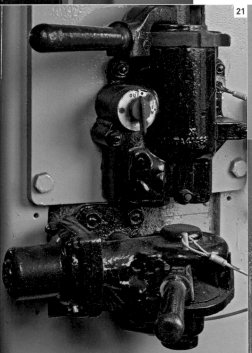

不列顛的變革

1940年代，英國鐵路系統主要由四大公司和許多規模較小的輕便鐵路組成。1948年，這四大公司和大部分較小的鐵路公司都被收歸國有，統一由新成立的英國鐵路公司管理。新公司委託撰寫一份報告，研究如何減少航空和公路運輸的競爭所帶來的損失。這份報告稱為〈現代化計畫〉（Modernisation Plan），在1954年12月1日提交，裡面提出幾項建議，包括淘汰所有蒸汽機車。「先導計畫」柴油機車在1950年代末期進行測試，以找出要大量採購的機車種類。而在接下來的十年裡，公司就採購了數以千計的新式柴油機車。

△ **BR (W) Gas Turbine No.18000**
英國鐵路西部區燃氣渦輪No.18000，
1949年

車輪輪式	A1A-A1A
傳動方式	電力
引擎	布朗博韋里燃氣渦輪引擎
總動力輸出	2500匹馬力（1865千瓦）
最高速度	約每小時145公里

這輛革命性的機車在1949年由瑞士交付給英國鐵路，並在英國鐵路西部區運行十年。1965年，它被運往瑞士和奧地利進行研究，1994年回到英國並保存至今。

△ **BR Class 08**
英國鐵路08型，1953年

車輪輪式	0-6-0
傳動方式	電力
引擎	英國電氣6KT引擎
總動力輸出	350匹馬力（261千瓦）
最高速度	約每小時32公里

08型機車以倫敦、米德蘭和蘇格蘭鐵路在戰時訂購的柴油調車機車為基礎研發，在1953到1959年之間由英國鐵路的五座工廠生產超過950輛，此外也製造了幾批數量較少但使用不同引擎的類似車款。60年後，這款機車仍有一些在服役，而No. 08 604幽靈號（Phantom）目前保存在英國迪德科特鐵路中心。

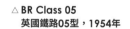

△ **BR Class 05**
英國鐵路05型，1954年

車輪輪式	0-6-0
傳動方式	機械
引擎	嘉德納（Gardner）8L3引擎
總動力輸出	201匹馬力（150千瓦）
最高速度	約每小時27公里

這款機車是1950年代提交給英國鐵路的幾種小型調車機車的設計之一，之後歸類為05型，在1954年到1961年間生產69輛。不過由於英國鐵路的路網因為比欽報告（Beeching Report）而裁撤，原本要運用它們的貨運業務消失，所以服役超過十年的沒幾輛。

◁ **English Electric prototype**
Deltic
英國電氣岱爾提克原型車，
1955年

車輪輪式	Co-Co
傳動方式	電力
引擎	2 x 納皮爾岱爾提克（Napier Deltic）D18–25引擎
總動力輸出	3300匹馬力（2460千瓦）
最高速度	約每小時171公里

英國電氣以試驗為前提製造這輛岱爾提克機車，它是五級岱爾提克D9000 55型柴油機車的原型車，共採購22輛，在倫敦到約克及愛丁堡的東海岸路線上行駛。它們取代了知名的倫敦與東北鐵路設計的A4太平洋式機車。

18000

▷ **BR Type 1 Class 20**
英國鐵路一級20型，1957年

車輪輪式	Bo-Bo
傳動方式	電力
引擎	英國電氣8SVT MkII引擎
總動力輸出	986匹馬力（735千瓦）
最高速度	約每小時121公里

在現代化計畫中的所有機車裡，這型是最成功的之一，1957到1968之間總共為英國鐵路製造了227輛。這款機車很少用於客運業務，但可以多輛聯結，用來牽引重運量列車。有些英國貨運業者在60年後的今日依然在使用它們。

◁ **BR Class 42**
英國鐵路42型，1958年

車輪輪式	B-B
傳動方式	液力
引擎	2 x 麥巴赫MD650引擎
總動力輸出	2100匹馬力（1566千瓦）
最高速度	約每小時145公里

這款機車以西德成功的V200機車為基礎研發，並使用相同的引擎。它們被稱為「軍艦號」，主要由英國鐵路用在西部區，由倫敦帕丁頓前往德文、康瓦耳和南威爾斯，直到在1972年退役。本圖為No.801先鋒號（Vanguard）。

▷ **BR Type 4 Class 40**
英國鐵路四級40型，1958年

車輪輪式	1Co-Co1
傳動方式	電力
引擎	2 x 英國電氣16SVT MkII引擎
總動力輸出	1972匹馬力（1471千瓦）
最高速度	約每小時145公里

這款機車用來取代牽引特快列車的最高速蒸汽機車，一開始是在倫敦和諾里治（Norwich）之間，之後就涵蓋英國全境。它最早的先導批次共有十輛，到了1962年，最後一型的生產數量就已增加到200輛。

△ **BR Class 108**
英國鐵路108型，1958年

車輪輪式	2車廂車組
傳動方式	機械
引擎	2 x 英國聯合牽引（BUT）／禮蘭（Leyland）6汽缸引擎
總動力輸出	300匹馬力（224千瓦）
最高速度	約每小時113公里

英國鐵路的現代化計畫淘汰了蒸汽機車，並訂購超過4000輛柴油車組。這些可自力行駛的「德比輕型車」（Derby Lightweight）列車操作成本比它們取代的蒸汽機車低廉許多。

岱爾提克原型車

英國電氣的岱爾提克原型車在 1955 年首度接受測試，是它的時代裡全世界速度最快的柴油機車。它使用納皮爾岱爾提克研發給海軍巡邏快艇使用的引擎，結果表現十分優異，且重量也比當時的機車更輕。英國鐵路在 1958 年訂購 22 輛岱爾提克的量產型，英國於是開始擁有時速達 161 公里的特快列車。

納皮爾岱爾提克引擎的布局相當獨特，也就是六個汽缸組成三個汽缸排，排列成三角形。為了讓每組汽缸都可以有效運轉，汽缸組的曲軸運動方向會和另外兩組曲軸相反。結果研發出的對衝活塞引擎不但體積小，而且馬力非常強勁。它的重量輕，一輛六軸的機車可以同時安裝兩具調降功率的海軍用引擎，產生的動力使岱爾提克原型車成為當時性能最猛的柴油機車。

英國鐵路自1955年起開始測試岱爾提克原型車，剛開始是在西海岸路線上，從倫敦到利物浦與卡來爾。由於這輛機車是製造商英國電氣的資產，因此公司的工程師會參與每一趟測試行程。自1959年起，它開始在東海岸路線上行駛，從倫敦前往約克和愛丁堡。岱爾提克就是在這裡展現優異性能，因此拿下了22輛的訂單，只是車身稍微縮小一些，以取代55輛牽引特快客運列車的蒸汽機車。岱爾提克原型車在1961年退役，轉贈給倫敦的科學博物館收藏，今日則是英國國家鐵道博物館的珍藏之一。

側面圖

正面圖

主要製造商
岱爾提克原型車由英國電氣製造，是英國電氣的財產。這間英國大型工程公司在1918年成立，生產了數以百計的柴油和電力機車，直到1968年。

規格說明	
級別	岱爾提克原型車
輪式	Co-Co
生產國	英國
設計／建造者	英國電氣／伏爾鏗鑄造廠
生產數量	1
服役年分	1955-61年
傳動方式	電動
引擎	兩具納皮爾岱爾提克D18-25柴油引擎
總動力輸出	3300匹馬力（2460千瓦）
最高速度	約每小時171公里

機車兩端都設有寬敞的駕駛室

引擎室內有兩部納皮爾岱爾提克引擎和兩部發電機

銘牌比較特別，因為原型車沒有編號，只有名字

亮藍色搭配奶油色和金色的塗裝以原型車而言相當獨特，且這種塗裝對英國機車來說是空前絕後

DELTIC

美式外觀

岱爾提克的頭燈是它圓潤的北美風格的一部分。
但實際上,它的頭燈從來沒有使用過,因為它從
未離開英國本土到其他地方測試。

外觀

岱爾提克原型車在建造時已經考量到日後外銷世界各國的可能性，因此採用自1940年代起就已經在使用的美國流線型柴油機車的相似設計。1955年開始上路測試時，亮藍色搭配奶油色和金色的塗裝讓它在其他所有英國機車之間獨樹一格。它的設計具備多種屬於那個時代的創新特色，像是可縮回的階梯、流線型照明燈和緩衝器。

1. 油漆彩繪銘牌　2. 大型頭燈安裝空間（從未安裝燈具）　3. 流線型電標誌燈　4. 前緩衝器　5. 前連結鉤　6. 喇叭支架　7. 擋風玻璃和雨刷　8. 砂箱　9. 折疊式鍍鉻踏階　10. 氣軔鍊　11. 位於引擎中央的排氣口　12. 通往駕駛室門的金屬踏階　13. 板片彈簧懸吊　14. 油量表　15. 供電插座

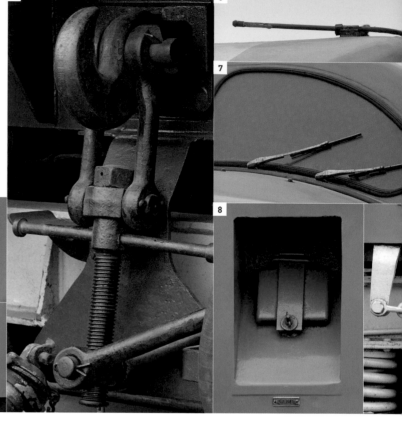

引擎室

岱爾提克引擎體積小巧，它的設計源自第二次世界大戰德國的容克斯（Junkers）飛機引擎。它以鋁合金製成，設計以輕量化為目標。把引擎安裝到機車上是一項工程挑戰，因為英國火車的車輛斷面界限（最大高度及寬度）比歐洲鐵路系統的要小。

16. 納皮爾岱爾提克引擎　17. 引擎頂端的控制器　18. 蒸汽加熱鍋爐

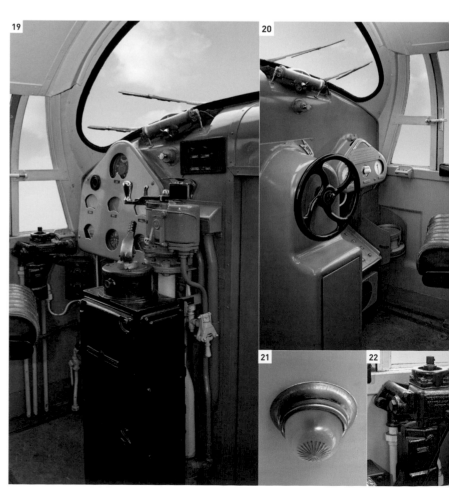

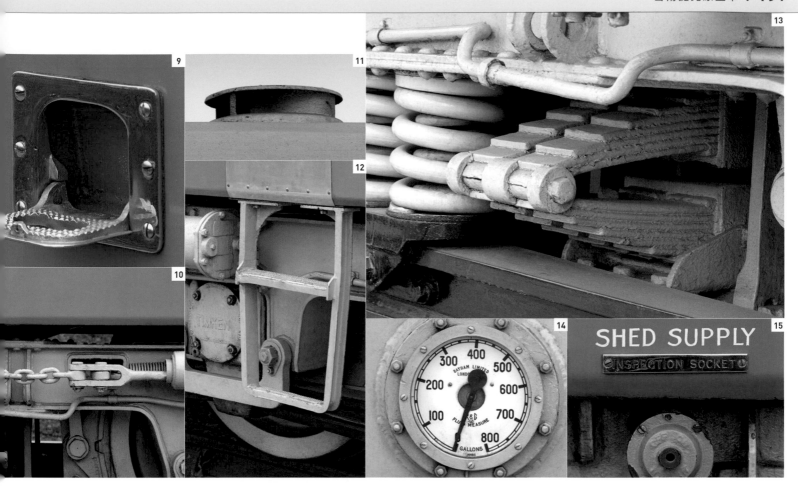

駕駛室內裝

機車兩端設有相同的駕駛室，位置較高，且有兩片式擋風玻璃，因此都擁有相當開闊良好的前方視野。當運轉速度達到每小時161公里時，良好的前方視線是行車安全的重要關鍵。岱爾提克原型車由兩人負責操作，一人負責駕駛，另一人負責監看輔助設備，例如蒸汽加熱等。

19. 駕駛室左側 20. 駕駛室右側 21. 天花板上的警告燈 22. 西屋（Westinghouse）真空制軔 23. 雨刷馬達 24. 駕駛儀表板 25. 機車制軔（上）和動力控制桿（下） 26. 橘色導線管 27. 通往車鼻的維修門 28. 位於車鼻內的真空排氣機 29. 手軔轉盤 30. 蒸汽加熱控制器

歐洲追隨美國的腳步

當歐洲開始從二次大戰造成的混亂與破壞中復甦時，
許多鐵路公司都以美國作為未來計畫的藍本，因為在
美國，柴油已經取代蒸汽將近十年。許多製造商選擇
各式各樣的柴油引擎，為歐洲各國的鐵路打造不同的
機車。柴油機車雖然售價高，但操作成本低廉，於是
取代了耗費人力的蒸汽機車。在大多數國家，這個取
代的過程是漸進的。在西德，有些蒸汽機車直到
1977年都還在服役，而在東德更是從未消失。

▽ **DB V200 (Class 220)**
德意志聯邦鐵路 V200（220型），1954年

車輪輪式	B-B
傳動方式	液力
引擎	2 x 麥巴赫MD650引擎
總動力輸出	2170匹馬力（1618千瓦）
最高速度	約每小時140公里

220型於1950年代中期設計出來，目的是要取
代牽引高運量特快客運列車的蒸汽機車。後來
因為鐵路電氣化的關係，在1960和1970年代改
派到比較不重要的路線上。1984年，這款機車
全部從德意志聯邦鐵路退役，但有許多轉到了
希臘、瑞士和義大利的鐵路
公司繼續運轉。

△ **NSB Class Di3**
挪威國家鐵路Di3型，1955年

車輪輪式	Co-Co
傳動方式	電力
引擎	通用電動16-567-C引擎
總動力輸出	1750匹馬力（1305千瓦）
最高速度	約每小時105公里

瑞典努奎斯特霍姆公司（Nydqvist & Holm AB）在
美國主要柴油機車製造商易安迪（EMD）的授權
下生產柴油機車，當時易安迪屬於通用汽車所
有。除了Di3型機車有兩款賣給挪威國家鐵路
（Norges Statsbaner AS, NSB）以外，類似的機
車也賣給丹麥和匈牙利。目前有幾個歐洲國家的
貨運業者依然使用這輛機車。

柴油調車機車

雖然幹線上的大型柴油機車比較受人矚目，但在調車場使用
柴油機車也是相當大的變革。耗費人力的蒸汽機車需要一整
個操作團隊，而且即使在休息的時候也要保持「蒸汽夠用」。
但柴油機車只要一個人就可操作，休息的時候熄火就好。車
組員的工作條件也有改善，而且在許多狀況下，駕駛室的視
野也同樣有所改善。大家甚至在二次大戰前就已經承認了柴
油機車的優點，因此到了戰後，它們的使用就愈來愈普遍，
許多1950年代的設計，使用時間都相當久。

△ **SNCF Class C61000**
法國國鐵C61000型，1950年

車輪輪式	0-6-0
傳動方式	電氣
引擎	蘇爾壽（Sulzer）6 LDA 22引擎
總動力輸出	382匹馬力（285千瓦）
最高速度	約每小時60公里

C61000型機車在1945年二次大戰一結束
就馬上獲得訂單，但一直要到1950年到
1953年才運交，共48輛。它們主要用來
在調車場調車，或是承接短程貨運工作。
它們當中有12輛和有動力的輔助機車搭
配，來提高調車時所需的牽引力道。

△ DB VT11.5 (Class 601/602)
德意志聯邦鐵路 VT11.5（601/602型），
1957年

車輪輪式	B'2+2'2'+2'2'+2'2'+2'2'+2'2'+2'B
傳動方式	液力
引擎	2 x MTU引擎
總動力輸出	2060匹馬力（1536千瓦）
最高速度	約每小時160公里

601型車組是頭等艙專用的柴油動力車組，在1957年到1972年間供全歐特快車使用，前往巴黎、米蘭、阿姆斯特丹和奧斯坦德（Ostende）。自1970年起，有一些被改裝成602型，配備2145匹馬力（1600千瓦）的燃氣渦輪引擎，取代原本的兩部柴油引擎。這種車組在1990年退役。

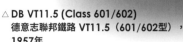

△ SNCF Class CC 65000
法國國鐵CC 65000型，1957年

車輪輪式	Bo-Bo
傳動方式	電氣
引擎	2 x 阿爾薩斯機械製造公司（SACM）MGO VSHR V12引擎
總動力輸出	1824匹馬力（1360千瓦）
最高速度	約每小時130公里

因為外型的緣故，這款機車被取了個外號叫「潛艇」。法國國家鐵路共採購20輛，以取代在法國西部運行的蒸汽機車。它們在那裡一直服役到1980年代，並於1988年全部退役。它們還是新車時就經過廣泛測試，製造商阿爾斯通（Alsthom）把它銷往國外——阿爾及利亞購買37輛，阿根廷購買25輛。

◁ DB VT98 (Class 798)
德意志聯邦鐵路 VT98（798型），
1955年

車輪輪式	單車組軌道客車
傳動方式	機械
引擎	2 x 布辛（Büssing）AG U10引擎
總動力輸出	295匹馬力（220千瓦）
最高速度	約每小時90公里

這款軌道客車在1953到1962年間由西德採用，剛開始是單引擎的VT95版，之後就是這輛馬力更強的雙引擎VT98。總計有913輛有動力的車廂和1217輛無動力掛車（兩種版本合計）取代蒸汽機車，行駛在西德的鄉間路線上。

◁ PKP Class SM30
波蘭國家鐵路SM30型，1957年

車輪輪式	Bo-Bo
傳動方式	電力
引擎	沃拉廠（Wola）V-300引擎
總動力輸出	295匹馬力（220千瓦）
最高速度	約每小時60公里

這是波蘭設計建造的第一款柴電機車，早期型號採用原本是設計給戰車使用的引擎。1956年到1970年之間，波蘭南部赫扎努夫（Chrzanów）的波蘭第一機車製造廠（Fablok）共生產了909輛，許多由工業用戶使用，波蘭國家鐵路（Polskie Koleje Panstwowe, PKP）接收302輛，有些到2014年仍在使用。

△ DR V15 (Class 101)
德意志國營鐵路V15（101型），
1959年

車輪輪式	0-4-0
傳動方式	液力
引擎	6 KVD 18 SRW引擎
總動力輸出	148匹馬力（110千瓦）
最高速度	約每小時35公里

東德V15（還有之後的V18）柴油機車生產數量龐大，提供給德意志國營鐵路和工業用戶使用，像是鐵工廠和礦坑等。它由卡爾馬克斯巴貝斯柏格人民機車製造廠（VEB Lokomotivbau Karl Marx Babelsberg）出產，也出口了許多到其他東方集團國家。

鐵道壯遊：
藍色列車

藍色列車（The Blue Train）是世界最奢華的列車之一。它以「車輪上的飯店」自居，在南非境內從開普敦行駛 1600 公里前往普利托利亞（Pretoria），沿途景色從鬱鬱蔥蔥的葡萄園到崎嶇的半沙漠地帶都有。

藍色列車的前身在1890年代開始服役，搭載停泊於開普敦的聯盟城堡航運（Union-Castle）客輪的旅客前往北邊的黃金和鑽石礦區。這種早期列車很快就開始提供更舒適的鐵道運輸服務來滿足探勘者和富裕旅客的需求。1923年，豪華的開普敦至約翰尼斯堡列車有了「聯盟列車」這個名字。聯盟快車（Union Express）從開普敦前往約翰尼斯堡，回程則由聯盟特快車（Union Limited）負責。到了1928年，這些火車已經有了冷熱水和暖氣車廂等設備。1933年增添了餐車，1939年又加裝空調系統。獨樹一格的藍色塗裝則是在1936年引進的。

第二次世界大戰爆發後，列車自1942年起暫停服務。1946年，列車恢復營運，而大家口中的「那些藍色火車」也在同年採用了「藍色列車」做為官方名稱。它們之後曾經歷兩次改裝，一次是在1970年代，另一次是在1990年代。

今日，舖有地毯的隔音包廂全都有自己的浴室（豪華套房還有正常尺寸的浴缸）。車廂地板下有加熱系統，餐車提供美味佳餚，還有兩個交誼廳車廂和一個觀景車廂（可改裝成會議車廂），此外還有24小時管家服務與洗衣服務。每輛車廂的裝飾都獨一無二，全是樺木鑲板、大理石飾板以及鍍金配件。

從開普敦出發
藍色列車離開開普敦，前往北方的普利托利亞，遠方背景就是聞名遐邇的桌山（Table Mountain）。

藍色列車標誌

今日的路線

藍色列車的營運範圍曾經遠達辛巴威的維多利亞瀑布（Victoria Falls），但這條路線如今已經停止營運。還有另外幾條路線仍在營運，但只能以包車方式搭乘。這班列車的表訂路線是從開普敦前往普利托利亞，途經開普酒鄉（Cape winelands），並經由一連串隧道從高聳壯麗的女巫河山脈（Hex River Mountains）底下鑽過，然後進入一片稱為小卡魯（Klein Karoo）的乾燥之地。列車在這裡停靠馬奇斯芳田（Matjiesfontein），這個城鎮於1884年在一座火車休息站周圍興起，目前依然保留著維多利亞時代風情。列車接著繼續前往普利托利亞，途經大卡魯（Great Karoo）的半沙漠景觀。而在從普利托利亞出發的返程上，旅客可下車探訪採礦城鎮慶伯利（Kimberley），這裡就是1870年代展開的鑽石熱潮的發源地，之後再繼續前往開普敦。

奢華的悠閒時光

藍色列車上有兩個富麗堂皇的交誼廳，採預約制，旅客可在這裡享受五星級的尊榮服務。一旦上了火車，所有飲食一律不必另外付費。

馬奇斯芳田： 2
這座雅致的小鎮只有一條街，卻宛如博物館，現在主要是觀光景點。

女巫河河谷： 1
列車穿越河谷中的葡萄園，並駛過女巫河山脈下的四座隧道。這個名稱源自當地傳說中一個陰魂不散的女孩。

大卡魯沙漠

桌山

帕爾

伍斯特

馬奇斯芳田

喬治

開普敦

5

凱曼斯河（Kaaimans River）
這條路線會越過凱曼斯河口並穿過七座隧道。

7 如雷鳴般的煙霧：
維多利亞瀑布是辛巴威和尚比亞邊界的其
中一段，是全世界最大的瀑布，也曾經是
這條路線在停止營運前的壯麗終點。

普利托里亞至維多利亞
瀑布（服務中止）
全長1595公里；兩天兩
夜。由於辛巴威政治動
盪，加上軌道缺乏維護、
鐵路關稅飆漲，本路段服
務在1990年代中止。

辛巴威

普倫垂　　布拉瓦約

波札那

馬哈拉普葉

普利托里亞至霍德斯普
魯伊特（僅限包車）
全長450公里，21小時。
定期服務在2006年終止。

克魯格
國家公園

高原地帶
這段鐵路旅程的最高點
就在約翰尼斯堡地區。

霍德斯普魯伊特

灌叢地遊憩
包車旅客可以在這裡的
私人狩獵小屋中過夜。

嘉伯隆里

洛巴策

普利托里亞

索威多
約翰尼斯堡

史瓦濟蘭

克勒斯多

4 大洞：
因為發現鑽石，所以有了這座「只
憑十字鎬和鏟子挖出的世界最大人
造洞穴」。

慶伯利

賴索托

千丘之谷（Valley of 1000 Hills）
這個名稱源自木蓋尼河（Umgeni
River）旁連綿起伏的綠色山丘。這塊地
從火車上就可看見，曾經是祖魯（Zulu）
國王恰卡（Shaka）的戰場。

皮特馬利茲堡

德班

德阿爾

南非

3 卡魯：
大部分旅程都會經過半沙漠的卡魯。這
裡曾經是廣闊的內陸海，現在則是一片
滿是灌木叢和低矮山丘的遼闊景觀。

6 德班海濱地區：
由於是亞熱帶氣候，還有溫暖
的海水，德班是全年無休的度
假勝地。

開普敦至伊利薩白港
（只有包車，目前暫停服務）
全長1067公里；兩天兩夜。定期
服務在2006年終止。

伊利薩白港

印
度
洋

北

| 0 | 100 | 200 | 300 公里 |

圖例
● 起點／終點站
● 主要車站
▦ 主要路線
▦ 結束營運路線
▦ 其他路線

非洲之旅

藍色列車行經多種不同的地貌，從綠意盎然的
開普到一片荒蕪的卡魯。旅途中的停靠站反映
出南非過去的殖民歷史，以及這個國家鼎盛時
期的富裕泉源。

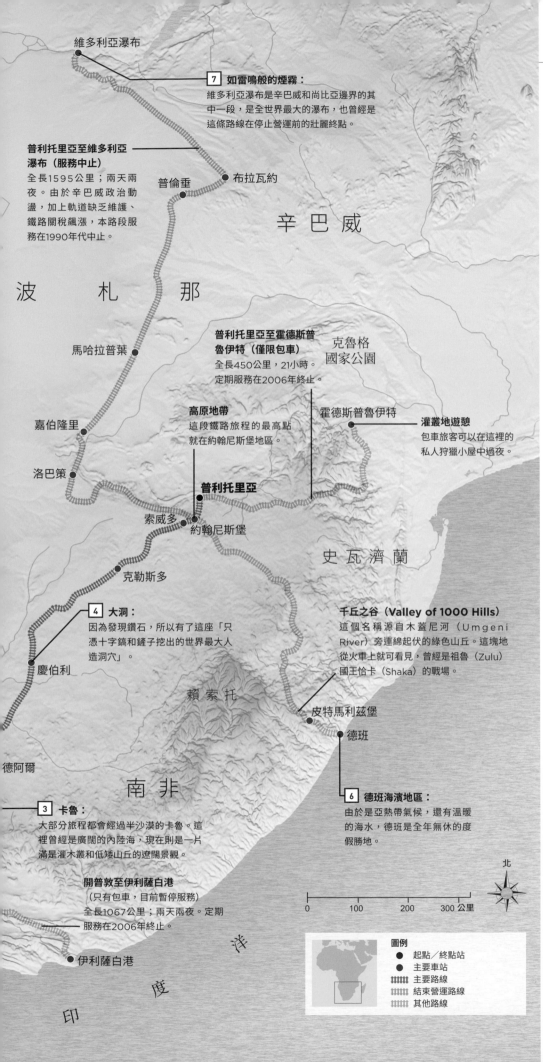

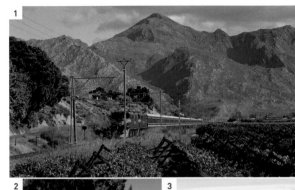

電力機車

在20世紀初，有幾條歐洲鐵路已經開始在瑞士和奧地利山區的幹線上使用電力機車而非蒸汽機車——是最早運用這種強大新科技的先驅者之一。在歐洲幾乎所有地方，擴展電氣化鐵路的計畫都因為二次大戰爆發而推遲，因為大戰導致許多鐵路基礎設施被破壞殆盡。戰後重建工程開始之後，大部分歐洲國家都轉而選擇電氣化鐵路，因此電氣化列車在1950年代被大規模引進。

△ **BR Class 70 No.20003**
英國鐵路70型No.20003，1948年

車輪輪式 Co-Co
電源供應 750伏特直流電，第三軌、架空電車線供應
額定功率 2200匹馬力（1641千瓦）
最高速度 約每小時120公里

繼兩輛類似的機車（CC1/CC2）在1941年交付給南部鐵路之後，No. 20003號車也在1948年於肯特的阿什福德機車廠為英國鐵路生產。和之前的那兩輛一樣，它也使用到1960年代末，主要是在倫敦往布來頓幹線及其他索塞克斯路線上運行。

◁ **BLS Ae 4/4**
伯恩－勒奇山－辛普倫鐵路（BLS）Ae 4/4，1944年

車輪輪式 Bo-Bo
電源供應 15 kV交流電，16 2/3 Hz，架空電車線供應
額定功率 3950匹馬力（2946千瓦）
最高速度 約每小時126公里

Ae 4/4機車在二次大戰期間的瑞士設計製造，具備革命性的設計，使用輕量化鋼質車身，搭配雙軸轉向架。它可產生將近4000匹馬力（2984千瓦），相當於兩輛或三輛蒸汽機車。這些設計原理從此之後就用在其他電力機車上。

▽ **SNCF Class BB 9000**
法國國鐵BB 9000型，1954年

車輪輪式 Bo-Bo
電源供應 1500伏特直流電，架空電車線供應
額定功率 4000匹馬力（2983千瓦）
最高速度 約每小時331公里

這是1952-54年交付給法國國鐵的兩組實驗型特快客運列車用機車之一，使用雙軸轉向架。BB 9003和9004號車由法國的喬蒙施耐德（Jeumont Schneider）製造。1955年3月29日，BB9004和CC7107號車打破機車速度的世界紀錄，達到每小時331公里，一直保持到2006年才被打破。

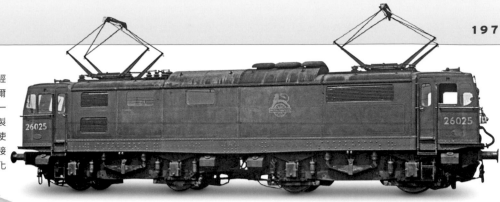

▷ **BR Class EM1/Class 76**
英國鐵路EM1/76型，1954年

車輪輪式	Bo-Bo
電源供應	1500伏特交流電，架空電車線供應
額定功率	1868匹馬力（1393千瓦）
最高速度	約每小時105公里

這款機車是為電氣化的曼徹斯特經伍德海德（Woodhead）到雪菲爾（Sheffield）的路線打造的，第一輛原型車於1940年為英國鐵路製造，但因為二次大戰的關係從未使用。1947到1952年間它在荷蘭接受測試，並在伍德海德線的電氣化工程完工後被送回。

◁ **FS Class ETR**
義大利國家鐵路ETR型，1952年

車輪輪式	7車組電聯車
電源供應	3000伏特直流電，架空電車線供應
額定功率	3487匹馬力（2600千瓦）
最高速度	約每小時200公里

「方塊七號」（Settebello，源自義大利的一種紙牌遊戲名稱）的特色是駕駛室位於車頂上，車頭設有全景瞭望包廂，頭等艙座位只有11席，堪稱當時融合高速和奢華的經典之作。義大利國家鐵路在1950年代初引進它們，目前仍有一列保存下來。

▷ **BR Class AL1/Class 81**
英國鐵路AL1/81型，1959年

車輪輪式	Bo-Bo
電源供應	25 kV交流電，架空電車線供應
額定功率	3200匹馬力（2387千瓦）
最高速度	約每小時161公里

這是英國製造的第一款交流電電力機車，專為從倫敦前往伯明罕、曼徹斯特、利物浦的英國第一條25 kV交流電電氣化幹線鐵路打造。和英國鐵路81型機車一樣，這些機車一直服役到1991年。

▽ **DB Class E41/141**
德意志聯邦鐵路 E41/141型，1956年

車輪輪式	Bo-Bo
電源供應	15 kV交流電，16⅔ Hz，架空電車線供應
額定功率	3218匹馬力（2401千瓦）
最高速度	約每小時120公里

1950年代西德鐵路進行大規模電氣化計畫，因此大量訂購了幾款「通用型」的機車，由德國所有主要機車製造商組成的集團負責生產。E41是針對輕運量客運列車和貨運列車的通用設計，從1956到1971年間共生產451輛，目前已全部退役。

戰後的蒸汽機車

雖然鐵路在二次大戰期間的歐洲扮演了舉足輕重的戰略角色，但戰火的摧殘、工業的破壞和原物料與燃料的短缺，為歐陸描繪出慘淡的前景。英國的鐵路和工廠逃過了最嚴重的破壞，加上有一些創新設計師，例如奧利佛‧布立埃德和里德爾斯，因此在戰爭即將結束時，英國就已經推出了成功但樸素的新式機車。反之，在歐洲大陸，各國鐵路都忙著重建飽受戰火摧殘的路網和列車，大量採購馬力強勁的美國和加拿大機車。因為租借法案和1948年馬歇爾計畫（Marshall Plan）的緣故，美加兩國都卯足了勁生產。

△ **SNCF 141R**
法國國鐵141R型，1945年

車輪輪式	2-8-2
汽缸數	2
鍋爐壓力	每平方公分15.82公斤
動輪直徑	1650公釐
最高速度	約每小時100公里

141R型機車性能優異，養護成本低廉，由美國和加拿大眾多製造商為法國國鐵生產，在1945到1947年間共出產1323輛。它們以租借法案的名義供應，用來取代在第二次世界大戰期間損失的機車，當中有一半左右是燃油機車，有許多直到1970年代仍在運轉。

△ **Hunslet Austerity**
亨斯萊特簡化版機車，1944年

車輪輪式	0-6-0ST
汽缸數	2（安裝在內部）
鍋爐壓力	每平方公分11.95公斤
動輪直徑	1295公釐
最高速度	約每小時56公里

這款機車由里茲的亨斯萊特機車公司設計。二次大戰期間，英國戰爭局選它做為標準調車機車，於1944年引進。最早的幾批曾在歐洲與北非服役，同時也在英國各地的軍事基地和港口使用。

▷ **SNCB 29**
比利時國家鐵路29型，1945年

車輪輪式	2-8-0
汽缸數	2
鍋爐壓力	每平方公分16.24公斤
動輪直徑	1500公釐
最高速度	約每小時96公里

這款性能優良的客貨兩用機車在二次大戰後以租借法案的名義在加拿大生產，以幫助被破壞的比利時國家鐵路（Société Nationale des Chemins de fer Belges, SNCB）恢復運輸。這款機車共生產180輛，而其中No.29.013號車被保存下來，目前在夏比克（Schaarbeek）的比利時國家鐵道博物館展出。

◁ **SR Bulleid Light Pacific**
南部鐵路布立埃德太平洋式輕型機車，1945年

車輪輪式	4-6-2
汽缸數	3（1組安裝在車身內）
鍋爐壓力	每平方公分19.68公斤
動輪直徑	1880公釐
最高速度	約每小時129公里

奧利佛‧布立埃德的「不列顛之役」（Battle of Britain）和「西部鄉野」（West Country）型太平洋式輕型機車是根據戰時條件建造的，融入許多降低成本與創新的特徵。1945到1951年間，共有110輛為南部鐵路和英國鐵路生產。它們的表現相當好，但煤炭消耗率卻很高，因此有60輛在之後改裝。

◁ **GWR Modified Hall**
大西部鐵路改良宅邸型，1944年

車輪輪式	4-6-0
汽缸數	2
鍋爐壓力	每平方公分15.82公斤
動輪直徑	1778公釐
最高速度	約每小時121公里

這款機車是佛烈德瑞克・霍克斯沃斯（Frederick Hawksworth）根據查爾斯・科萊特的宅邸型發展而來的，裝有一組較大的三排式過熱器，以便使用品質較差的煤炭。大西部鐵路的斯文敦工廠在1944年到1950年間共建造71輛。

◁ **PKP Class Pt47**
波蘭國家鐵路Pt47型，1948年

車輪輪式	2-8-2
汽缸數	2
鍋爐壓力	每平方公分15公斤
動輪直徑	1850公釐
最高速度	約每小時109公里

這款機車是1948到1951年間由波蘭第一機車製造廠和切吉爾斯基（Cegielski）為波蘭國家鐵路製造的，性能表現優異，可牽引重運量客運列車行駛相當遠的距離。

△ **SNCF 241P**
法國國鐵241P型，1948年

車輪輪式	4-8-2
汽缸數	4（2組高壓、2組低壓）
鍋爐壓力	每平方公分19.96公斤
動輪直徑	2000公釐
最高速度	約每小時121公里

這款強而有力的「山嶽式」快速客運複合機車於1948到1952年間由施耐德為法國國鐵製造。它設計用來在巴黎至馬賽幹線上牽引重量達813公噸的列車，但不久就因為鐵路電氣化而變得無用。

◁ **Andrew Barclay Industrial**
安德魯巴克利工業用機車，1949年

車輪輪式	0-4-0ST
汽缸數	2
鍋爐壓力	每平方公分11.25公斤
動輪直徑	900公釐
最高速度	約每小時32公里

蘇格蘭機車製造公司安德魯巴克利（Andrew Barclay）生產了100輛這種小型鞍式水櫃機車，提供給英國和海外的私人工業鐵路使用。它們的軸距較短，因此可以在煤礦場、鋼鐵廠、氣體廠和碼頭等彎彎曲曲的路線上操作。

火車檔案：諾福克與西部鐵路J型No.611

福克與西部鐵路的龐然巨物J型4-8-4輪式機車於1941年到1950年間在維吉尼亞州的洛亞諾克生產，No. 611號車是唯一留存的實車。這款機車擁有流線型的車頭設計、巨大的汽缸和滾珠軸承，可以每小時超過161公里的速度運轉，定期往返於諾福克與西部鐵路從辛辛那提（Cincinnati）到諾福克與朴次茅斯（Portsmouth）的路線上。今日，No. 611號車保存在維吉尼亞交通博物館中。

諾福克與西部鐵路流線型J型4-8-4輪式機車的故事，有許多方面深受第二次世界大戰的影響。它是為牽引諾福克與西部鐵路素負盛名的快車而設計的，例如波瓦坦箭號（Powhatan Arrow）和寶嘉康蒂號（Pocahontas），前五輛（No.600-604）在1941-42年間完工。不過它們引進的時候正逢美國加入大戰，因此受到的影響就在1943年運交的第二批（No.605-610）上表現出來。由於戰時物料短缺，這六輛機車都沒有流線型配件，並採用輕量化連桿。

最後一批有流線造型的機車（No.611-613）一直要到1950年才交貨，但服役時間相當短暫。到了1950年代後期，諾福克與西部鐵路已經開始測試柴油機車，而到1950年代末，蒸汽機車就被取代了。No. 611號車逃過被拆解的命運，被捐贈給維吉尼亞交通博物館並於1982年在那裡恢復服務，這有一部分要歸功於美國鐵道攝影師溫斯頓·林克（O. Winston Link）的努力。

正面圖

背面圖

發動611

這塊製造商銘牌顯示No. 611號車是在1950年5月完工的J型機車，但只服役了九年就退役了。最後No.611號車經過整修，在1982到1994年間牽引觀光列車。「發動611」（Fire Up 611）的活動正在為它募資，希望能將它完全修復。

規格說明			
級別	J型	服役年分	1950-59年，1982-94年（No.611）
輪式	4-8-4	汽缸數量	2
生產國	美國	鍋爐壓力	每平方公分21.09公斤
設計／建造者	洛亞諾克工廠	動輪直徑	1778公釐
生產數量	14（J型）	最高速度	約每小時177公里

煤水車配有兩組六輪轉向架

機車走道板和煤水車側面全長都有托斯卡紅的條紋裝飾

燃燒室爐箅面積為10平方公尺

所有曲柄銷和輪軸都裝有滾珠軸承，使運作更順暢

流線型外罩搭配子彈型車鼻設計

黑色子彈
諾福克與西部鐵路的 No. 611 號車擁有午夜黑塗裝、子彈型車鼻和強力頭燈，展現出許多類似其他美國流線型機車的特徵。

外觀

No.611號車長33公尺、高4.9公尺，重量超過392公噸，是一款給人強烈印象的機車，也是諾福克與西部鐵路的驕傲。它經過特別設計的線條因為連結器和連結桿的粗重外觀而顯得格外突出。

1. 編號銘牌（頭燈兩側各一個） 2. 車頭上方流線型外罩上的鍍鉻飾條 3. 頭燈 4. 鍍鉻標誌燈 5. 通往走道板的前踏階 6. 調節器的控制桿 7. 撒砂器閥 8. 踏板上的扶手 9. 車頭兩側的風泵 10. 潤滑系統儲油槽 11. 撒砂器 12. 制軔機構 13. 動輪和連結桿 14. 射水器 15. 駕駛室窗戶 16. 通往煤水車煤櫃的門 17. 煤水車內的供煤機螺旋

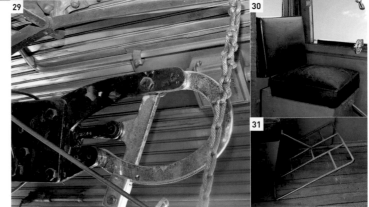

駕駛室內裝

這種尺寸的機車不可能只靠一位司爐以傳統方式用鏟子添煤。因此No. 611號車裝有一組機械式供煤機，運用一組阿基米德螺旋來把煤炭從煤水車直接送進燃燒室。

18. 駕駛室內部　19. 自動爐篦搖動器控制桿　20. 燃燒室中的加煤機噴煤器控制閥　21. 量表測試閥和可目視玻璃水位計　22. 開啟的燃燒室火爐門　23. 燃燒室內的拉緊螺栓特寫　24. 燃燒室內的循環器　25. 車速表　26. 司軔閥與把手　27. 動力逆轉機把手　28. 電開關　29. 調節器弧座　30. 司爐座位　31. 腳踏板

世界蒸汽火車的最後一搏

由於有看似源源不絕的廉價外國燃油供應，到了1960年代，許多歐洲和北美鐵路公司都已經把蒸汽機車替換掉，改為現代化的柴電和電力機車，不但效率更高、馬力更強、更清潔，每趟出勤之間所需的維護保養也更少。不過在世界的其他某些地方，煤炭供應充沛且人力成本低廉，因此蒸汽機車又繼續使用了數十年。在南非，蒸汽機車的研發設計在1980年代因為「紅魔」的出現而達到顛峰。前進型2-10-2輪式雙頭貨運列車駛過內蒙古冰凍荒原的壯麗奇景則在2005年結束，標記了蒸汽機車200年歲月的最終章。

△ **N&W Class A**
諾福克與西部鐵路 A型，1943年

車輪輪式	2-6-6-4
汽缸數	4（簡易關節式）
鍋爐壓力	每平方公分21.09公斤
動輪直徑	1778公釐
最高速度	約每小時113公里

A型關節式快速貨運機車在美國諾福克與西部鐵路洛亞諾克機廠建造，堪稱世界馬力最強的機車之一，持續服役到1959年，共生產43輛。其中No.1218號車目前在洛亞諾克的維吉尼亞交通博物館裡展出。

△ **IR Class WP**
印度鐵路WP型，1947年

車輪輪式	4-6-2
汽缸數	2
鍋爐壓力	每平方公分14.78公斤
動輪直徑	1700公釐
最高速度	約每小時109公里

WP型高速客運機車是在1947年到1967年間為印度寬軌鐵路建造的，共生產755輛，特色是有銀色星星裝飾的獨特圓錐形車鼻。No.7161號車阿克巴號（Akbar）目前在印度雷瓦里蒸汽機車廠展出。

◁ **Soviet Class P36 蘇聯P36型，1949年**

車輪輪式	4-8-4
汽缸數	2
鍋爐壓力	每平方公分15公斤
動輪直徑	1854公釐
最高速度	約每小時126公里

P36型機車在1949到1956年間共製造251輛，是蘇聯最後一款標準機車，原本在莫斯科到列寧格勒的路線上使用，直到被柴油機車取代。它們之後在西伯利亞東部服役，然後在1974到1980年代晚期之間被策略性地封存起來。

▷ **N&W J Class**
諾福克與西部鐵路J型，1950年

車輪輪式	4-8-4
汽缸數	2
鍋爐壓力	每平方公分21.09公斤
動輪直徑	1778公釐
最高速度	約每小時113公里

諾福克與西部鐵路的洛亞諾克機廠在1941到1950年間共生產14輛J型高速客運機車。它們裝有頗具未來感的流線型外罩，但馬上就被柴油機車取代，全部都在1959年退役。

▷ **UP Class 4000 "Big Boy"**
UP 4000型「大男孩」，1941年

車輪輪式	4-8-8-4
汽缸數	4
鍋爐壓力	每平方公分21.09公斤
動輪直徑	1730公釐
最高速度	約每小時129公里

1941到1944年間，美國機車公司為聯合太平洋鐵路打造出這款怪獸級的關節式機車，共建造25輛，並得到「大男孩」的外號。它們的設計目的是要能夠單獨牽引重量貨運列車翻越懷俄明州和猶他州之間的瓦沙契山脈（Wasatch Range），直到在1959被柴油機車取代。它們當中有八輛保存下來，其中No.4014號車經過整修，恢復到可動狀態。

△ **IR Class YG**
　　印度鐵路YG型，1949年

車輪輪式	2-8-2
汽缸數	2
鍋爐壓力	每平方公分14.8公斤
動輪直徑	1220公釐
最高速度	約每小時80公里

YG型機車是印度鐵路1公尺軌距窄軌系統的標準貨運機車，1949到1972年間由印度及海外多家製造商生產約1000輛。德里西南方的雷瓦里蒸汽機車機廠有三輛保存在可動狀態，圖中這輛信德號（Sindh）是其中之一。

鐵道話題

走在時代尖端的蒸汽機車

除了25型冷凝式機車以外，南非鐵路也接收50輛25NC型（非冷凝式），其中No.3450號車1981年在南非鐵路的開普敦鹽河機廠（Salt River Workshops）進行改裝，成為26型的原型車。它因為外觀塗裝而被稱為「紅魔號」，經測試證明馬力大幅增加，且操作成本明顯降低。但到了1980年代初，柴油和電力牽引實際上已經取代了蒸汽。

紅魔號

圖中這輛獨一無二的機車攝於1990年，當時它正離開克蘭奎爾（Kraankuil）展開南非鐵道之旅。它最後一次行駛是在2003年，目前保存在開普敦。

▷ **SAR Class 25C**
　　南非鐵路25C型，1953年

車輪輪式	4-8-4
汽缸數	2
鍋爐壓力	每平方公分15.81公斤
動輪直徑	1524公釐
最高速度	約每小時113公里

適用於南非鐵路1.06公尺軌距的25C型機車共生產90輛。這款機車原本裝有一組龐大的冷凝式煤水車，可以越過寸草不生的卡魯沙漠，但絕大部分後來都在1973到1980年間改裝成非冷凝式的25NC型機車。

△ **IR Class WL** 印度鐵路WL型，1955年

車輪輪式	4-6-2
汽缸數	2
鍋爐壓力	每平方公分14.8公斤
動輪直徑	1702公釐
最高速度	約每小時96公里

這款寬軌蒸汽機車是為印度鐵路生產的，它的軸負荷較輕，適合在支線上使用，共生產兩批：前10輛由英國的伏爾鏗鑄造廠製造，之後的94輛由印度的契塔蘭占機車廠（Chittaranjan Locomotive Works）製造。目前No.15005號車謝爾依旁遮普號（Sher-e-Punjab）保存在雷瓦里蒸汽機車機廠。

▷ **中國鐵路前進型，1956年**

車輪輪式	2-10-2
汽缸數	2
鍋爐壓力	每平方公分15公斤
動輪直徑	1500公釐
最高速度	約每小時80公里

中國生產數量最多的機車之一就是這款前進型貨運機車，在1956到1988年之間生產了至少4700輛。2005年時，它們在內蒙古的集通鐵路上結束服役，不過有些還是在工業鐵路上運行到2010年。

WP型No.7161

WP 型機車由美國鮑德溫機車廠製造，第一批 16 輛 WP 型蒸汽機車（W 指適用於 1.67 公尺軌距，P 指客運）於 1947 年交付給印度。西孟加拉邦（West Bengal）的契塔蘭占機車廠在 1965 年建造了 No.7161 號車，在東北邊疆鐵路上運行，目前保存在雷瓦里蒸汽機車機廠，並根據古代蒙兀兒皇帝命名為阿克巴號，是本型機車中唯一可動的。

當外觀滑亮、子彈車鼻造型的WP型幹線蒸汽機車首度引進印度時，就為印度鐵路立下了標竿，並在20世紀其餘的歲月裡成為寬軌客運業務的主力。這種機車以蒸汽流動順暢、燃料效率高和優異的行駛特性而聞名，且沒有早期X型機車尾部晃動的問題。它開始服役後，寬軌代號就從X變成W。

WP型機車在1959年之前都是進口貨，後來於1963到1967年間在印度的契塔蘭占機車廠生產，共建造259輛。它需要三人操作，分別是一名司機和兩名司爐，於接下來的25年裡都在印度鐵路系統裡負責牽引大部分高級客運列車。它們服役期間聲譽卓著，並因為表現優異而被稱為「車隊之光」。

正面圖

背面圖

遺產機廠
印度鐵路公司在2002年把雷瓦里蒸汽機車機廠改成遺產博物館，保存了印度現存的最後一些蒸汽機車。

規格說明			
級別	WP型	服役年分	1965—96年（No.7161）
輪式	4-6-2	汽缸數量	2
生產國	印度	鍋爐壓力	每平方公分14.78公斤
設計／建造者	契塔蘭占機車廠	動輪直徑	1702公釐
生產數量	755（259輛在印度生產）	最高速度	約每小時109公里

煤水車可載運16.2公噸煤炭和2萬9550公升水　　駕駛室可容納三位車組員　　外露的機車氣軔管　　整條機車走道板旁邊都裝有金屬鍊　　煙囪頂上有王冠造型裝飾　　煙箱上裝有子彈形外罩

印度的銀星機車
裝飾用的子彈形外罩上有一顆銀色
星星裝飾,是這輛機車最顯眼的特
色。子彈形外罩正下方掛著「阿克
巴」銘牌。

外觀

獨特的子彈頭車鼻、煙囪上的王冠造型裝飾、4-6-2
輪式安排，加上鍋爐兩側走道板上的鐵鍊裝
飾，No.7161號車被視為印度鐵路上奔馳過最雄偉的
機車之一。基於這些特徵，它極受鐵道迷和觀光客的
歡迎，而它目前也負責牽引幹線上的觀光列車。

1. 車頭上的手繪銘牌　2. 煙囪上的銅質王冠造型裝飾　3. 金屬星星
裝飾中央的頭燈　4. 引示燈，機車兩側各有一個　5. 排障器　6. 蒸
汽櫃閥門　7. 蒸汽櫃　8. 動輪及平衡配重與連接桿　9. 大端與連動
機構　10. 後輪　11. 通往駕駛室的踏階　12. 駕駛室入口及木條窗　13.
煤水車後方燈　14. 機車編號　15. 煤水車後方梯子　16. 後緩衝器

駕駛室內裝

駕駛室空間寬敞，可容納一名司機和兩名司爐，額外的空間則能讓司爐用比從前機車上更大的鏟子來鏟煤。漆成紅色的機車操作把手和監測儀器都配置在順手的位置。

17. 駕駛室內部 18. 潤滑器 19. 從左到右：射水器蒸汽旋塞、發電機旋塞、主旋塞、真空蒸汽旋塞、射水器蒸汽旋塞 20. 蒸汽壓力計 21. 逆轉機轉盤 22. 爐門 23. 搖爐箅 24. 煤水車前端

歐洲蒸汽機車的終章

由於柴油和電力牽引迅速崛起，歐洲各國最後幾次為國家鐵路建造蒸汽機車是在1950年代。在西德，為德意志聯邦鐵路建造的最後一輛蒸汽機車是No.23.105號車，在1959年出廠。在英吉利海峽的另一邊，里德爾斯為國營的英國鐵路設計了12款新式標準機車，只是令人遺憾的是，這些精良的機車因為當局急於實施計畫不周的現代化計畫，使用期都非常短暫。但儘管如此，英國私人機車製造商——例如曼徹斯特的倍爾皮寇克公司和里茲的亨斯萊特機車公司——卻持續出口蒸汽機車，而最後一輛是由亨斯萊特機車公司在1971年製造。

◁ DB Class 23
德意志聯邦鐵路23型，1950年

車輪輪式	2-6-2
汽缸數	2
鍋爐壓力	每平方公分16.3公斤
動輪直徑	1750公釐
最高速度	約每小時110公里

這款機車計畫用來取代西德德意志聯邦鐵路的普魯士P8型客運機車。23型在1950到1959年之間共生產105輛，而No.23.105號車是為德意志聯邦鐵路生產的最後一輛蒸汽機車。最後一批在1976年退役，共有八輛保留下來。

△ Bonnie Prince Charlie
邦尼王子查理號，1951年

車輪輪式	0-4-0ST
汽缸數	2
鍋爐壓力	每平方公分11.25公斤
動輪直徑	610公釐
最高速度	約每小時32公里

邦尼王子查理號由羅伯特史蒂芬生哈松（Robert Stephenson & Hawthorns）在1951年生產，原本在英國多塞特（Dorset）漢沃希碼頭（Hamworthy Quay）做為氣體調車機車使用。1969年，索茲斯柏立蒸汽機車信託（Salisbury Steam Trust）把它買下，之後就在迪德科特鐵路中心整修。

▷ BR Class 4MT
英國鐵路4MT型，1951年

車輪輪式	2-6-4T
汽缸數	2
鍋爐壓力	每平方公分15.82公斤
動輪直徑	1730公釐
最高速度	約每小時113公里

里德爾斯的4MT型水櫃機車是為英國鐵路設計的四款標準水櫃機車中車型最大的。它主要用在郊區通勤路線，在1951到1956年之間共製造155輛，但馬上因為鐵路電氣化而被淘汰。

▷ BR Class 9F
英國鐵路9F型，1954年

車輪輪式	2-10-0
汽缸數	2
鍋爐壓力	每平方公分17.57公斤
動輪直徑	1524公釐
最高速度	約每小時145公里

9F型機車是英國鐵路在1954到1960年之間建造的標準重型貨運機車，共生產251輛，No.92220晚星號（Evening Star）則是為英國鐵路生產的最後一輛蒸汽機車。雖然它主要是用來牽引貨運列車，但偶爾也會執行客運業務。它們全都在1968年退役，有九輛保留下來。

▷ **BR Class 7 Britannia**
BR 7型不列顛尼亞機車，1951年

車輪輪式	4-6-2
汽缸數	2
鍋爐壓力	每平方公分17.57公斤
動輪直徑	1880公釐
最高速度	約每小時145公里

7型不列顛尼亞機車由里德爾斯設計，在1951到1954年間由英國鐵路的克魯工廠製造55輛。它們先是在英國鐵路網牽引特快列車，之後被降級，負責較輕鬆的業務，其中有一輛服役到1968年英國鐵路淘汰幹線上所有蒸汽機車時為止。

△ **DR Class 65.10**
德意志國營鐵路65.10型，1954年

車輪輪式	2-8-4T
汽缸數	2
鍋爐壓力	每平方公分16.3公斤
動輪直徑	1600公釐
最高速度	約每小時90公里

馬力強大的65.10型水櫃機車是東德的德意志國營鐵路用來牽引雙層推拉式通勤列車的機車。這款機車共生產88輛，全部都在1977年退役，但有三輛保留下來。

◁ **DR Class 99.23-24**
德意志國營鐵路99.23-24型，1954年

車輪輪式	2-10-2T
汽缸數	2
鍋爐壓力	每平方公分14.27公斤
動輪直徑	1003公釐
最高速度	約每小時40公里

1954到1956年間，東德的德意志國營鐵路總共接收了17輛這款龐大的1公尺軌距水櫃機車。它們依然在哈次山脈風景秀麗的觀光鐵路上運行，目前有九輛仍在可動狀態。

△ **Beyer-Garratt Class NG G16**
拜耳－加拉特（Beyer-Garratt）NG G16型，1958年

車輪輪式	2-6-2+2-6-2
汽缸數	4
鍋爐壓力	每平方公分12.65公斤
動輪直徑	840公釐
最高速度	約每小時64公里

有幾家歐洲機車製造商在1937到1968年間共製造34輛這款機車，提供給南非鐵路0.61公尺軌距的路線使用。No.138號車由倍爾皮寇克公司承製，目前在威爾什高地鐵路牽引列車。

92220
BRITISH RAILWAYS

拜耳－加拉特 No.138

拜耳－加拉特的 NG G16 型因為在威爾什高地鐵路行駛而享譽國際，但這些機車原本是為非洲南部的採礦企業製造的。它們在非洲主要是牽引貨運列車，但卻在威爾什史諾多尼亞國家公園（Snowdonia National Park）展開第二春，負責牽引客運列車，於山區陡峭的斜坡和急轉彎路線上展現牽引能力和靈活度。

拜耳－加拉特No.138號車是曼徹斯特倍爾皮寇克公司承製的最後一批加拉特機車之一。西南非（South West Africa，今日納米比亞）的促美布公司（Tsumeb Corporation）訂購了七輛這款機車，用來牽引從公司位於奧塔維（Otavi）山區礦場挖出的礦石。不過就在這批機車運抵之前，長達412公里長的奧塔維鐵路（Otavi Railway）軌距卻調整為106公分，因此它們被賣給南非鐵路，轉而在東海岸上的納塔爾（Natal）地區使用。

它們被分配到122公里長的樹普斯通港（Port Shepstone）到哈定（Harding）路線，不過當這條鐵路在1986年民營化之後，No.138號車也跟著移交出去。它在1991年退役，不過在1993年被費斯特奈歐格鐵路選中，安排到威爾什高地鐵路運轉，因此在樹普斯通港整修後運往威爾斯。它於1997年10月開始在威爾什高地鐵路上運行，先是採用綠色塗裝，但在2010年改成紅色。

正面圖

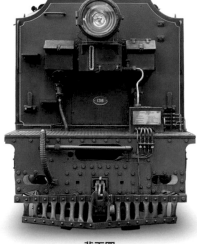

背面圖

WHR

保存歷史

威爾什高地鐵路長40公里，是英國最長的遺產鐵路。這條鐵路在二次大戰之前結束營運，但整個復原計畫在2011年完成。

規格說明			
級別	NG G16	服役年份	1958-91年以及1997年至今（No.138）
輪式	2-6-2+2-6-2	汽缸數量	4
生產國	英國	鍋爐壓力	每平方公分12.65公斤
設計／建造者	倍爾皮寇克公司	動輪直徑	840公釐
生產數量	34（NG G16型）	最高速度	約每小時64公里

水櫃容量可達6023公升

煙囪離軌道高度315公分

鍋爐吊掛在兩組引擎中間的支架上

不銹鋼帶把鍋爐蓋板固定在適當位置

號碼牌用英文及威爾斯文書寫

煤櫃位於後引擎上方，並取代分離式煤水車

大馬力

NG G16型加拉特機車是英國最大、馬力最強的窄軌蒸汽機車。它重達63公噸，長14.7公尺，機車前後兩端都配備強力頭燈、砂箱和機械潤滑器。

外觀

加拉特機車由三個主要部分構成——兩部引擎和一個鍋爐支架。鍋爐支架的兩端和樞軸相連，形成關節，讓機車可以順利通過急彎。第二部引擎提供的額外輪組可減輕每根輪軸負荷的重量，因此能在較輕便的軌道上行駛。所以，像No.138號車這樣的NG G16型機車可以安全地在每公尺僅20公斤重的軌道上行駛，雖然威爾什高地鐵路每公尺有30公斤。根據設計，這款機車不論從哪一頭都一樣好操作。

1. 編號銘牌 2. 潤滑器油槽油量指示器 3. 頭燈 4. 潤滑器 5. 水櫃注水口護蓋
6. 連結器 7. 板片彈簧懸吊 8. 閥裝置 9. 洗爐塞 10. 車頂逆止閥 11. 汽包罩
12. 諧音汽笛 13. 十字頭與汽缸 14. 濾水器 15. 煤櫃

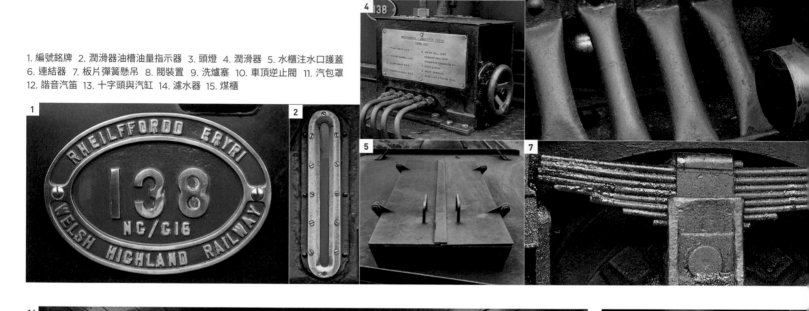

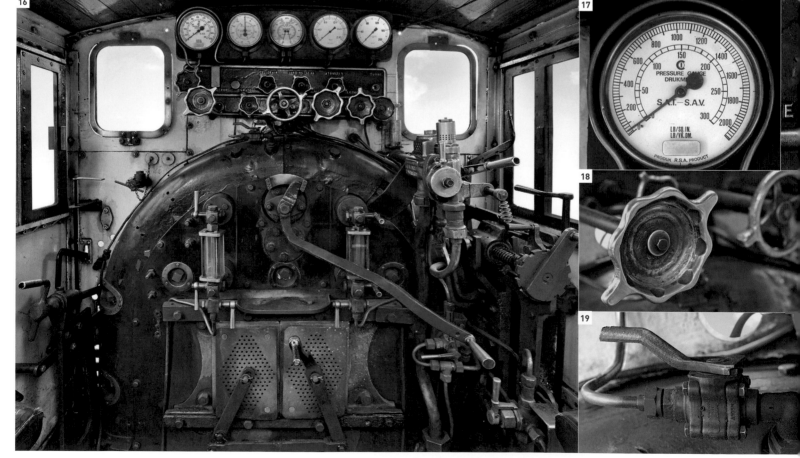

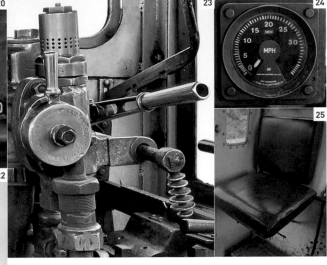

駕駛室內裝

儘管No.138號車的機械結構複雜,但它的駕駛室就跟其他蒸汽機車差不多。司機的控制裝置位於右手邊,而司爐除了要看好火候製造蒸汽外,還要負責操作射水器,在需要的時候把水注入鍋爐裡。

16. 駕駛室的控制裝置 17. 鍋爐壓力計 18. 射水器蒸汽閥(左)和主岐管閥(右) 19. 鍋爐壓力計隔離開關 20. 汽缸排水器、撒砂器和霧化器控制裝置 21. 水位計 22. 逆轉機 23. 真空司軔閥 24. 車速表 25. 駕駛座

運送旅客與商品

雖然最早的鐵路是用來運送貨物的，但有些從設計一開始就是以客運為主。在兩次世界大戰期間，鐵路運送了大量原物料、軍事補給和部隊。不過到了1950年代，它們就得和更彈性、成本更低廉的公路運輸對抗。鐵路在某種程度上成功克服了這個挑戰，拿下了通勤運輸的重要角色。鐵路導入更快、更奢華的客運列車來和航空業競爭，並把焦點放在重運量長途貨運領域，這個直到今天依然是核心業務。

△ **GWR Corridor Composite carriage No.7313**
大西部鐵路附走道複合車廂No.7313，1940年

構型	兩組四輪轉向架
載客數	頭等艙24人、三等艙24人
製造材料	鋼
使用鐵路	大西部鐵路

大西部鐵路的斯文敦工廠在1940年製造了這輛18.2公尺長的No.7313號特快客運車廂，它擁有四個頭等艙、四個三等艙和兩間盥洗室。它採用「戰時經濟」的棕色塗裝，目前保存在迪德科特鐵路中心。

△ **N&W Budd S1 sleeper**
諾福克與西部鐵路巴德S1
臥鋪車，1949年

構型	兩組四輪轉向架
載客數	22-32個鋪位
製造材料	不鏽鋼
使用鐵路	諾福克與西部鐵路

巴德公司在1949年製造20輛這種臥鋪車給諾福克與西部鐵路，用在波瓦坦箭號、寶嘉康蒂號和公司鐵路網中的其他臥鋪車路線上。諾福克與西部鐵路的最後一列客運列車寶嘉康蒂號在1971年終止營運。這輛車目前在洛亞諾克的維吉尼亞交通博物館裡展出。

▷ **N&W Pullman Class P2 No.512**
諾福克與西部鐵路普爾曼P2型車廂
No.512，1949年

構型	兩組四輪轉向架
載客數	66人
製造材料	鋼
使用鐵路	諾福克與西部鐵路

這輛車廂由普爾曼標準公司（Pullman-Standard）在1949年為諾福克與西部鐵路的波瓦坦箭號打造，可乘坐66名旅客。這組列車從1946年開始在維吉尼亞州的諾福克和俄亥俄州的辛辛那提間行駛，最後在1969年停駛。它目前在洛亞諾克的維吉尼亞交通博物館裡展出。

貨車

公路運輸開始吸收掉和平時期大部分的短程與單次裝載貨運業務，但鐵路運輸的王牌是它們能更有效率地跨越長距離運送更重的貨物。為了滿足需求，人建造出各式各樣的專用貨車來載運各種原物料（像是煤、油和鐵礦），還有容易腐敗的貨物（例如漁獲、肉類、水果和蔬菜），以及危險貨物（例如化學產品和石油）。

△ **Penn Central Wagon No.32367**
賓州中央鐵路No.32367號貨車，
1955年

構型	H34A型篷斗車
重量	63.5公噸
結構	鋼
使用鐵路	賓州中央鐵路

No.32367號貨車是1955年在賓州中央鐵路公司（Penn Central Corporation）的阿爾圖納機廠建造的。它的貨物（通常是穀物）透過貨車下方的瀉槽卸載，目前在斯特拉斯堡的賓夕法尼亞鐵道博物館裡展示。

▷ VEB double-deck coach
哥利茲雙層車廂，1951年

構型	二到五輛關節式車廂組
載客數	每個車廂約135人
製造材料	鋼
使用鐵路	德意志國營鐵路

這種雙層車廂源自於1935年呂貝克—比亨鐵路公司（Lübeck–Büchen Railway）引進的雙層車廂。它們由哥利茲鐵路車輛製造廠（Waggonbau Görlitz）生產，跟一般單層車廂相比，可多搭載50%的乘客。本圖是東德製造的大約4000輛雙層關節式車廂中的第一批，於1951年進行測試。

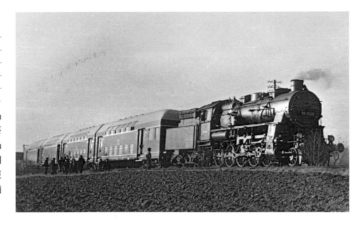

舒適的旅行

1847年鐵路管理法規定，英國鐵路公司必須以可負擔的價格提供較貧困的民眾膳宿，因此只能對富裕的旅客收取更多費用，但相對也會提供更舒適的服務。在1956年之前，鐵路旅行分成三個級別：頭等、二等和三等。二等後來取消。頭等艙擁有充足的腿部空間、豪華的座位、地毯和窗簾等，至於三等艙旅客則必須擠在較簡陋的車廂內，坐在馬鬃座椅上。

階級劃分

頭等包廂（下左）有窗簾、地毯和獨立的翼形扶手椅，可供六名旅客乘坐。三等包廂（下右）則是舒適度較低的長凳式座椅。

◁ BR(W) Brake Third carriage No.2202
英國鐵路（西部區）三等守車車廂No.2202，1950年

構型	兩組四輪轉向架
載客數	24名三等艙旅客加上守車室及行李間
製造材料	鋼
使用鐵路	英國鐵路（西部區）

這輛三等守車車廂於1950年為英國鐵路（西部區）打造，具有獨特的圓滑車頂造型。它的設計出自大西部鐵路最後一任總機械工程師霍克斯沃斯，並由伯明罕的都城嘉慕（Metropolitan-Cammell）承製，目前保存在迪德科特鐵路中心。

◁ DR Acid Cannister Wagon
德意志國營鐵路酸液罐貨車，1956年

構型	液罐貨車
重量	14.83公噸
結構	鋼
使用鐵路	德意志國營鐵路

這款貨車在1956年為東德的德意志國營鐵路建造，可載運12個陶罐，每個陶罐可裝1000公升酸性液體，目前在斯塔司弗特車庫博物館（Stassfurt Museum Shed）展出。

△ MDT/IC No.13715
伊利諾中央鐵路 No.13715，1958年

構型	冷凍篷車
重量	38公噸
結構	鋼
使用鐵路	伊利諾中央鐵路

1958年，位於華盛頓州連頓（Renton）的太平洋車輛及鑄造廠（Pacific Car & Foundry Co.）為伊利諾中央鐵路（Illinois Central Railroad）建造這輛10公尺長的隔熱冷凍篷車。這種篷車裝有空氣循環扇，並用裝在車頂冰庫內的乾冰來保持低溫，通常用於載運容易腐壞的水果和蔬菜。

1960-1979年：
為速度而生

Glasgow Electric
Travel by the Modern Railway

為速度而生

日本的第一條新幹線鐵路在 1964 年通車時，預告了軌道運輸的光明前程。「子彈列車」透過特殊的高速路線和現代化電力車組搭配，徹底革新了旅客體驗鐵道旅行的方式。日本提供了令人興奮的未來願景，西方世界的鐵路業者也受到鼓舞，開始創新。鐵路經營者引進流線型且現代化的柴油和電力列車，整建車站，建造新的貨運設施，投資基礎建設，並繼續提高現有路線上的車速。在某些國家，蒸汽機車就是在這個時代終於退出舞台。「城際」旅行成為常態。

不過，新一波對速度的強調並不足將鐵路旅行重振到以往鼎盛時期的水平。隨著自用小客車普及、搭噴射客機出行的人增加，火車旅行受歡迎的程度開始降低。結果，許多鄉間及獲利較差的路線停止營運，某些國家的提案甚至十分激進，例如英國 1963 年的比欽報告就建議關閉 30% 的路線。在美國，政府支持的美鐵（Amtrak）在 1971 年成立，任務是要拯救無利可圖的長途客運服務。

東歐的情況則不同。由於私家轎車並不普及，所以鐵道旅行的需求依然很高，且鐵路也被認為具備戰略重要性。在這個地區，現代化通常意指增加列車載客量，而不是廢止路線，但整體看來車速依然比較低。不過在其他地方，到了 1970 年代中期，許多國家都已經開始跟著日本的腳步前進，打造屬於自己的高速列車。

> 「每當我們想要取消一項服務時，我們的心情都難掩激動。」
> 英國鐵路主席理察・比欽博士（Richard Beeching）

△ **美鐵渦輪列車**
美鐵在1973年引進現代化而快速的渦輪列車（Turboliner），目的是鼓勵更多乘客在遠行時選擇鐵路。

◁ **英國畫家特倫斯・特尼森・庫尼奧**（Terence Tenison Cuneo）
在1965年繪製的格拉斯哥電氣化鐵路海報。

關鍵事件

▷ **1960年**：英國鐵路追隨當時世界潮流，停止生產蒸汽機車。他們製造的最後一輛蒸汽機車是貨運機車晚星號。

▷ **1961年**：柏林圍牆興建，讓往返於西柏林的鐵道服務不得不重新修改。

▷ **1963年**：比欽報告預示英國鐵路的規模將大幅縮小。

▷ **1964年**：日本新幹線通車，是新型態高速軌道運輸的先驅。

△ **「子彈列車」啟用**
1964年10月1日，日本國鐵在東京車站舉行東海道新幹線正式通車典禮。

▷ **1971年**：私人鐵路公司發現客源流失愈來愈嚴重之後，美鐵成立，負責挽救美國的城際軌道運輸。

▷ **1972年**：法國的實驗性燃氣渦輪TGV 001號車完成。它締造了每小時318公里的軌道速度世界紀錄。

▷ **1973年**：英國的高速列車（High Speed Train, HST）原型車創下柴油機車速度世界紀錄，達到每小時230公里。

▷ **1974年**：蘇聯把建成貝加爾－阿穆爾鐵路（Baikal-Amur Magistral）定為優先要務，提供第二條鐵路線來支援西伯利亞鐵路。

▷ **1976年**：巴黎與里昂間的法國第一條專用高速鐵路動工，是法國建立專用高速鐵路網的開始。

加速運送乘客與貨物

在1960和1970年代，世界各地的鐵路都追隨北美先前的腳步，把蒸汽機車替換成柴油或電力機車。在許多西方國家，人民擁有私家轎車的比率高，意味著鐵路必須提共更快、更舒適的列車才能吸引旅客搭乘。一向非常緩慢的貨運服務也引進新型機車來提高車速，結果不論是速度還是馬力，都達到被它們取代的蒸汽機車的兩倍。

△ **BR 第4級47型，1962年**

車輪輪式	Co-Co
傳動方式	電氣
引擎	蘇爾壽12LDA28-C引擎
總動力輸出	2750匹馬力（2051千瓦）
最高速度	約每小時153公里

47型機車是英國使用過數量最多的幹線柴油機車，第一批20輛在1962/63年運交，並在英國鐵路東部區測試。接著很快就有了更多訂單，總計達到512輛，由布拉許牽引公司（Brush Traction）的飛隼工廠（Falcon Works）和英國鐵路的克魯工廠承製。有些目前仍由英國鐵路公司使用中。

△ **DR V180**
　　德意志國營鐵路V180型，1960年

車輪輪式	B-B
傳動方式	液力
引擎	2 x 12KVD21 A-2引擎
總動力輸出	1800匹馬力（1342千瓦）
最高速度	約每小時120公里

V180型用來取代牽引幹線客運及貨運列車的蒸汽機車，分成兩個版本，也就是一開始的87輛四軸版本，以及之後的206輛更強的六軸版本，在1970年運交，後來編號改為DR 118型。

▷ **Soviet Class M62**
　　蘇聯M62型，1964年

車輪輪式	Co-Co
傳動方式	電氣
引擎	科隆納（Kolomna）V12 14D40引擎
總動力輸出	1973匹馬力（1472千瓦）
最高速度	約每小時100公里

蘇聯M62型在1960和1970年代出口到華沙公約國家，同時蘇聯鐵路也有採用。在1966到1979年間，捷克斯洛伐克從佛洛希羅夫格勒機車製造廠（Voroshilovgrad Locomotive Works，位於今日烏克蘭）接收了599輛。這款機車在1994年才結束生產，圖為其中一輛。

◁ **DR V100**
　　德意志國營鐵路V100型，1966年

車輪輪式	B-B
傳動方式	液力
引擎	約翰尼斯塔爾發動機製造廠（MWJ）12 KVD 18-21 A-3引擎
總動力輸出	987匹馬力（736千瓦）
最高速度	約每小時80公里

東德的中置駕駛室設計V100型機車在1964年首度接受測試，在1966到1985年間共為德意志國營鐵路生產1146輛，並分為幾種不同的型號。V100型也出口給其他共產國家，例如捷克斯洛伐克與中國。

▽ **GM EMD Class SD45**
　　通用汽車電氣動力部SD45型，1965年

車輪輪式	Co-Co
傳動方式	電氣
引擎	20汽缸EMD 645E3引擎
總動力輸出	3600匹馬力（2685千瓦）
最高速度	約每小時105公里

通用汽車電氣動力部（Electro-Motive Division, EMD）在1965到1971年間共製造1260輛SD45型機車給美國幾家鐵路公司，使用的是電氣動力部當時新開發的20汽缸645引擎。目前一些美國貨運鐵路依然使用SD45型機車。本圖為保留下來的伊利拉卡萬納鐵路（Erie Lackawanna Railway）No.3607號車。

△ GM EMD GP40
　　通用汽車電氣動力部GP40型，1965年

車輪輪式	Bo-Bo
傳動方式	電力
引擎	16-645E3引擎
總動力輸出	3000匹馬力（2237千瓦）
最高速度	約每小時105公里

巴爾的摩與俄亥俄鐵路共採購380輛通用汽車電氣動力部GP40型機車，成為它在美國境內的最大用戶。1965到1971年間，這款機車共製造了1221輛，提供給北美多家鐵路公司使用。巴爾的摩與俄亥俄鐵路用它們來牽引貨運列車，但也有其他鐵路公司用來牽引客運列車。

◁ DB Class 218 (V160)
　　德意志聯邦鐵路218型 (V160)，1971年

車輪輪式	B-B
傳動方式	液力
引擎	MTU MA 12 V 956 TB 10引擎
總動力輸出	2467匹馬力（1840千瓦）
最高速度	約每小時140公里

德意志聯邦鐵路在1950年代晚期訂購了V160車系的最後版本218型。原型車在1968到1969年間交貨，量產工作於1971年展開。218型機車裝有列車電動加熱系統，可以和最新的空調客車車廂搭配。這款機車共運交418輛，大約有一半仍在服役。

△ 中國東風4型，1969年

車輪輪式	Co-Co
傳動方式	電氣
引擎	16V240ZJA引擎
總動力輸出	3251匹馬力（2425千瓦）
最高速度	約每小時100公里

東風4型機車是為中國鐵路生產的多款機車之一。自從第一輛在中國大連機車車輛廠生產之後，改良型又持續生產了40多年。東風4型機車取代了全中國的蒸汽機車，目前仍有幾千輛在使用中。

鐵道科技

貨櫃運輸

1950年代，船隻開始使用貨櫃來運送貨物。1952年，加拿大太平洋鐵路採用「背載運輸」（piggyback）方式來運送貨櫃板車上的貨櫃，不過芝加哥西北鐵路（Chicago North Western Railroad）早在第二次世界大戰之前就嘗試過這個辦法。1960年代，鐵路公司開始提供運送海運貨櫃的服務（稱為「複合運輸」，因為它們可以從一種運輸型態轉換到另一種），運用特別設計的平車往返於港口。複合運輸貨運在1970和1980年代期間大幅成長。1957年時，這種運輸方式只占美國鐵路貨運量的不到1%，但到了1980年代中期，以這種方式運送的貨物就超過了總貨運量的15%。

巴爾的摩與俄亥俄鐵路P-34型No.9523號車 這種40.64公噸重的平車用來載運公路用半拖車。1960年，它由巴爾的摩與俄亥俄鐵路在賓州杜波伊斯（Dubois）的工廠建造。

改裝版德意志國營鐵路V100型

東德 V100 型柴液機車在 1964 年首度接受測試，並於 1966 到 1985 年間為德意志國營鐵路生產了 1146 輛，分成幾個不同版本。它們也獲得重工業廠商採用，並出口到其他共產國家，例如捷克斯洛伐克與中國。1988 年，也就是柏林圍牆被推倒（1989 年）前夕，有十輛開始接受改裝，目的是要在米軌上運行。

德意志國營鐵路訂購幾個不同版本的V100機車，以取代牽引地方客運和貨運列車的蒸汽機車，同時也用來從事調車工作。它們由東德人民企業亨尼希斯多夫（Hennigsdorf）的「漢斯·拜姆勒」（Hans Beimler）機車電氣製造廠（Lokomotivbau Elektrotechnische Werke, LEW）生產，這家公司的廠房就是二次大戰前通用電氣公司設立在亨尼希斯多夫的廠房，位於柏林北方。

1988年起，有十輛這款機車接受改裝，以便在德國中部哈次山區的1公尺軌距路網上行駛，它們在那裡博得了「哈次駱駝」的稱號。當局原本計畫要改裝30輛機車來取代蒸汽機車，而它們是第一批，不過在哈次路網民營化成為觀光鐵路後，大部列車依然使用蒸汽機車牽引，因此「哈次駱駝」就顯得無用武之地。之後有兩輛接受改裝，負責牽引由新式1公尺軌距駄運轉向架搭載的標準軌距貨車。此外也有幾輛出售，並改裝回標準軌距，和其他許多V100機車一樣在德國和其他地方服役，牽引貨運列車。

正面圖

背面圖

規格說明			
級別	HSB 199.8（先前是V100，後來是DR 112、DB 202）	服役年分	1966-78年，改裝後1988至今（No.119 872-3）
輪式	C-C，改裝成B-B	傳動方式	液力
生產國	東德	引擎	MWJ 12 KVD 18-21 A-4引擎
設計／建造者	機車電氣製造廠（柏林）	總動力輸出	1184匹馬力（883千瓦）
生產數量	10（改裝的199.8系列）	最高速度	約每小時50公里（改裝的199.8系列）

引擎用通風格柵

引擎廢氣從駕駛室車頂排出

駕駛室設於機車中央，每個方向的視野都極佳

橘色警示燈會在機車採遙控操作時亮起

三軸轉向架在改裝成米軌軌距時安裝

機車通訊系統的天線

哈次山鐵路
這個HSB標誌代表的是哈次窄軌鐵路，也就是自1993年起開始經營哈次山區1公尺軌距路網的業者。

雪地裡的駱駝
「哈次駱駝」的綽號源自機車行駛時緩慢搖晃的姿態，以及中央駕駛室形成的「駝峰」造型。不過比起沙漠，這些駱駝更適合家鄉的山區，此外還可以看到緩衝器下方接近軌道的位置裝有可用來清除少量積雪的雪鏟。

外觀

車體包括兩組從中央駕駛室延伸出來的引擎罩，其中一邊是引擎，另一邊則是各種輔助設備，例如給旅客車廂使用的蒸汽加熱系統和電池。液力傳動系統位於駕駛室下方的柴油油箱旁邊。

它原本配備標準軌距的雙軸轉向架，在改裝成1公尺軌距的時候換裝三軸轉向架，並採用直徑較小的車輪。其餘的哈次窄軌鐵路機車在1998年再次接受改裝，有三輛加裝全球定位系統，可由調車場人員遙控操作。

1. 號碼牌 2. 頭燈（下）及尾燈（上） 3. 向上折收的緩衝器 4. 標準軌距貨車用的連結器 5. 多用途控制器電插座 6. 貨車運輸轉向架用連結器 7. 氣軔管連接轉接器 8. 開啟的砂箱蓋 9. 燃料濾淨器 10. 遙控操作警告燈 11. 電氣警告標誌 12. 汽笛 13. 通往車頂的踏階 14. 風泵冷卻裝置 15. 主空氣管上的過濾器、排水器和滴水旋塞 16. 車輪組 17. 閉氣閥 18. 充電纜線用插座 19. 輪緣塗油器的油脂容器 20. 調車用踏階 21. 主制軔管的隔離旋塞

駕駛室內裝

雖然駕駛室以現代的標準來看相當簡陋,但非常實用,也比它所取代的蒸汽機車駕駛室更簡潔乾淨。根據設計,它不論往哪個方向都可以操作。這款機車有許多零組件都可和其他型號的機車互通,可減少備用零件數量,這點在東歐共產集團中相當普遍。

22. 駕駛室內部 23. 控制燈 24. 駕駛控制裝置 25. 操縱搖桿 26. 時刻表立架 27. 車速表 28. 軔缸和主軔管壓力計 29. 駕駛室窗戶把手 30. 列車警醒裝置,可確保司機沒有失能 31. 散熱器氣閥 32. 駕駛室窗戶上鎖把手 33. 駕駛室照明燈

高速先鋒

高速鐵道旅行在1960年揭開序幕，當時法國鐵路引進世界第一快的客運列車「卡比托勒號」（Le Capitole），時速高達200公里，從巴黎開往土魯斯（Toulouse）。1964年，從東京開往新大阪的第一條日本新幹線通車，這是世界第一條特快客運列車服務專用的高速鐵路線。在英國，速度較快的客運業務從1961年的「岱爾提克」柴油機車開始。至於北美，燃氣渦輪動力列車在1968年現身。到了1970年代，西德在現有路線上開始運行時速200公里的E03/103型列車，英國新式的柴油動力高速列車則自1976年起在幾條主要路線上行駛，速度高達每小時201公里。

△ **DR Class VT18.16 (Class 175)**
DR VT18.16型（175型），1964年

車輪輪式	四車一組柴聯車
傳動方式	液力
引擎	2 x 12 KVD 18/21柴油引擎
總動力輸出	1973匹馬力（1472千瓦）
最高速度	約每小時160公里

VT18.16型列車由東德工業界打造，作為德意志國營鐵路重要的國際高速列車，自1964年到1968年共交付八列。它們的目的地包括丹麥哥本哈根、奧地利維也納和瑞典馬爾摩（Malmö），還有捷克斯洛伐克的布拉格和卡羅維瓦立（Karlovy Vary）。它們在1980年代陸續退役，但有幾列保留下來。

▽ **BR Type 5 Deltic D9000 Class 55**
BR 第5級岱爾提克D9000 55型，
1961年

車輪輪式	CoCo
傳動方式	電氣
引擎	2 x 納皮爾岱提克 18-25引擎
總動力輸出	3299匹馬力（2461千瓦）
最高速度	約每小時161里

這款機車以1955年的岱爾提克原型車為基礎研發，英國鐵路總共訂購22輛，用來在東海岸幹線上牽引高速客運列車，行駛於倫敦、約克、紐卡索和愛丁堡之間，取代原本的55輛蒸汽機車。由於它能以每小時161公里的速度持續行駛，因此自1963年起，這些路線上的列車就能以更快的速度運行。它們在1981年退役，但有幾輛採動態保存方式保留下來。

△ **JNR Shinkansen Series 0**
日本國鐵0系新幹線，1964年

車輪輪式	12車組電聯車，全部48軸均為驅動軸
電源供應	25kV交流電，架空線
額定功率	1萬1903匹馬力（8880千瓦）
最高速度	約每小時220公里

日本興建全新的標準軌距高速鐵路線，以大幅壓縮旅程時間。日本國鐵東海道新幹線的第一段以每小時209公里的速度運轉，是當時世界速度最快的列車。

鐵道科技

美鐵開始服務

由於美國許多鐵路公司都開始專營貨運業務，美國國會決定必須維持某種程度的鐵路客運服務，因此美國國家鐵路客運公司（US National Railroad Passenger Corporation，簡稱美鐵）在1971年5月接手長途鐵路客運業務。美鐵剛成立時使用的是老舊設備，但很快就開始尋求新式柴油和電力列車，包括新式的法製渦輪列車。

渦輪列車 自1973年起，美鐵就為從芝加哥發出的班次引進了六列速度達到每小時201公里的渦輪列車。它們使用原本為直升機設計的特博梅卡（Turbomeca）燃氣渦輪引擎，不過卻從未徹底發揮真正的高速實力。

△ **DB Class E03/103**
　DB E03/103型，1970年

車輪輪式 CoCo

電源供應 15kV交流電，16⅔Hz，架空線

額定功率 1萬0429匹馬力（7780千瓦）

最高速度 約每小時200公里

有五輛E03型原型車從1965年起交車，而經過測試後，德意志聯邦鐵路又另外採購了145輛馬力些微提升的量產型機車。自1970年起，直到1980年代，103型都在德國牽引所有主要的特快列車。目前仍有一小批在使用中，其中有一輛被當作高速測試列車使用到2013年，行駛速度可達每小時280公里。

▽ **SNCF Class CC6500**
　法國國鐵CC6500型，1969年

車輪輪式 CoCo

電源供應 15 kV直流電，架空線（有21輛機車也能由15 kV直流電第三軌供電）

額定功率 7909匹馬力（5900千瓦）

最高速度 約每小時200公里

在1969到1975年間，共有74輛馬力強勁的CC6500型機車運交給法國國鐵，負責牽引巴黎和土魯斯之間的「卡比托勒號」高速列車。有21輛同時裝有第三軌用集電靴和集電弓，可以在香貝里（Chambéry）－莫丹（Modane）間的毛里安（Maurienne）線上行駛。

△ **UAC Turbo Train**
　UAC渦輪列車，1968年

車輪輪式 七車關節式列車組

傳動方式 扭力耦合器

引擎 4 x 普惠加拿大（Pratt & Whitney Canada）ST6B燃器渦輪引擎

總動力輸出 1600匹馬力（1193千瓦）

最高速度 約每小時193公里

聯合飛機公司（United Aircraft Corporation, UAC）向乞沙比克與俄亥俄鐵路（Chesapeake & Ohio Railway）購買關節式高速列車組的專利，並使用輕量化材料打造，進軍鐵路市場。不過這家公司採用燃氣渦輪引擎，而不是柴油引擎。加拿大國鐵採購了五組列車，美國則採購了三組。

▽ **BR HST Class 253/254**
　BR HST 253/254型，1976年

車輪輪式 BoBo

傳動方式 電氣

引擎 （動力車）派克斯曼瓦倫塔（Paxman Valenta）12R200L引擎

總動力輸出 （動力車）2249匹馬力（1678千瓦）

最高速度 約每小時201公里

1973年，英國鐵路以兩輛動力車開始測試高速列車的原型車。列車量產工作在1976年展開，並持續交車至1982年。高速列車在1987創下每小時238公里的柴油列車速度世界紀錄，並保持至今。它們和採用類似技術的澳洲列車至今仍在服役。

子彈列車

1964年的夏季奧運在東京舉行，讓日本有機會展現在經歷過二次大戰的毀滅性打擊後，他們已經復甦到什麼程度。日本政府決定用世界最快的高速鐵路——東海道新幹線——來展現其精湛的工程能力。

這條電氣化路線長達515.4公里，連接東京和西南方的大阪，在1959年動工，並在1964年完工，且於同年10月1日通車。在這條路線上行駛的是當時全世界速度最快的列車，基於它的速度和車頭的獨特造型，因此號稱「彈丸列車」。它的極速可達每小時210公里，把這段旅程的時間壓縮到破紀錄的3小時又10分鐘，所以一通車就大受歡迎，尖峰時段的發車密度可達每三分鐘一班。

第一條新幹線在通車第一年的載客量就超過1億5000萬名旅客。它的成功促使當局在本州和九州修建更多路線，路網拓展至長達2387.7公里，而工程師也設計速度更快的車型和軌道。但即使0系新幹線列車經過改裝，可達到每小時220公里的極速，但它們還是在2008年退役。

16車組的300系新幹線列車在1992年服役，極速可達每小時270公里。本系列車在2012年退役。

德意志國營鐵路 No.18.201

東德的德意志國營鐵路 No.18.201 號車可說是獨一無二。它採用獨特設計，目的是要用來對車廂進行高速測試，因此是目前全世界可操作的蒸汽機車中速度最快的。它是燃油機車，搭配特殊的流線型外罩和大尺寸動輪，這些特徵不但可以幫助它達到高速，還可以維持高速。同樣值得注意的是，它是在蒸汽機車的開發幾乎走到盡頭的時候才建造的。

No.18.201號的誕生有它特殊的背景因素。當時的東德需要一個辦法來測試出口用的旅客車廂，經過研究後認為最實際的辦法，就是打造一輛適合執行這個工作的高速蒸汽機車。為了製造這輛特殊機車，工程師除了新零件之外，也利用從較老舊蒸汽機車拆下的零件，包括高速水櫃機車No.61.002號車（德意志國營鐵路在二次大戰後繼承的）。

從其他機車身上拆下的零件之中，識別度最高的就是貨運機車的煤水車和No.61.002號車的大動輪，不過No.18.201號的流線形外觀卻特別具現代感。其他不常見的改裝包括機車前轉向架的制軔，可以在高速狀態下增加額外的制軔力道，此外它也加裝感應式列車安全裝置（Indusi），這種裝置是用來讓列車在通過停止號誌時煞停。No.18.201號以位於薩克森－安哈特（Saxony-Anhalt）的薩勒河畔哈勒（Halle）的鐵路測試場為基地，目前由位於路德城維滕貝爾格（Lutherstadt Wittenberg）的Dampf-Plus公司負責保養維護。

正面圖

背面圖

Deutsche Reichsbahn

分家的德國鐵路網
第二次世界大戰後，西德鐵路由德意志聯邦鐵路營運，但東德鐵路系統仍沿用傳統的德意志國營鐵路名稱。這兩個鐵路管理單位在1994年1月合併，成立德國國鐵（Deutsche Bahn）。

規格說明			
級別	18.2	服役年分	1961至今
輪式	4-6-2	汽缸數量	3
生產國	東德	鍋爐壓力	每平方公分16.3公斤
設計／建造者	德意志國營鐵路	動輪直徑	2311公釐
生產數量	1	最高速度	約每小時182公里

煤水車可載運水和燃油

磁性「感應式列車安全裝置」可煞停遇到危險訊號的列車

動輪直徑較大，因此可以高速行駛

排煙室可把燃燒廢氣和廢蒸汽融合

導煙板可使廢氣不遮住司機視線

風格別具
No.18.201號的曲線和稜角賦予了它時髦的現代感。煙箱門是獨特的錐形設計，而體積小卻相當有效率的吉瑟（Giesl）排煙器就藏在大得多的煙囪罩裡面。

外觀

雖然No.18.201號車獨一無二，識別度相當高，但它卻擁有和其他德國蒸汽機車和其他高速機車一樣的設計元素。它外觀上最搶眼的地方是綠色的半流線型外罩和可以讓它跑得更快的巨大2311公釐直徑動輪。有些細節（例如頭燈）不是標準配件，有些零件則是德意志國營鐵路的庫存。

1. 駕駛室側面的號碼牌 2. 頭燈 3. 連結鉤 4. 前緩衝器 5. 前踏階 6. 蒸汽動力發電機 7. 關閉閥 8. 汽笛 9. 有隔熱層包覆的管路 10. 閥動裝置 11. 小端 12. 轉向架車輪 13. 大端內側 14. 前動輪 15. 撒砂管 16. 制軔總成 17. 空氣壓縮機總成 18. 煤水車前往駕駛室的踏階 19. 「感應式列車安全裝置」磁鐵 20. 煤水車轉向架特寫 21. 煤水車後方尾燈 22. 燃油濾淨器

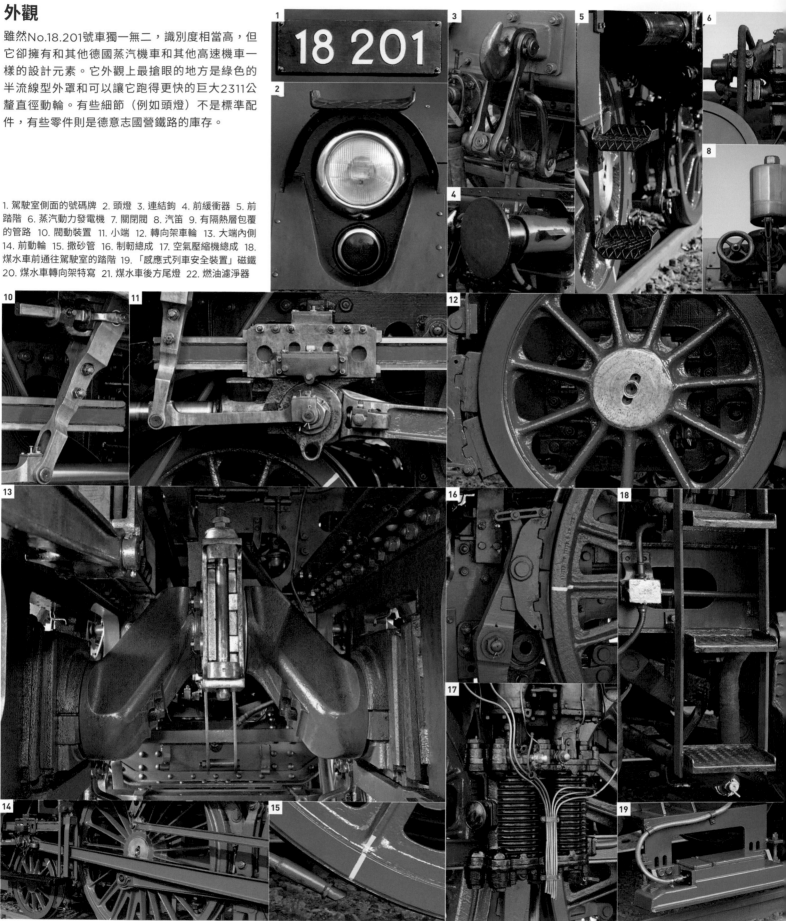

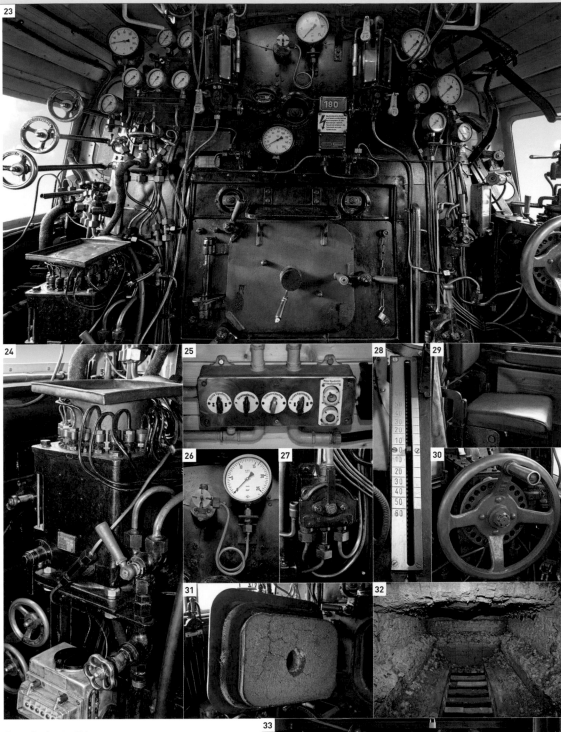

駕駛室內裝

和其他燃煤機車相比,燃油的No.18.201號擁有不同的控制裝置,司爐用它們來調節火力,也透過各種儀表來監控。隔熱的爐門在機車運作時會關閉,吃重的鏟煤工作也免除了。司機坐在右邊,可以輕鬆操作所有的主要駕駛控制裝置。

23. 駕駛室內部 24. 潤滑器 25. 照明燈開關 26. 壓力計
27. 砂箱控制器 28. 倒車／切斷指示器 29. 司爐座位 30.
逆轉機 31. 爐門 32. 燃燒室內部 33. 煤水車前端

科技變革

這是全世界的鐵路都經歷大變動的時代。私人汽車和新式高速公路帶來的衝擊造成許多載客率低的鐵路路線停止營運，尤其是在西歐。不過在東歐，鐵路支線依然蓬勃發展，煤、鐵礦之類的貨品仍用鐵路運輸。地方貨運大部分改用卡車，但使用水路聯運貨櫃的長途鐵路貨運業務卻持續成長。此外，許多歐洲城市都紛紛擴建既有的地下鐵系統，或是增建新的。

△ **BR D9500 Class 14**
英國鐵路D9500 14型，1964年

車輪輪式	0-6-0
傳動方式	液力
引擎	派克斯曼6YJXL引擎
總動力輸出	650匹馬力（485千瓦）
最高速度	約每小時64公里

本型機車共有56輛，全都是1964年在英國鐵路的斯文敦工廠生產的，原本設計用於地方貨運業務，但等到交車時，英國鐵路網的這項業務已經大幅萎縮，因此許多才服役不到三年就退役了。之後它們大部分轉到英國和歐洲各地的工業區鐵路上使用。

◁ **Soviet Class VL10**
蘇聯VL10型，1963年

車輪輪式	Bo-Bo+Bo-Bo
電源供應	3000伏特直流電，架空線
額定功率	6166匹馬力（4600千瓦）
最高速度	約每小時100公里

VL10型八軸雙車組電力機車是蘇聯鐵路的第一款現代化直流電機車，在提比里西（Tbilisi，位於今日喬治亞境）生產。它的外觀設計和零件有很多和也是在1963年引進的VL80型25 kV交流電機車共通。這兩型機車生產了數千輛，直到1980年代才停止製造。

△ **DR VT2.09 (Class 171/172)**
德意志國營鐵路VT2.09
（171/172型），1962年

車輪輪式	雙軸軌道客車
傳動方式	機械／液力機械
引擎	6 KVD 18 HRW引擎
總動力輸出	180匹馬力（134千瓦）
最高速度	約每小時90公里

這款機車用來在東德鄉間支線上運轉，綽號「豬仔計程車」（Ferkel-taxi），因為農夫有時候真的會把小豬當成行李帶上車。它早期的原型車在1957年生產，之後當局就下單採購量產車型，在1962到1969年之間交車，2004年才從德國鐵路上消失。

鐵道話題

軌道維護

自1960年代起，摩托化巡道車就取代或加強了以徒步方式進行的每日巡道工作，且能以更快的速度把工具和設備帶到施工現場。1960年代期間，美國和歐洲開始更常運用裝有特殊設備的測試車輛，以超音波檢測軌道，而一般的巡道車通常會在夜間運作，監測軌道狀況。

限乘二人 在東德，這種雙軸巡道車可搭載兩個人以及他們的工具，方便修復故障的小地方。

▷ **DR V60 D (Class 105)**
德意志國營鐵路V60 D（105型），1961年

車輪輪式	0-8-0
傳動方式	液力
引擎	12 KVD 18/21引擎
總動力輸出	650匹馬力（485千瓦）
最高速度	約每小時60公里

馬力強大的V60機車設計用來取代德意志國營鐵路負責調車和短程貨運的蒸汽機車。這些機車透過德國軍方在二次大戰期間使用的V36柴油引擎先進技術強化，擁有四根車軸，且罕見地以外露的連桿相連，主要是為東德和其他國家的鐵路以及東歐集團國家的工業用戶製造。

電池機車

許多歐洲國家都使用電池動力引擎在機廠內移動機車。若是使用電池引擎，電力機車不需要（危險的）架空線提供牽引電流就能在機廠內移動，而且比為了短短幾百公尺距離而發動柴油機車更快、更便宜。電池機車直到今天都以這個方式運用。

電池牽引車（Akkuschleppfahrzeuge, ASF）東德在1966年到1990年之間共製造超過500輛電池牽引車，由德意志國營鐵路和工業用戶使用，有些目前仍在服役。

△ **Preston Docks Sentinel**
普雷斯頓碼頭哨兵式，1968年

車輪輪式	A–A
傳動方式	液力
引擎	勞斯萊斯（Rolls-Royce）C8SFL引擎
總動力輸出	325匹馬力（242千瓦）
最高速度	約每小時29公里

哨兵式機車用來取代有鐵路的大型工業區使用的蒸汽機車。它設計新穎、操作簡單，駕駛室和車身等寬，司機位置在中間，而車外也有經過設計的安全位置，可供調車人員在車外作業時站立。目前英國的遺產鐵道保留了幾輛這款機車。

△ **LT Victoria Line**
LT維多利亞線，1969年

車輪輪式	四車組，一定是兩兩成對地運作
電源供應	630伏特直流電，第三及第四軌系統供電
額定功率	1137匹馬力（848千瓦）
最高速度	約每小時40公里

維多利亞線（Victoria Line）在1969年通車時，是倫敦地鐵60年來第一條全新的路線。倫敦交通局採購的新列車裝有列車自動運行裝置（Automatic Train Operation, ATO），因此列車可自動運行，而「司機」通常只負責到站時打開或關閉車門。

▽ **DR V300 (Class 132)**
DR V300（132型），1973年

車輪輪式	Co-Co
傳動方式	電氣
引擎	科隆納5D49引擎
總動力輸出	3000匹馬力（2237千瓦）
最高速度	約每小時120公里

德意志國營鐵路V300系列機車當中數量最多的就是132型，以蘇聯在佛洛希羅夫格勒（今日烏克蘭的盧甘斯克〔Luhansk〕）設計並製造的TE109機車為基礎發展而來，共生產709輛。雖然它們大部分已經退役，但仍有一些目前仍由德國德貨運公司使用中。

鐵道壯遊：
印度太平洋號

印度太平洋號（Indian Pacific）是第一列從澳洲東岸到西岸、橫貫整個大陸的鐵路客運直達車，太平洋岸上的雪梨和印度洋岸上的伯斯（Perth）終於在 1970 年 2 月 23 日透過鐵路連繫。

澳洲第一條完整橫貫大陸的鐵路若要成真，唯有把在19世紀及20世紀初期隨機興建的各種寬軌、標準軌和窄軌路線徹底統一，才有可能實現。

　　新南威爾斯政府在1855年啟用省內第一條標準軌距鐵路，連結東海岸上的雪梨與附近的格蘭維爾（Granville）。這條鐵路後來逐漸增建，透過一連串坡度陡峭的之字形路線越過藍山山脈（Blue Mountains），在1877年抵達距離雪梨322公里遠的奧倫吉（Orange）。從奧倫吉開始，標準軌距的布洛肯希爾（Broken Hill）線在1885到1927年往西邊分階段通車，越過人口稀少、乾燥貧脊的土地，抵達礦業小鎮布洛肯希爾。從布洛肯希爾再往西，1.06公尺軌距的夕弗頓鐵路（Silverton Tramway）在1888年通車，最遠可抵達科本（Cockburn）。這條鐵路在這

印度太平洋號在布洛肯希爾靠站
4000匹馬力（2984千瓦）的NR型柴電機車牽引印度太平洋號列車，在布洛肯希爾靠站。這個城鎮位於世界最大的銀、鉛和鋅礦礦床的中心。

搭火車省時間
澳洲藝術家詹姆士·諾斯菲爾德（James Northfield）繪製的經典旅遊海報，宣傳新建的橫貫澳洲鐵路的益處。

裡和從皮里港（Port Pirie）出發的同軌距南澳鐵路（South Australian Railways）交會，這條鐵路是阿得雷德到奧古斯塔港（Port Augusta）路線的其中一段。

　　從西海岸開始，一條1.06公尺軌距的鐵路已經在1897年連接了伯斯和金礦小鎮卡谷力（Kalgoorlie）。卡谷力和奧古斯塔港之間仍有一個跨越澳洲南部的缺口，長達1609公里，這個地區是個無人居住的乾旱沙漠。

　　1901年，新成立的澳洲聯邦（Commonwealth of Australia）政府提案修築鐵路，連接孤立的澳洲西部和澳洲其餘地區。澳洲橫貫鐵路（Trans-Australian Railway）全長1693公里，在1917年全線通車，橫越恰如其名的納拉伯平原（Nullarbor Plain，意思是「沒有樹木」），採用1.435公

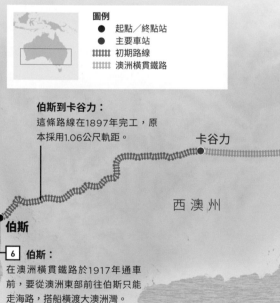

圖例
- ● 起點／終點站
- ● 主要車站
- ⋕⋕⋕ 初期路線
- ⋕⋕⋕ 澳洲橫貫鐵路

澳 洲

南 澳 州

西 澳 州

澳大利亞首都特區

大　澳　洲　灣

世界最長的筆直軌道路段：
長達478公里。

伯斯到卡谷力：
這條路線在1897年完工，原本採用1.06公尺軌距。

卡谷力
羅林納
隆加納
烏爾迪
塔庫拉
奧古斯塔港
皮里港
阿得雷德

伯斯

⌷6⌷ 伯斯：
在澳洲橫貫鐵路於1917年通車前，要從澳洲東部前往伯斯只能走海路，搭船橫渡大澳洲灣。

⌷1⌷ 營地列車：
修築澳洲橫貫鐵路的工人居住在鐵路上的列車宿舍裡，以免必須隨著鐵路修築工作進展而不斷拆遷營地。

兩支工程團隊會師：
1917年10月17日，分成東西兩段的澳洲橫貫鐵路在烏爾迪連接。

納拉伯平原：⌷5⌷
澳洲橫貫鐵路的興建工程在越過這塊幾乎沒有水的區域時面臨極大的困難。

奧古斯塔港到皮里港：
在1937年從1.06公尺軌距改成標準軌距。

窄軌軌距：
從皮里港到阿得雷德的1.06公尺軌距路線在1982年改建成標準軌距。

0　100　200　300　400公里

北

尺軌距，但兩端都和窄軌鐵路交會。且這段鐵路經過的地方完全沒有天然水源，因此蒸汽機車牽引的列車必須帶足自身的補給，光是這些就占用了火車運量的超過一半。柴油機車在1951年取代蒸汽機車。

橫越澳洲大陸的鐵路最後分階段改建成統一的標準軌距鐵路：從奧古斯塔港到皮里港的路段在1937年改建，從伯斯到卡谷力長達602公里的路段則在1969年改建。皮里港和布洛肯希爾之間的鐵路在1970年改建為標準軌距，因此印度太平洋號才能首度從雪梨啟程。現在的印度太平洋號是豪華列車，每週兩班，每趟四天，中途停靠歷史悠久的布洛肯希爾，並讓旅客體驗澳洲偏遠大地的景觀。

1982年，印度太平洋號在皮里港以南的路線改建為標準軌距後，也開始在阿得雷德靠站，讓列車的行駛路程延長到4352公里。

越過納拉伯平原
由兩輛NR型柴電機車重聯牽引的印度太平洋號在全世界最長的一段筆直鐵路上行駛，越過遼闊荒蕪的納拉伯平原。

重點提示

日期
1917 年 標準軌距的澳洲橫貫鐵路完工，在東西兩端均銜接窄軌鐵路。
1970 年 從雪梨到伯斯的連續標準軌距鐵路完工，印度太平洋號於 2 月 23 日首發。

列車
第一款機車： 英聯邦鐵路（Commonwealth Railways）CL 型 3000 匹馬力（2238 千瓦）Co-Co 輪式柴電機車，1970-72 年建造。
目前機車： NR 型 4000 匹馬力（2984 千瓦）Co-Co 輪式柴電機車，1996-98 年建造。
車廂： 最多可有 25 節 23 公尺長不鏽鋼車身空調車廂，包括臥鋪車、餐車、電源車、行李車還有運送旅客汽車的汽車載運車。車廂分成三個等級：白金、黃金和紅色。

旅程
原始旅程（雪梨－伯斯）： 3961 公里；75 小時。
雪梨－伯斯（經阿得雷德）： 4352 公里；65 小時；4 天 3 夜

鐵路
軌道 1.435 公尺標準軌距
隧道 世界最長的筆直軌道路線，長達 478 公里
最高點 藍山山脈上的貝爾車站（Bell Railway Station），高 1069 公尺

橫越澳洲大陸

印度太平洋號橫越新南威爾斯州、南澳州和西澳州，整趟旅程費時65小時，跨越三個時區，時區制是在1890年引進的。伯斯在夏季比雪梨慢兩小時，在冬季則慢三小時。

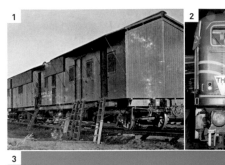

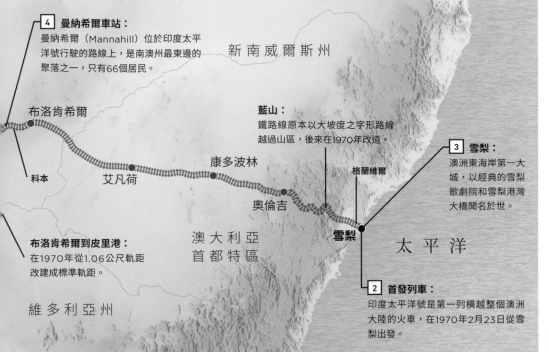

昆士蘭州

新南威爾斯州

4 **曼納希爾車站：**
曼納希爾（Mannahill）位於印度太平洋號行駛的路線上，是南澳州最東邊的聚落之一，只有66個居民。

藍山：
鐵路線原本以大坡度之字形路線越過山區，後來在1970年改道。

3 **雪梨：**
澳洲東海岸第一大城，以經典的雪梨歌劇院和雪梨港灣大橋聞名於世。

布洛肯希爾

科本　艾凡荷　康多波林　奧倫吉　格蘭維爾　雪梨

太 平 洋

澳大利亞首都特區

布洛肯希爾到皮里港：
在1970年從1.06公尺軌距改建成標準軌距。

維 多 利 亞 州

2 **首發列車：**
印度太平洋號是第一列橫越整個澳洲大陸的火車，在1970年2月23日從雪梨出發。

時髦旅遊

在1960和70年代，全世界的鐵路公司都大手筆投資，採購新款客運列車。這樣的投資有一部分是因為必須提高城際路線的速度和舒適度，有時候則是因為必須汰換較老舊的車廂。車廂的車身以鋼製為主流，取代了許多蒸汽機車時代的木製車架車廂。許多國家製造柴油或電氣動力的新式多車組列車，以取代用機車牽引車廂的傳統列車。

◁ **Cravens Stock**
克雷文斯車廂，1963年

構型 二等開放式車廂
載客數 64人
製造材料 鋼
使用鐵路 愛爾蘭鐵路（CIÉ）

1963到1967年間，愛爾蘭鐵路位於都柏林的羊島工廠（Inchicore Works）組裝了58輛這種車廂，零組件來自英國雪菲爾的克雷文斯（Cravens）。這種車廂裝有蒸汽加熱系統和真空制軔，在1960年代作為特快列車使用，目前有幾輛保留下來。

△ **Talgo III 塔爾高三型，1964年**

構型 關節式特快客運列車
載客數 21人
製造材料 不鏽鋼
使用鐵路 西班牙國家鐵路（RENFE）

1950年代，西班牙塔爾高公司（Talgo）首度嘗試運用單軸輪組的半永久式連結短車廂組合成關節式列車。塔爾高三型是這種列車的第三種改良版，也是第一款打進國際市場的版本，有些配備可變軌距輪軸，可以從西班牙開往法國。

△ **Penn Central/Amtrak Metroliner**
賓州中央／美鐵都會列車，1969年

構型 簡餐車（有動力）
車輪輪式 雙車組電聯車
電源供應 11 kV 25 Hz交流電、11 kV 60 Hz交流電、25 kV 60 Hz交流電，架空線
額定功率 1020匹馬力（761千瓦）
最高速度 約每小時200公里

賓州中央運輸公司（Penn Central Transportation）在1969年和美國政府與其他製造商合作，打造61組都會列車（Metroliner）電聯車，這些車輛在1971年被美鐵接收。都會列車設計的行駛速度可達每小時241公里，但它從未以這麼快的速度營運，絕大部分在1980年代從美鐵退役。

△ **Reko-Wagen 改裝車廂，1967年**

構型 二等開放式車廂
載客數 64人
製造材料 鋼
使用鐵路 德意志國營鐵路

德意志國營鐵路在1950和60年代導入改裝車廂（Reko-Wagen），改裝的意思是把設計較老舊的車廂加以改造。剛開始只生產了較短的三軸車廂，但1967年推出了18.7公尺長的附轉向架車廂。

△ **Eurofima 歐鐵融資車廂，1973年**

構型 頭等和二等開放式車廂
載客數 54人（頭等）、66人（二等）
製造材料 鋼
使用鐵路 瑞士鐵路和其他鐵路

在1970年代中期，幾個西歐國家的鐵路聯手訂購了500個新式日間車廂，採用標準化設計，並對十款原型車進行測試。它們獲得位於瑞士的一個非營利鐵路金融機構歐洲鐵路設備融資公司（歐鐵融資Eurofima）的資金挹注。六間不同的鐵路公司總計採購500個車廂。

▽ **Mark IIIB First Open**
Mark IIIB頭等開放式車廂，1975年

構型	頭等普爾曼車廂
載客數	48人
製造材料	鋼
使用鐵路	英國鐵路

第一款時速可達201公里的Mark III車廂在1975年推出，採用鋼質一體式單體結構生產，因此車身強度相當高。英國鐵路高速列車使用Mark III車廂，另外也製造了一些來和時速高達177公里的電力機車搭配。

△ **Mark III sleeper**
Mark III臥鋪車，1979年

構型	臥鋪車
載客數	13間包廂，26個鋪位
製造材料	鋼
使用鐵路	英國鐵路

1976年，英國鐵路訂購一款新式臥鋪車的原型車，打算取代較老舊的車種，但卻因為1978年湯頓（Taunton）有一班夜車的Mark I臥鋪車致命火災而取消。英國鐵路因此決定打造加裝了安全系統的新款臥鋪車，並在1979年訂購236輛。

▷ **Amtrak Superliner**
美鐵超級列車，1978年

構型	雙層長途用
載客數	最多74人，臥鋪人數較少
製造材料	不鏽鋼
使用鐵路	美鐵

超級列車（Superliner）長途用車廂是以1956年原本為阿奇申、托皮卡與聖塔菲鐵路（Atchison, Topeka & Santa Fe Railway）建造、並在1971年被美鐵接收的車廂為基礎發展而來的，自1978年開始生產，並在接下來的20年裡生產了將近500輛，有不同的配置（臥鋪車、客車、餐車和瞭望車等）。

Danger
Overhead
live wires

Class	92	A
Weight tonnes		126
Brake force tonnes		53
ETH index :		
ac		180
dc		108
RA		7
Max speed km/h		140
Braked Weight :		
Goods tonnes		65
Passenger tonnes		94

Cab 1
Side B

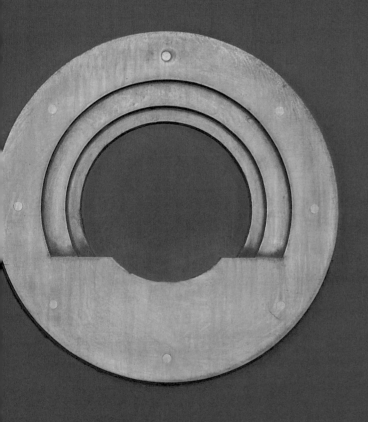
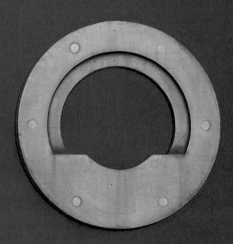

1980-1999年：
鐵道變革

鐵道變革

更多國家開始仿效日本興建專用路網，高速鐵路因此成為國際風潮。在歐洲，法國的高速列車（Train à Grande Vitesse, TGV）在 1981 年啟用，從巴黎開往里昂，十年之後德國也正式推出城際快車（InterCityExpress, ICE）。不過在英國，重點在於讓現有的系統現代化，而不是建造新路線。

隨著輕軌持續復興，一些地方也開始啟用新的輕軌系統。德國西南部的卡爾斯魯厄（Karlsruhe）引進一種新概念：「輕軌－火車」（Tram-train）系統，也就是說這種列車可以在街道及地方鐵路上行駛。儘管鐵道科技進步，但有感於過去的光榮盛世，想要恢復鐵路「黃金時代」的呼聲也跟著出現，並透過歐洲威尼斯辛普倫東方快車和印度皇宮列車（Palace on Wheels）的推出而得以實現。

冷戰的結束預示著歐洲鐵道的變革，尤其是在德國。德國在 1990 年統一後，跨越從前邊界的鐵路恢復通車，此外也興建新的路線，最後前東德和西德的鐵路系統也合併，成為新的德國國鐵。

然而，當英國國會在 1993 年投票通過民營化之後，英國的結構改組就更加激進得多。在接下來的幾年裡，國營的英國鐵路公司解散，新公司接手不同的路線，制定及實施自己的發展計畫，並在這個過程中重新引進了多種列車服務。

1994 年，隨著英法海底隧道（Channel Tunnel）通車，鐵道又歡慶另一個工程奇蹟。英法海底隧道在歷史上首次把英國和法國連結在一起，隧道啟用之後，列車在多佛海峽（Dover Strait）底下奔馳，可說是實現了 19 世紀的夢想。

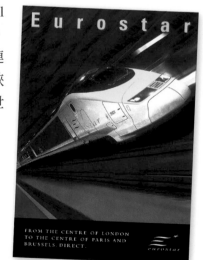

「速度快沒錯，但也要能賺錢。」

傑拉德·費恩斯（Gerard Fiennes），《費恩斯談鐵路》（*Fiennes on Rails*），1986年

△ **越過海峽**
1994年11月14日，歐洲之星（Eurostar）展開倫敦滑鐵盧國際車站（Waterloo International）、巴黎北站和布魯塞爾南站之間的服務。

● **關鍵事件**

▷ **1981年**：法國TGV高速列車啟用，歐洲進入高速鐵路時代。TGV把速度世界紀錄提升到每小時380公里。

△ **高速鐵路在法國**
TGV-PSE是往來於巴黎和法國南部的高速列車。最早的列車採用橘色和銀色的塗裝。

▷ **1991年**：俄羅斯完成貝加爾－阿穆爾鐵路，這是一條和著名的西伯利亞鐵路平行的重要鐵路線。

▷ **1991年**：德國啟用ICE城際列車，公共交通進入高速鐵路時代。

▷ **1992年**：德國卡爾斯魯厄啟用「輕軌－火車」服務。這個新概念整合地方鐵路和路面電車，列車在這兩套系統裡都可以運行。

▷ **1993年**：英國決定把鐵路民營化，國營鐵路在接下來的幾年裡解散。

▷ **1994年**：前西德的德意志聯邦鐵路和前東德的德意志國營鐵路合併，成立新的德國國鐵。

▷ **1994年**：英法海底隧道通車。鐵路從多佛海峽底下穿越，連結英國和法國。

▷ **1995年**：中國內蒙古的集通鐵路通車。這是世界上最後一條蒸汽機車幹線鐵路，直到2005年才轉換成柴油機車。

◁ **一列聯合太平洋貨運列車**越過一望無際的美國大地。

高速鐵路的全球化

自從1964年日本引進新幹線後，高速鐵路就開始在世界各地出現，以從前的列車不可能達到的速度運轉。在歐洲，法國拔得頭籌，興建專用的高速鐵路網，稱為TGV。第一條路線在1981年通車，往來巴黎與里昂。西班牙的第一條高速鐵路西班牙高速（Alta Velocidad Española, AVE）在1992年通車，往來於馬德里和塞維爾（Seville）。英國的路網則停留在維多利亞時代，相較之下顯得落後。儘管英法海底隧道在1994年通車，但英國的第一條專用高速鐵路「一號高速鐵路」（HS1）一直要到2007年才竣工，開創倫敦和巴黎間高速鐵路旅行的新時代。

▷ **Soviet ER200**
蘇聯ER200型，1984年

車輪輪式	每車兩組四輪轉向架
電源供應	3 kV直流電，架空線
額定功率	6車組：5150匹馬力（3840千瓦）；14車組：1萬5448匹馬力（1萬1520千瓦）
最高速度	約每小時200公里

ER200型是蘇聯的高速列車，在里加（Riga）生產，使用鋁合金打造，於1984年首度採用。這在當時是第一款直流電城際多車組電聯車，並使用電阻制動，之後的車型在莫斯科與聖彼得堡之間運行。ER200-15車組目前在莫斯科鐵道博物館（Moscow Railway Museum）展出。

△ **AVE S-100**
西班牙高速S-100型，1992年

車輪輪式	每車兩組四輪轉向架
電源供應	3 kV直流電，架空線／25 kV 50 Hz交流電，架空線
額定功率	1萬1796匹馬力（8800千瓦）
最高速度	約每小時300公里

西班牙高速是西班牙境內的高速鐵路網，由西班牙國家鐵路（Renfe Operadora）營運。它是歐洲最長的高速鐵路網，且是全世界繼中國之後第二長的。第一條路線往來於馬德里和塞維爾，在1992年通車，使用阿爾斯通（Alstom）生產的S-100型雙電壓電聯車。

▷ **Thalys PBKA**
大力士PBKA，1996年

車輪輪式	兩輛動力車＋八輛旅客車廂
電源供應	3 kV直流電，架空線／25 kV 50 Hz交流電，架空線／15 kV 16⅔ Hz交流電，架空線／1500V直流電，架空線
額定功率	4933匹馬力（3680千瓦）－1萬1796匹馬力（8800千瓦）
最高速度	約每小時300公里

大力士（Thalys）PBKA國際高速鐵路服務在1996年啟用，列車由法國GEC阿爾斯通生產，可在法國、德國、瑞士、比利時和荷蘭等國不同的電氣化鐵路系統上運行。總共有17組列車在巴黎、布魯塞爾、科隆（Köln）和阿姆斯特丹間行駛，所以稱為PBKA。

鐵道科技

「超快」（Transrapid）磁浮原型車

這種由德國開發的高速單軌鐵路列車沒有車輪、傳動裝置或車軸，也沒有第三軌或架空線供電。反之，它使用在兩個線性電磁線圈陣列之間產生的磁性吸引力，飄浮或懸浮在一條軌道導槽上方，因此才得到「磁浮」這個名稱。它以1934年的一個專利為基礎，1969年展開相關計畫，測試設施在1987年落成。最新款的磁浮09可達到每小時482公里的巡航速度。磁浮列車目前唯一的商業應用於2002年在中國啟用，連接上海市和浦東國際機場。

革命性科技 1980年，雙車組的磁浮「超快」原型車在德國恩斯蘭（Emsland）的測試設施裡的軌道上行駛。

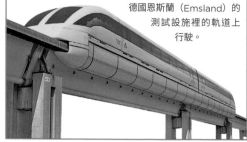

▷ **Eurostar Class 373/1**
歐洲之星373/1型，1993年

車輪輪式	每車兩組四輪轉向架
電源供應	25 kV 50 Hz交流電，架空線／3000V直流電，架空線／1500V直流電，架空線／750V直流電，第三軌供電（未使用）
額定功率	4600匹馬力（3432千瓦）－1萬6360匹馬力（1萬2200千瓦）
最高速度	約每小時300公里

373/1型多電壓電聯車在1993年引進，由歐洲之星在倫敦、巴黎和布魯塞爾之間的高速鐵路線上營運，中間會經過英法海底隧道。在英國，這些列車前往倫敦滑鐵盧車站時是在第三軌供電路網上運行，直到一號高速鐵路在2007年完工。

▷ SNCF LG V Sud-Est TGV
法國國鐵東南高速線高速列車，1981年

車輪輪式 每車兩組四輪轉向架

電源供應 1500V直流電，架空線／25 kV 50 Hz交流電，架空線

額定功率 4157匹馬力（3100千瓦）－9115匹馬力（6800千瓦）

最高速度 約每小時300公里

法國TGV高速列車原本計畫要以燃氣渦輪作為動力來源，但1973年的石油危機導致第一批原型車改用電力推進。這款雙電壓高速列車由GEC阿爾斯通製造，第一批在1981年服役，於巴黎和里昂之間的東南高速線（Ligne à Grande Vitesse, LGV）行駛。

▷ SJ X2 瑞典國家鐵路X2型，1989年

車輪輪式 每車兩組四輪轉向架

電源供應 15 kV 16⅔ Hz交流電，架空線

額定功率 4370匹馬力（3260千瓦）

最高速度 約每小時200公里

瑞典國家鐵路X2型高速傾斜式列車是用不銹鋼浪板打造的，可以在瑞典既有的鐵路網上高速行駛。它在測試時曾達到每小時276公里的速度。有一組列車出口到中國，其他的則是出租給美鐵和澳洲的國連鐵路（Countrylink）公司。

▷ DB ICE 1
德國國鐵城際列車1型，1991年

車輪輪式 每車兩組四輪轉向架

電源供應 15 kV 16⅔ Hz交流電，架空線

額定功率 5094匹馬力（3800千瓦）－6437匹馬力（4800千瓦）

最高速度 約每小時280公里

ICE城際列車是德國第一種真正的高速列車，在1991年啟用。當時共製造60列，每一列都包括列車兩端各一輛動力車，以及12或14節旅客車廂。12車組的列車可搭載743名乘客。

建造偉大鐵路：
歐洲之星

1994年，英法海底隧道通車，開啟了倫敦、布魯塞爾和巴黎之間高速鐵路旅行的現代化時期。不過在英國這一邊，嶄新的歐洲之星列車卻被迫在維多利亞時期的鐵路系統上行駛，直到2007年一號高速鐵路完全竣工為止。

在英吉利海峽底下挖一條隧道連接英國和法國並不是什麼新想法。在19世紀和20世紀初，就有各式各樣的提議出籠，但英國卻擔心隧道有可能被敵軍用來入侵，所以絕大部分計畫都無疾而終，雖然一份1929年的設計包括一套系統，可在必要時把海水灌進隧道、驅逐敵軍。

　　一直要到1960年代，法國和英國政府才同意一套比較現代化的方案。隧道修建工程總算在1974年展開，但因為英國政府發現工程成本飆升、經濟崩盤，因此不到一年就停工並取消計畫。不過到了1986年，一個由英法兩國銀行和建設公司組成的私人國際財團同意興建隧道，因此建築工作在1988年從兩邊分別展開。兩年後，兩邊的輔助隧道在海峽底下會合打通。

　　英法海底隧道長50.45公里，在1994年通車，從英格蘭的福克斯通通往法國加來附近的科凱勒（Coquelles）。它由兩條單線鐵路隧道組成，中間還隔著一條輔助隧道，可用來在緊急情況下疏散旅客。輔助隧道不是鐵路隧道，而是車行隧道，隧道維修工班可駕駛零排放電動車輛在裡面行駛。

　　巴黎和倫敦之間全新的歐洲之星列車需要使用高速鐵路，法國在這方面拔得頭籌，333

歐洲之星在聖潘克拉斯國際車站
隨著通往英法海底隧道的一號高速鐵路通車，聖潘克拉斯車站在2007年取代滑鐵盧車站，成為倫敦的國際總站。

1929年的鐵路服務宣傳海報，當時還沒有歐洲之星。

公里長的北部高速線在1993年通車。這條電氣化鐵路經由里耳（Lille），連接了巴黎北站、比利時邊境和英法海底隧道。比利時之後也接著興建長88公里的高速鐵路一號線（HSL 1），在1997年通車，連結北部高速線和布魯塞爾南站。

　　在英國，歐洲之星列車以較慢的車速在肯特的福克斯通和倫敦繁忙的通勤車站滑鐵盧車站之間的既有鐵道上行駛，停靠站內的特定月台。前往巴黎北站和布魯塞爾南站的列車從1994年11月14日開始運行。必須等到13年後的2007年11月14日，108公里長的一號高速鐵路才通車，從福克斯通通往剛整建完畢的倫敦聖潘克拉斯國際車站。這讓倫敦到布魯塞爾的車行時間縮短到1小時51分鐘。倫敦往巴黎則只要2小時15分鐘，比起以往旅客需要下車、搭渡輪橫渡海峽、再搭上另一列火車前往法國首都，快了超過四個小時。

速度限制
373000系列TGV高速列車（英國稱為英國鐵路373型）在鄉間路段以高速行駛，但在英法海底隧道內，速度被限制在每小時160公里。

倫敦 ●

倫敦聖潘克拉斯車站： 1

1994年，歐洲之星終點站原本是設在倫敦滑鐵盧車站，但一號高速鐵路在2007年通車後就搬遷到整修過的聖潘克拉斯國際車站。

重點提示

日期
1988年2月：英法海底隧道動工，隧道鑽掘工程展開。
1990年12月：英法兩邊的隧道在地底貫通。
1993年6月：第一列歐洲之星測試列車行經隧道，從法國前往英國。

列車
首都城際（Inter-Capital）列車組生產31組，27組在歐洲之星服役中：18節旅客車廂，長394公尺，載客量750人。
倫敦北（North of London）或區域（Regional）列車組（生產7組，長期租賃給法國國鐵）：14節旅客車廂，長320公尺，載客量558人。
夜星（Nightstar）列車組：預計提供倫敦以外地區的國際客運服務，在1999年取消，139輛車廂全部出售給加拿大維亞鐵路。
機車：目前共有27組歐洲之星電聯車服役中，分別為373/1型（英國）和TGV373000型（法國）。每組兩輛動力車。
車廂：歐洲之星車廂分為三級：豪華商務、豪華標準、標準。
速度：高速路段每小時300公里，英法海底隧道路段每小時160公里。

旅程
倫敦聖潘克拉斯車站往巴黎北站：
492公里；2小時15分（2007年起）
倫敦聖潘克拉斯車站往布魯塞爾南站：
373公里；1小時51分（2007年起）

鐵路
軌距：1.435公尺標準軌距
英法海底隧道：長50.45公里，是世界第二長的隧道，也是世界最長海底鐵路隧道，長37.9公里。
橋梁：麥德威高架橋（Medway Viaduct），長1.3公里。
最低點：海平面以下76公尺

2 **3** 打通隧道：
英國橫渡線隧道建在距離英國海岸將近8公里的地方，讓列車可以從一條軌道換線到另一條。南軌道鑽掘機從這裡可以一路往法國方向挖掘。

4 連結英國與法國：
英國端和法國端的隧道於1990年12月1日在海底下貫通。英法海底隧道紀念了這一刻。

峽

海

比 利 時

福克斯通

加來

布魯塞爾

吉

利

里耳

接駁服務：
汽車和卡車由「歐隧穿梭號」（Le Shuttle）列車載運，往返於福克斯通和加來西邊的科凱勒。

法國橫渡線洞室：
法國也在法國外海8公里處建造了一個巨大的橫渡線洞室。這些是人類挖掘過最大的海底洞穴。

布魯塞爾南站：
布魯塞爾南站在1952年啟用，擁有六個月台，現在從這裡前往倫敦只要1小時51分鐘。

里耳歐洲車站：
里耳歐洲車站（Lille-Europe Station）在1993年啟用，供歐洲之星、TGV 和其他高速列車使用，距離巴黎只有54分鐘車程。

高速列車出軌：
歐洲之星列車和TGV列車共用北部高速線。1993年，一列TGV列車以294公里的時速出軌，原因是軌道下方地面沉降，據信是第一次世界大戰挖掘壕溝造成的。所幸這起意外並未造成嚴重傷亡。

法 國

穿越法國：
歐洲之星以每小時300公里的速度在北部高速線疾馳。這是第一條連接英法海底隧道的高速鐵路，在1993年通車。

巴黎

5 巴黎北站：
巴黎北站於1846年啟用，歐洲之星列車自1994年起開始在此停靠。這座車站共有44座月台，其中四座為歐洲之星專用。

圖例
● 起終點站
● 主要車站
▥ 主要路線
▥ 隧道

0　　25　　50　　75公里

北

英法統一

共有超過1萬3000名工程師、技術人員和勞工付出心力，連接英國和法國，並動用了11部隧道鑽掘機。自1994年起，隧道使用率節節攀升，目前搭乘歐洲之星往來倫敦、巴黎和布魯塞爾的旅客總數已超過所有航空公司旅客的總和。

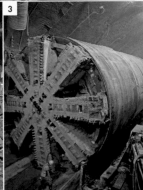

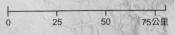

次世代柴油機車

到了1980年代初，歐洲和北美第一代土生土長的柴電機車都已經快要達到使用年限。美國的機車製造商奇異公司和通用汽車易安迪等品牌憑著他們極為成功、馬力更強大、效率更高的重型貨運機車，開始在兩大洲登上主導地位，這些機車至今仍在使用中。另一方面，1987年英國鐵路58型柴電機車No.58 050號在知名的頓卡斯特工廠駛出生產線，是他們生產的最後一輛機車，英國的柴油機車生產事業就此畫下句點。

△ **BR Class 58**
英國鐵路58型，1984年

車輪輪式	Co-Co
傳動方式	電氣
引擎	拉斯頓派克斯曼（Ruston Paxman）12汽缸引擎
總動力輸出	3300匹馬力（2460千瓦）
最高速度	約每小時129公里

58型重型貨運柴電機車的設計重點在於外銷潛力，英國鐵路工程公司（British Rail Engineering Ltd）在1983到1987年之間於頓卡斯特工廠製造了50輛。它們在英國的服役時間相當短，最後一輛在2002年退役，不過之後有30輛由荷蘭、法國和西班牙的鐵路公司使用。

△ **Amtrak GE Genesis**
美鐵奇異公司創世紀（Genesis），1992年

車輪輪式	B-B
傳動方式	電氣
引擎	奇異公司V12或V16四行程增壓引擎
總動力輸出	4250匹馬力（3170千瓦）
最高速度	約每小時177公里

奇異運輸系統（General Electric Transportation Systems）在1992年到2001年之間生產了321輛這種低矮的輕量化柴電機車，它們絕大部分用來在美國和加拿大牽引美鐵的長途高速列車。它還有一種雙模式版本，使用750伏特直流電，可從第三軌集電，適用於紐約之類的建築密集區。

△ **IÉ Class 201**
愛爾蘭鐵路201型，1994年

車輪輪式	Co-Co
傳動方式	電氣
引擎	通用易安迪V12二行程柴油引擎
總動力輸出	3200匹馬力（2386千瓦）
最高速度	約每小時164公里

1994到1995年之，通用汽車在加拿大安大略省為愛爾蘭鐵路（Iarnród Éireann）生產32輛這款性能優異的柴電機車，另外還生產兩輛給北愛爾蘭鐵路（Northern Ireland Railways）使用。它們全都以愛爾蘭的河川來命名，並用來牽引都柏林和科克（Cork）間的特快列車，以及都柏林和貝爾法斯特（Belfast）之間的奮進號（Enterprise）列車。

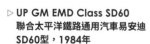

▷ **UP GM EMD Class SD60**
聯合太平洋鐵路通用汽車易安迪 SD60型，1984年

車輪輪式	C-C
傳動方式	電氣
引擎	易安迪16汽缸引擎
總動力輸出	3800匹馬力（2834千瓦）
最高速度	約每小時105公里

由通用汽車製造的易安迪SD60型重型貨運柴電機車在1984年獲得採用。它在1995年停止生產，此前共生產了1140輛，並出售給九家美國鐵路公司、加拿大國家鐵路和巴西。聯合太平洋鐵路共採購85輛SD60型（本圖為其中一輛）以及281輛SD60M改良型。

◁ **BR GM EMD Class 66**
**英國鐵路通用汽車EMD 66型，
1998年**

車輪輪式	Co-Co
傳動方式	電氣
引擎	EMD V12二行程增壓引擎
總動力輸出	3000匹馬力（2238千瓦）
最高速度	約每小時121公里

從1998年到2008年，美國易安迪
（Electro-Motive Diesel）為英國鐵路
生產了446輛這款大獲好評的柴電貨運
機車，此外也賣了超過650輛給歐洲幾
家貨運業者與埃及國家鐵路（Egyptian
State Railways）。

▷ **DWA Class 670 railcar**
DWA 670型軌道客車，1996年

車輪輪式	雙軸
傳動方式	機械
引擎	MTU 6V 183 TD 13柴油引擎
總動力輸出	335匹馬力（250千瓦）
最高速度	約每小時100公里

德國車輛公司（DWA）在1994年發表這輛用
巴士零件製造的雙層柴油軌道客車，並在
1996年為德國國鐵生產六輛，有一些目前仍
在服役。

◁ **ADtranz DE AC33C**
**艾波比戴姆勒賓士運輸系統股分公司DE
AC33C型，1996年**

車輪輪式	Co-Co
傳動方式	電氣
引擎	奇異公司V12柴油引擎
總動力輸出	3300匹馬力（2462千瓦）
最高速度	約每小時121公里

德國艾波比戴姆勒賓士運輸系統股分公司（ADtranz）
在1996到2004年之間生產這款性能強勁的機車，配備
奇異公司柴油引擎，獲得「藍虎」（Blue Tiger）的稱
號。總共有11輛是為德國境內的租賃業務生產，包括
圖中這輛No.250　001-5號車。另外巴基斯坦鐵路
（Pakistan　Railways）訂購了30輛，而馬來西亞的馬
來亞鐵道（Keretapi Tanah Melayu）也採購了20輛。

▷ **HSB Halberstadt railcar**
**哈次山窄軌鐵路哈爾柏史達特軌道客
車，1998年**

車輪輪式	兩組四輪轉向架（一組有動力）
傳動方式	機械
引擎	康明斯六汽缸1080 cc柴油引擎
總動力輸出	約375匹馬力（280千瓦）
最高速度	約每小時50公里

1999年，當時仍隸屬於德國
國鐵的哈爾柏史達特工廠
（Halberstadt Works），為
哈次山窄軌鐵路建造了四輛
這款軌道客車。它們目前
有時仍會行駛，負責運量
較低的路線。

電氣化的新浪潮

西歐的蒸汽機車在1950及1960年代銷聲匿跡，電氣化鐵路在歐陸大部分地區日漸蓬勃。原油價格在1970年代飆漲，促使各國鐵路公司更加堅決地想把才引進沒多久的柴油機車換成電力機車。不過，每個國家的供電狀況不一，加上跨國鐵路貨運業務增長，新一代的多電壓電力機車開始在1990年代出現。

▷ **CSD Class 363**
捷克斯洛伐克國家鐵路363型，1980年

車輪輪式	B-B
電源供應	25 kV 50 Hz交流電／3000 V直流電，架空線
額定功率	4102-4666匹馬力（3060-3480千瓦）
最高速度	約每小時121公里

363型雙電壓機車原型車由許科達為捷克斯洛伐克國家鐵路製造。它是世界第一款多系統電力機車，裝有功率閘流體組件脈衝調節器，而且加速時會產生有三種頻率的獨特聲音。

◁ **DR Class 243**
德意志國營鐵路243型，1982年

車輪輪式	Bo-Bo
電源供應	15 kV 16.7 Hz交流電，架空線
額定功率	4958匹馬力（3721千瓦）
最高速度	約每小時120公里

在1982年到1991年間，亨尼希斯多夫機車電氣製造廠為德意志國營鐵路製造了超過600輛這款客貨兩用電力機車。它原本的分級是243型，但德國統一之後，被重新編號為143型。

冰河快車

冰河快車（Glacier Express）的名稱得自它通過富爾卡隘口（Furka Pass）時會行經的隆河冰河（Rhone Glacier），於1930年6月25日通車，往返於瑞士的聖摩里茨（St Moritz）和采馬特（Zermatt）之間。它原本是由三家1公尺軌距的窄軌鐵路公司營運，分別為畢爾格－維斯普－采馬特鐵路（Brig-Visp-Zermatt Bahn, BVZ）、富爾卡－上阿爾卑鐵路（Furka Oberalp Bahn, FO）和雷蒂亞鐵路（Rhaetian Railway, RhB）。富爾卡－上阿爾卑鐵路使用蒸汽機車，直到1942年才電氣化，但其他兩條路線早已電氣化。冰河快車的營運全年無休，但根本稱不上「快車」，因為它得花上七個半小時才能跑完291公里的路程，絕大部分都是齒軌鐵路。自2008年起，阿布拉和柏尼納鐵路（Albula and Bernina railways）的大部分路段都被聯合國教科文組織列為世界遺產。

景觀之旅 這列火車行經291座橋梁，穿越91座隧道，沿著眾多螺旋形路段爬升，讓旅客體驗令人摒息的阿爾卑斯山景致。

△ **PKP Class EP09**
波蘭國家鐵路EP09型，1986年

車輪輪式	Bo-Bo
電源供應	3000 V直流電，架空線
額定功率	3914匹馬力（2920千瓦）
最高速度	約每小時160公里

1986到1997年之間，弗次瓦夫（Wroclaw）的國家軌道車輛製造廠（Pafawag）為波蘭國家鐵路生產了47輛EP09型高速客運電力機車，第一輛在1988年投入服役。它們主要是在華沙跟克拉科夫（Kraków）之間的鐵路幹線上運行。

△ **SNCF Class BB 26000**
法國國鐵BB 26000型，1988年

車輪輪式	B-B
電源供應	25 kV交流電／1500 V直流電，架空線
額定功率	7500匹馬力（5595千瓦）
最高速度	約每小時200公里

這種多用途雙電壓電力機車是在1988到1998年之間為法國國鐵生產的，共製造234輛。此外，1996到2001年還生產了60輛三電壓機車，並被歸類為SNCF BB 36000型。

△ BR Class 91
英國鐵路91型，1988年

車輪輪式	Bo-Bo
電源供應	25 kV交流電，架空線
額定功率	6480匹馬力（4832千瓦）
最高速度	約每小時204公里

91型機車由克魯工廠為英國鐵路建造，共製造31輛，在1988到1991年間交車。它的設計時速最高可達225公里，但目前只以每小時204公里的速度行駛，在倫敦國王十字車站和愛丁堡間的東海岸幹線上以推拉方式牽引特快列車。

△ FS Class ETR 500
義大利國家鐵路ETR 500型，1992年

車輪輪式	動力車：兩組四輪馬達轉向架
電源供應	3 kV直流電，架空線
額定功率	完整車組：1萬1796匹馬力（8800千瓦）
最高速度	約每小時250公里

經過四年的測試後，義大利國家鐵路在1992到1996年間採用了30列ETR 500型高速單電壓電力列車。在量產車型建造之前，當局先打造了一輛原型車進行測試。原型車由一輛E444型機車牽引，1988年在弗羅倫斯和羅馬間的直達鐵路上測試，創下每小時319公里的紀錄。

◁ SBB Cargo Bombardier Traxx
瑞士聯邦鐵路貨運龐巴迪超高彈性跨國鐵路應用型機車，1996年

車輪輪式	Bo-Bo
電源供應	15 kV 16.7 Hz交流電／25 kV 50 Hz AC交流電，架空線
額定功率	7500匹馬力（5595千瓦）
最高速度	約每小時140公里

自1996年起，龐巴迪（Bombardier）超高彈性跨國鐵路應用（Traxx）雙電壓機車獲就得多家歐洲鐵路公司採用。自那時起，已經有大約1000輛從公司位於德國卡瑟爾（Kassel）的組裝廠出廠，當中有35輛是F140交流電車型（如圖），由瑞士聯邦鐵路貨運（SBB Cargo）操作。

▽ BR Class 92 英國鐵路92型，1993年

車輪輪式	Co-Co
電源供應	25 kV交流電，架空線／750 V直流電，第三軌供電
額定功率	5360-6760匹馬力（3998-5041千瓦）
最高速度	約每小時140公里

92型雙電壓電力機車設計用來牽引貨運列車經由英法海底隧道往來英法兩國，由布拉許牽引公司和艾波比牽引公司（ABB Traction）製造，在布拉許牽引公司位於英國勒夫波羅（Loughborough）的組裝廠內生產，1993到1996年間共生產了46輛，目前由基比鐵路貨運（GB Railfreight）／歐洲港二號（Europorte 2）和德鐵信可（DB Schenker）操作。

▷ Amtrak Class HHP-8
美鐵HHP-8型，1999年

車輪輪式	B-B
電源供應	12.5 kV 25 Hz交流電／12.5 kV 60 Hz交流電／25kV 60Hz交流電，架空線
額定功率	8000匹馬力（5968千瓦）
最高速度	約每小時201公里

1999年，阿爾斯通和龐巴迪為美鐵建造了15列這款特快客運電力機車。美鐵讓它們在華盛頓特區和波士頓之間的東北走廊（Northeast Corridor）上牽引列車，直到2012年退役。

火車檔案：皇宮列車

若是能以印度大君的派頭穿越印度最令人神往的目的地，那絕對會是人生最奢華的鐵路旅行之一。皇宮列車（Palace on Wheels）是世界最頂級的五班豪華列車之一，以拉加斯坦（Rajasthan）和古加拉特（Gujarat）的統治者、海德拉巴的尼扎姆（Nizams of Hyderabad），以及印度歷任總督富麗堂皇的私人專車為基礎重建而成。原本的車廂自 1917 年開始使用，直到 1947 年印度脫離英國獨立為止。

原本華麗非凡的「皇家」車廂以古董絲綢裝潢，不適合作為印度標準的載客車廂，因此被淘汰。不過在1982年，印度鐵路和拉加斯坦旅遊發展公司（Rajasthan Tourist Development Cooperation）攜手合作，打造了一列嶄新的豪華米軌列車，以象牙色塗裝搭配天鵝絨內裝車廂，營造出舊時代富麗堂皇的裝飾氛圍。全新的皇宮列車由蒸汽機車牽引，在1月26日印度共和日當天展開首航。

1990年代，由於鐵路轉換成寬軌，皇宮列車也接受了相對應的改裝。皇宮列車的臥鋪升級成現代化的空調包廂，並附有浴室，每間沙龍車廂以拉加斯坦各王國的名稱來命名，內部裝潢則透過繪畫、家具和手工藝品反映出這個地區的歷史。皇宮列車至今仍在營運，有14節沙龍車廂、一節廚房車廂、兩間餐廳、一個有沙發區的酒吧，以及四節服務車廂。為了讓乘客感覺更加尊貴，列車上還有個人的印度隨從（Khidmatgar），全日無休隨傳隨到。

皇宮列車的七天往返行程已經成為吸引世界各地旅客的重要觀光資產。這樣的旅程每趟只有80個名額，從新德里出發，一路上行經印度西北部黃金三角地帶的主要景點，還會遊覽野生動物園，並在泰姬瑪哈陵（Taj Mahal）畫下完美的句點。

蒸汽機車

柴油機車

嚮往皇家尊榮
皇宮列車以1920和1930年代印度1公尺軌距的皇室和官方專用座車為基礎，精心重新打造並隆重推出，更顯氣勢不凡。今日絕大部分旅程都是以柴油機車為動力來源，幾乎不再用蒸汽機車牽引車廂。

車廂規格	
來源	印度
服役時間	1982年至今
車廂	14節
載客數	約80名
路線	拉加斯坦和黃金三角（德里－齋浦－亞格拉）

畢生難忘的旅程
皇宮列車長達一週的旅程會帶領乘客遊賞印度西北風光，在黃金三角地帶幾個最受歡迎的觀光景點進行懷舊之旅。

車廂全長都有車窗

每一個沙龍車廂的塗裝都一樣

紋章代表的王國就是這節車廂內部裝潢的靈感來源

手繪的沙龍車廂名稱

車廂兩端都有車門，門上的窗戶為橢圓形

基珊加（Kishangarh）沙龍車廂

君王的待遇
皇宮列車上的兩間餐廳分別叫「摩訶羅闍」
（Maharaja，如圖）和「摩訶拉尼」
（Maharani）。有一輛1889年原本的皇家沙
龍餐車目前收藏在德里的國家鐵道博物館。

齋浦沙龍與臥室

齋浦沙龍的裝飾色系源自前拉傑普特（Rajput）的齋浦王國，車廂外則繪有它的紋章。車頂用當地聞明的金箔工藝裝飾，描繪宗教節慶，例如提吉節（Teej）、侯麗節（Holi）、甘果節（Gangaur）和排燈節（Diwali）。每個沙龍都有四間臥室和一間浴室，此外還有小廚房和客廳，讓旅客更加舒適。

1. 金屬板上的浮雕車廂名稱 2. 描繪拉加斯坦當地節日的車頂金箔工藝裝飾 3. 玻璃和鍍金的天花板燈 4. 沙龍內宴會風格的沙發與壁畫彩繪的天花板 5. 門上的金屬標示牌 6. 車廂走道 7. 臥室包廂 8. 臥鋪包廂內的梳妝鏡 9. 電燈和音樂開關 10. 浴室內設備，附有優雅的現代化裝潢和鏡子

皇宮列車酒吧

酒吧的設計反映出當代的皇室風格，同時也讓人回想起拉傑普特時代。吧台區是用木材、大理石和黃銅配件打造，體現了時光淬鍊的美感。吧台正面以一系列精選的古董陶瓶圖案裝飾，描繪從前的印度大君可能曾經使用過的酒器。

11. 酒吧車廂　12. 吧台的大理石桌面　13. 吧台正面有黃金鑲嵌的大理石陶瓶裝飾　14. 緊急停止鍊　15. 枝形裝飾吊燈　16. 孔雀圖案的彩繪玻璃　17. 柚木鏤空雕刻裝飾　18. 氧化白色金屬椅架的扶手椅　19. 生絲裝飾的軟墊沙發　20. 扶手椅的扶手前端細膩的象頭雕刻──象徵榮華富貴

摩訶拉尼餐廳

拉加斯坦主題的室內設計風格也延續到摩訶拉尼（王后）餐廳裡，搭配花紋地毯與窗簾，牆上掛著裱框的蒙兀兒（Mughal）時期藝術作品。其中最奢華的裝飾也許是鏡面和柚木鑲板的天花板。

1. 豪華的餐廳搭配鏡面天花板 2. 車廂牆上的蒙兀兒藝術品，以大理石與植物性色素製作 3. 花朵圖案的絲綢刺繡窗幔 4. 餐廳門上的樹木主題彩繪玻璃裝飾 5. 裝滿飾板的走廊 6. 廚房位於餐車的一端

摩訶羅闍餐廳

摩訶羅闍在印度文中是「國王」的意思，因此和摩訶拉尼餐廳相比，感覺更加陽剛。皇家藍色調的窗幔襯托了別緻典雅的桃花心木裝飾，每張餐桌搭配四個座位。這兩間餐廳提供各式各樣不同的料理，但都是以拉加斯坦菜色為主。

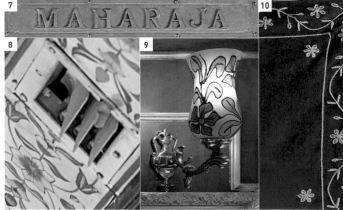

7. 門上的銘牌 8. 天花板中央飾板中的通風口 9. 牆上的燈有彩繪玻璃燈罩裝飾 10. 天鵝絨窗幔上的黃金刺繡裝飾 11. 用桃花心木鑲板裝飾的餐車

皇家水療

皇宮列車的奢華服務可說是與時俱進，最近還加掛了一節車廂，專門提供水療按摩服務，在令人放鬆的現代化環境裡安裝了最高級的設備。旅客搭乘火車穿越鄉間、往下一處古蹟奔馳時，可以趁機享受按摩及其他各種舒緩療程。

12. 皇家水療車廂的走道　13. 雙床型按摩間　14. 洗頭和泡腳的座椅和水槽　15. 有玫瑰花瓣的泡腳盆

發電機車廂和列車長室

列車長室和發電機車廂位於列車前方，遠離富麗堂皇的旅客車廂。發電機提供電燈、電器、廚房和吧台設備的必要電力。在列車長室裡，列車長會密切注意各種儀表的讀數，以確保列車順利運行、客人一路都很舒適。

16. 發電機車廂裡的電力控制面板　17. 列車長室　18. 手軔機　19. 溫度控制面板
20. 通風口控制器　21. 氣軔

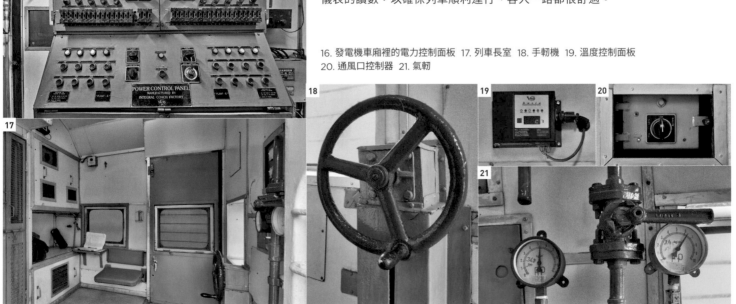

都市鐵道的解決方案

市區鐵路系統的開山祖師，像是倫敦大都會鐵路和芝加哥的南側高架鐵路（South Side Elevated Railroad），原本都使用蒸汽機車。但到了1930年代，電氣化鐵路開始出現，布達佩斯地鐵、莫斯科地鐵和倫敦地鐵都載運大批通勤乘客往來郊區住家和市中心辦公室之間。由於全世界的都市到了20世紀晚期都還在擴張，因此許多現代化的電力驅動捷運系統（rapid-transit　system, RTS）如雨後春筍般冒出，像是街道電車、路面鐵路和地下鐵等等。許多都使用無人駕駛的自動列車，每天都以相當快的速度載運數以百萬計的乘客短距離移動。

▷ **Vancouver SkyTrain RTS ICTS Mark I**
溫哥華高架列車中運量捷運系統Mark I，1985年

車輪輪式	雙車組
電源供應	750V直流電，第三軌供電
額定功率	每雙車組888匹馬力（640千瓦）
最高速度	約每小時80公里

69公里長的溫哥華高架列車（Vancouver Sky-Train）是服務溫哥華和周圍郊區的捷運系統，其中博覽線（Expo Line）和千禧線（Millennium Line）是自動駕駛，由線性感應馬達驅動。列車有兩車到六車的編組，圖為四車編組的中運量捷運系統（Intermediate Capacity Transit System, ICTS）Mark I列車。這個系統由安大略城市交通發展公司（Urban Transportation Development Corporation of Ontario）興建。

△ **SDTI Duewag U2 cars**
聖地牙哥路面電車杜瓦格U2電車，1980/81年

車輪輪式	兩頭、六軸、關節式
電源供應	600V直流電，架空線
額定功率	408匹馬力（300千瓦）
最高速度	約每小時80公里

聖地牙哥路面電車（San Diego Trolley）共有53座車站，分成三條路線，是美國加州聖地牙哥（San Diego）的輕軌系統，在1981年通車。它一開始使用的關節式U2電車由德國杜瓦格（Duewag）公司製造，而這款電車也在加拿大的艾德蒙吞（Edmonton）和卡加立（Calgary）以及德國的法蘭克福（Frankfurt）行駛。

△ **Berlin U-Bahn F-type train**
柏林地鐵F型列車，1992/1993年

車輪輪式	雙車組
電源供應	750V直流電，架空線
額定功率	408匹馬力（300千瓦）
最高速度	約每小時80公里

柏林地鐵（U-Bahn）總長245公里，最早在1902年通車，而儘管冷戰期間柏林分裂帶來了問題，如今卻已發展到十條路線共170座車站。柏林地鐵使用小輪廓車型也使用大輪廓車型——例如F型。列車有四車、六車和八車的編組。

▽ Vienna ULF tram
維也納超低地板電車，1998年

車輪輪式	雙或三車關節式
電源供應	600V直流電，架空線
額定功率	653匹馬力（480千瓦）
最高速度	約每小時80公里

由德國西門子和奧地利埃林（Elin）製作的超低地板（Ultra Low Floor, ULF）電車於1998年被引進維也納的路面電車系統，而羅馬尼亞的奧拉迪亞（Oradea）也在2008年採用。它的地板離道路鋪面只有18公分，方便輪椅及嬰兒車上下車。

△ T&W Metro
泰恩威爾捷運，1980年

車輪輪式	雙車組關節式（六軸關節式車組）
電源供應	1500V直流電，架空線
額定功率	410匹馬力（301.5千瓦）
最高速度	約每小時80公里

英格蘭東北部泰恩河畔紐卡索的泰恩威爾捷運（Tyne & Wear Metro）長74公里，是複合輕軌系統，包含郊區、市區間和地下路段。它共有90組雙車關節式車組，原則上兩組連結在一起，是1978到1981年間由伯明罕的都城嘉慕（Metro Cammell）生產的。

▽ Luas Alstom Citadis tram
都柏林輕軌阿爾斯通西塔迪斯電車，1997年

車輪輪式	3、5、7車組關節式（8、12、16軸關節式車組）
電源供應	750V直流電，架空線
額定功率	979匹馬力（720千瓦）
最高速度	約每小時70公里

西塔迪斯（Citadis）是由法國阿爾斯通和西班牙聯手推出的低地板電車系統，受到世界許多城市歡迎。愛爾蘭都柏林的都柏林輕軌（Luas）系統長37公里，紅線使用三車組的301型和五車組的401型，綠線則使用七車組的402型。

△ SMRT North–South Line C151
新加坡大眾捷運南北線C151型，1987年

車輪輪式	6車組
電源供應	750V直流電，第三軌供電／1500V直流電，架空線
額定功率	2937匹馬力（2160千瓦）
最高速度	約每小時80公里

新加坡大眾捷運（Singapore's Mass Rapid Transit, SMRT）在1987年南北線通車時展開服務，至今總長已達150公里，分成五條路線，共106座車站。六車組的C151（如圖）、C151A和C751B列車是從第三軌集電，並有列車自動操作系統。C751A列車則為全自動無駕駛設計，由架空線供電。

▽ Gatwick Adtranz C-100
蓋特威克艾波比戴姆勒賓士運輸系統股分公司C-100型，1987年

車輪輪式	雙車組有橡膠輪胎
電源供應	600交流電
額定功率	每車110.5匹馬力（75千瓦）
最高速度	約每小時46公里

這套全自動無駕駛的高架旅客輸送系統在1987年啟用，連接英國倫敦蓋特威克機場（Gatwick Airport）的南北航廈，長1.2公里。類似的系統也已經在世界各地的機場和城市裡普及。

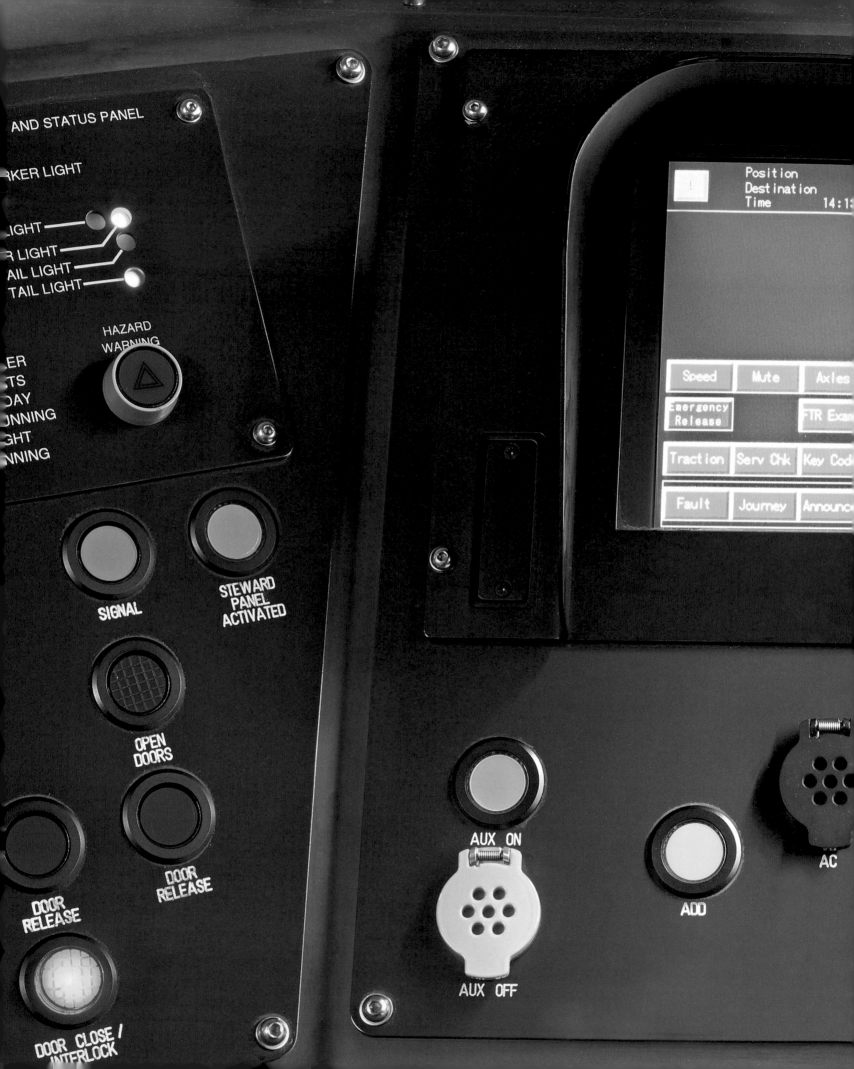

公元2000年之後：
鐵道復興

鐵道復興

正當世界尋找公路運輸的替代方案時，鐵路再次成為第一選擇。新式高能源效率機車推陳出新，人類也繼續追求更快的速度。2003 年，日本一列實驗型磁浮列車達到每小時 581 公里的速度，而世界第一條商業化營運的磁浮列車則於 2004 年在上海啟用。兩年之後，通往拉薩的鐵路通車，打破了另一項紀錄：讓一般的列車可以在從未達到的高度行駛。列車在超過海拔 5000 公尺的高度上運行，每位乘客都配發氧氣面罩。2007 年，一列特別改裝的 TGV 高速列車在法國打破傳統列車的速度世界紀錄。

世界各地繼續增建高速鐵路。中國已有數千公里的高鐵通車，形成世界規模最大的高速鐵路網。西班牙在 1992 年進入高速鐵路時代，已經打造出歐洲最大的高鐵系統。阿西樂號（Acela Express）在美國推出，讓美國把鐵道最高速度推升到每小時 241 公里，而英國也建成了連接倫敦和英法海底隧道的專用高速鐵路。

不過鐵路的進步不是只有在速度方面而已。地鐵和輕軌也繼續擴張版圖，營運單位則追求更高程度的自動化。當 21 世紀的第一個十年接近尾聲時，杜拜捷運成為世界上最長的全自動路線，有 75 公里。

鐵路旅行經過脫胎換骨，已經進化成空間侷限的民航機和塞車的公路以外的另一個奢華選擇——乘客能夠以時髦的方式穿越千變萬化的美景。在誕生兩個世紀之後，鐵路的時代遠遠還沒結束。

「任何鐵路，只要運作得宜，都是文明合作的奇蹟。」

莉比・珀維斯（Libby Purves），《泰晤士報》，2002年5月14日

△ **東方快車奢華旅遊**
在這張威尼斯辛普倫東方快車的現代海報中，穿著制服的乘務員暗示著昔日的豪華旅行即將回歸。

關鍵事件

▷ **2000年**：阿西樂號在美國啟用，速度達每小時241公里。

▷ **2003年**：英國連接英法海底隧道的高速鐵路第一段通車。這條鐵路之後通往倫敦，就是現在的一號高速鐵路。

▷ **2003年**：一輛試驗磁浮列車在日本達到每小時581公里的速度，這是載人列車的新世界紀錄。

▷ **2004年**：世界第一條商業化營運的高速磁浮列車在上海啟用。

△ **上海磁浮列車**
世界唯一商業化營運的磁浮列車在上海和浦東國際機場之間行駛，速度達到每小時431公里。

▷ **2006年**：世界位置最高的傳統鐵路開始營運。西藏境內的鐵路線高度達到海拔5072公尺。

▷ **2007年**：一列試驗性質的法國TGV高速列車創下時速575公里的傳統有輪火車速度世界紀錄。

▷ **2007年**：中國新建的專用高速鐵路線通車，進入現代化高速鐵路時代。

▷ **2009年**：杜拜捷運第一段通車，接著另一段也在2010年啟用，長75公里，是世界上最長的全自動捷運系統。

▷ **2012年**：北京到香港高速鐵路的主要路線完工，成為世界最長高速鐵路。當它在2015年全線完工時，長度達到2234公里。

◁ **在日本東京**，子彈列車從高聳的辦公大樓之間迅速穿過。

通盤應用

21世紀初，製造商和客戶之間的關係改變了。不再是鐵路公司明確告知設備製造商他們想要什麼樣的東西，而是製造商開始提供鐵路業者以通用「平台」為基礎的產品線，和汽車和航空工業很像。因此現在加州的通勤族可能會搭上和柏林或雅典的通勤族類似的列車，而可互換操作機車在歐洲則相當普遍，它們能透過多種牽引電壓行駛，並使用幾種不同的號誌系統。

△ **Siemens Eurosprinter ES64 U2/U4**
　西門子歐洲短跑手ES64 U2/U4，2000年

車輪輪式	Bo-Bo
電源供應	1500 V直流電／3000 V直流電／15 kV交流電／25 kV交流電，架空線
額定功率	8579匹馬力（6400千瓦）
最高速度	約每小時230公里

由於接獲德國國鐵和奧地利聯邦鐵路（ÖBB）的大訂單，西門子因此推出歐洲短跑手（Eurosprinter）機車產品線。歐洲短跑手擁有四種基本車身和多種版本。ES64 U4（意指歐洲短跑手6400kW通用4系統）是當中最具使用彈性的型號，可在多個國家的鐵路系統裡操作。

△ **Siemens Desiro Classic**
　西門子經典戴瑟羅，2000年

車輪輪式	雙車組柴聯車
傳動方式	機械
引擎	2 x MTU 1800 6R引擎
總動力輸出	845匹馬力（630千瓦）
最高速度	約每小時120公里

西門子至今已賣出超過600組的雙車組關節式柴油動力經典戴瑟羅（Desiro Classic）客車，這是「戴瑟羅」的第一種型號。這款列車主要在歐洲用於區域客運服務，並曾出口到南加州。電力版本也賣到保加利亞、希臘和斯洛維尼亞。

▽ **Voith Gravita**
　福伊特格拉維塔，2008年

車輪輪式	B-B
傳動方式	液力
引擎	8 V 4000 R43引擎
總動力輸出	1341匹馬力（1000千瓦）
最高速度	約每小時100公里

由福伊特（Voith）開發的格拉維塔（Gravita）機車產品線是為低運量路線的貨運交通設計的。德國國鐵採購兩種型號共130輛，分別是99輛格拉維塔10BB和31輛性能更強的15BB。

▷ Siemens Desiro-RUS
西門子俄羅斯戴瑟羅，2013年

車輪輪式	雙車組電聯車
電源供應	3000 V直流電和25 kV AC交流電，架空線
額定功率	3418匹馬力（2550千瓦）
最高速度	約每小時160公里

戴瑟羅電聯車曾銷售給幾個國家，包括英國、希臘、斯洛維尼亞和泰國等。俄羅斯鐵路（RZD）訂購了38組俄羅斯戴瑟羅（Desiro-RUS）列車，在2014年的索契冬季奧運會上提供載客服務。這款列車稱為「飛燕」（Lastochka），由西門子位於德國克雷非（Krefeld）的工廠組裝。

◁ Bombardier ALP45 DP
龐巴迪ALP45 DP，2012年

車輪輪式	Bo-Bo
傳動方式	電力
引擎	2 x開拓重工（Caterpillar）3512C引擎
電源供應	25kV與12.5kV 交流電，架空線
總動力輸出	柴油：4200匹馬力（3135千瓦）／電力：5362匹馬力（4000千瓦）
最高速度	柴油：約每小時161公里／電力：約每小時200公里

這款機車設計用來在北美地區繁忙的電氣化路線及非電氣化區域路線上通用操作，以實現「一座到底」的目標，也就是旅行途中不須轉乘火車。它可以在行駛途中切換柴油或電力動力。龐巴迪已經銷售了46輛給紐澤西交通（New Jersey Transit）和加拿大蒙特婁的大都會交通局（Agence Métropolitaine de Transport）。

▷ Voith Maxima
福伊特麥克斯瑪，2008年

車輪輪式	C-C
傳動方式	液力
引擎	盎格魯比利時公司（ABC）16 V DZC引擎
總動力輸出	4826匹馬力（3600千瓦）
最高速度	約每小時120公里

2008年，福伊特在歐洲推出有史以來性能最強的單引擎、柴液貨運機車，共分成兩個版本，麥克斯瑪（Maxima）40CC和出力稍微調降的麥克斯瑪30CC。大約銷售了20輛，主要是賣給德國的貨運業者。

△ Vossloh Eurolight
佛斯洛歐洲輕量，2010年

車輪輪式	Bo-Bo
傳動方式	電力
引擎	開拓重工C175-16引擎
總動力輸出	3753匹馬力（2800千瓦）
最高速度	約每小時200公里

佛斯洛（Vossloh）歐洲輕量（Eurolight）的設計目標是在盡可能降低車軸重量的情況下把可用動力拉到最高，讓機車在通常不是為重運量列車建造的鄉間路線上也能操作。這款機車擁有輕量化的引擎和車身，重量不到79公噸。

△ Vossloh G6
佛斯洛G6，2010年

車輪輪式	C
傳動方式	液力
引擎	康明斯QSK-23-L引擎
總動力輸出	900匹馬力（671千瓦）
最高速度	約每小時80公里

佛斯洛在德國基爾（Kiel）先前的基爾機械製造廠（Maschinenbau Kiel, MaK）廠房製造這款G6柴液機車，至今絕大部分都是銷售給德國的工業用戶。在德國中部薩爾茨吉特（Salzgitter）地區，佩納—薩爾茨吉特運輸公司（Verkehrsbetriebe Peine-Salzgitter, VPS）經營大規模鐵路網，為當地鋼鐵工業提供運輸服務，這家公司購買了40輛G6機車，以取代43輛較老舊的柴油調車機車。

△ Alstom Prima II
阿爾斯通普利馬II，2010年

車輪輪式	Bo-Bo
電源供應	3000 V直流電和25 kV交流電，架空線
額定功率	5630匹馬力（4200千瓦）
最高速度	約每小時200公里

阿爾斯通在2008年開發出普利馬II（Prima II）的原型車，並銷售20輛給摩洛哥鐵路（ONCF），用來在所有電氣化路線上牽引客貨列車。普利馬II適用於所有的牽引供電系統，並分為四軸機車和六軸貨運用等版本。

歷史鐵道

雖然今日的歷史鐵道與遺產鐵路很多都只剩下觀光用途，但它們當初興建時都是為了因應特定的產業或商業需求。雖然還是有少數幾條仍在發揮當初的功能，但對很多來說，原本興建的目的早已煙消雲散。今日通常需要靠鐵道迷來為我們的後代子孫修復並保存世界最迷人的一些鐵路線。

1. 杜蘭戈與夕弗頓窄軌鐵路（The Durango & Silverton Narrow Gauge Railroad，1881年）：位於美國科羅拉多州，原本用於運輸金礦和銀礦，但現在成為美國政府列冊的國家歷史名勝（National Historic Landmark），原始的蒸汽機車依然在此運行。
2. 白山口與育空鐵路（The White Pass & Yukon Route，1898年）：阿拉斯加「用黃金打造的鐵路」，在克倫代克淘金熱（Klondike Gold Rush）期間興建，1982年關閉，目前是營運中的觀光景點。
3. 契瓦瓦太平洋鐵路（The Ferrocarril Chihuahua-Pacífico，1961）：又名艾爾契佩（El Chepe），這條鐵路穿越墨西哥的銅谷（Copper Canyon），在1880年首度提出興建計畫，但工程因為受財務狀況和地形崎嶇影響而延遲。
4. 舊巴塔哥尼亞快車拉特羅奇塔號（The Old Patagonian Express La Trochita，1935年）：位於阿根廷，在1992年瀕臨關閉，但現在有超過20輛蒸汽機車運行。
5. 富爾卡齒輪蒸汽鐵路（The Furka Cogwheel Steam Railway，1925年）：位於瑞士，1982年因為一條山岳隧道完工而關閉。目前有鐵道迷操作列車開往海拔2160公尺的富爾卡車站。
6. 索母灣鐵路（Chemin de Fer de la Baie de la Somme，1887年）：古董列車沿著一段法國北部海岸行駛。
7. 之字林場觀光鐵路（The Historical Logging Switchback Railway，1926年）：位於斯洛維尼亞的維奇洛夫卡（Vychylovka），在1971年關閉，但自1994年起開放一段給觀光客搭乘。
8. 巨人堤道與布什米爾鐵路（The Giant's Causeway & Bushmills Railway，1883年）：位於北愛爾蘭，是一條以水電為動力來源的鐵路，在1949年關閉，但2002年重開，使用蒸汽及柴油機車。
9. 藍鈴鐵路（The Bluebell Railway，1882年）：位於英國，之前稱為路厄斯與東格林斯特線（Lewes and East Grinstead line），在1958年停止營運，但兩年後重新啟用，是世界上第一條保留下來的標準軌距客運鐵路。
10. 文次匹爾斯窄軌鐵路（The Ventspils Narrow Gauge Railway，1916年）：位於拉脫維亞，第一次世界大戰期間由德國陸軍修建，目前列車在2公里長的軌道上行駛。
11. 布洛肯山鐵路（Brockenbahn，1898年）：位於德國的哈次山脈，自1992年開始啟用蒸汽觀光列車，載運觀光客前往海拔1141公尺布洛肯山主峰。
12. 普芬比利鐵路（The Puffing Billy Railway，1900年）：曾為澳洲墨爾本附近的農田和林場提供交通服務，目前轉型為觀光鐵路。
13. 大吉嶺喜馬拉雅鐵路（1881年）：被聯合國教科文組織列為世界最傑出的山地鐵路之一。

客攬航運號與貝爾蒙英倫普爾曼列車

在 1967 年以前，商船隊型（Merchant Navy）機車 No.35028 號客攬航運號（Clan Line）一直是牽引幹線上特快客運列車的機車。不過當它在 1974 年再度服役時，卻變成在英國鐵路幹線上牽引特別包車，並定期牽引貝爾蒙英倫普爾曼列車（Belmond British Pullman）。在那段期間，它已經接受過三次大翻修。

客攬航運號是30輛商船隊型4-6-2輪式太平洋式機車之一，由奧利佛·布立埃德設計，自1941年起在南部鐵路的伊斯特利工廠（Eastleigh Works）建造。本型機車每一輛都以在南部鐵路的南安普敦碼頭（Southampton Docks）經營業務的航運公司來命名。客攬航運號在改為國營沒多久的英國鐵路南部區路線上服役，並在1959年接受整修改裝，成為現在的模樣。1967年7月，它被賣給商船隊機車保存研究社（Merchant Navy Locomotive Preservation Society），之後在這個組織就讓客攬航運號和貝爾蒙英倫普爾曼列車搭配。

貝爾蒙英倫普爾曼列車的車廂曾經屬於英國最知名的某些列車，例如布來頓百麗號（Brighton Belle）和蘇格蘭女王號（Queen of Scots）。自從在1960及1970年代退役以後，這些車廂很多都廢棄失修。1977年，詹姆士·雪伍德（James B. Sherwood）開始買下並整修這些具有歷史價值的臥鋪車、沙龍車廂和餐車，總計買了35輛，目標是要讓傳奇的東方快車重出江湖。

正面圖

背面圖

優雅的機車
客攬航運號維持在可操作的狀態，因此可以在英國的鐵路幹線上運行。這個型號的機車全都在1950年代改裝過，所以目前留存的機車沒有一輛擁有建造當時平滑的「順氣流」外觀。

煤櫃在1995年的整修中拉長，以增加煤炭運載量

煤水車側面在接近車頂的地方向內傾斜，可以讓車組人員在倒車時有更好的視野

布立埃德在設計駕駛室時有徵詢過司機的意見

懸掛在側面的銘牌

英國鐵路形式的導煙板，在1959年改裝時加裝

客攬航運號規格說明

級別	商船隊型	服役年分	1948至今（客攬航運號）
輪式	4-6-2	汽缸數量	3
生產國	英國	鍋爐壓力	每平方公分19.7公斤
設計／建造者	布立埃德／伊斯特利工廠	動輪直徑	1880公釐
生產數量	30輛（商船隊型）	最高速度	約每小時167公里

車廂規格說明

來源	英國
服役車廂種類	多種車廂
旅客車廂	11
載客數	20-26人座
路線	多條路線

車門兩邊都有把手

每節車廂擁有兩組四輪轉向架

車廂側面會標示車廂名稱

每節車廂側面都有普爾曼紋章

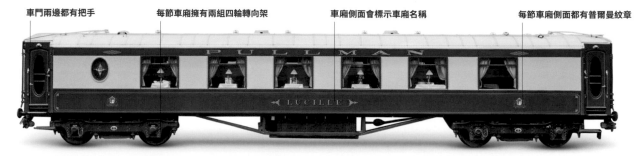

有車輪的皇宮
聞名遐邇、橫貫歐洲的東方快車在英國境內的路段，使用的就是貝爾蒙英倫普爾曼列車的車廂。它們經過改裝，以符合嚴苛的安全標準，但又保留令人讚嘆的經典復古元素。

時髦的旅行
客攬航運號剛開始展開鐵路生涯時，負責牽引久負盛名的渡輪列車，像是金箭號（Golden Arrow）和夜渡號（Night Ferry）。如今客攬航運號牽引貝爾蒙英倫普爾曼列車典雅的車廂，在移動的同時提供高檔美食饗宴和周到的桌邊服務。

英國鐵路的後期標誌
英國鐵路自1956年起在蒸汽機車上使用這款標誌，稱為「雪貂與飛鏢靶」徽章（ferret and dartboard crest）。

機車外觀

商船隊型機車原本建造時有著側面平滑的圓柱狀包覆外殼和半流線型「順氣流」外罩。駕駛室的視野不好，而且在高速行駛的時候，平滑的車頂會產生真空狀態，把廢蒸汽往下吸，遮蔽司機的視野。機車有個外號叫「肉罐頭」，因為機車外罩的形狀很像當時從美國進口的肉類罐頭。這款機車在1950年代中期經過改裝，外觀變得更普通，原本的外罩也被傳統的鍋爐外殼取代。客攬航運號剛開始服役時是採用南部鐵路的孔雀石綠塗裝，並有英國鐵路的字樣。

1. 機車駕駛室側面的編號和動力分級　2. 車頭銘牌（牽引貝爾蒙英倫普爾曼列車時會掛上）　3. 電頭燈　4. 牽引鉤和螺旋聯結器　5. 前緩衝器　6. 右手側壓縮閥和汽缸排洩旋塞管　7. 前導輪　8. 沃爾夏慈（Walschaerts）閥門裝置：滑桿、十字頭、活塞和旋臂　9. 機車潤滑器　10. 汽笛　11. 銘牌　12. 後及中動輪　13. 鍋爐射水器（現場蒸汽監控器型）　14. 射水器通往瓣狀閥的給水管　15. 煤水車軸箱　16. 動輪閘瓦

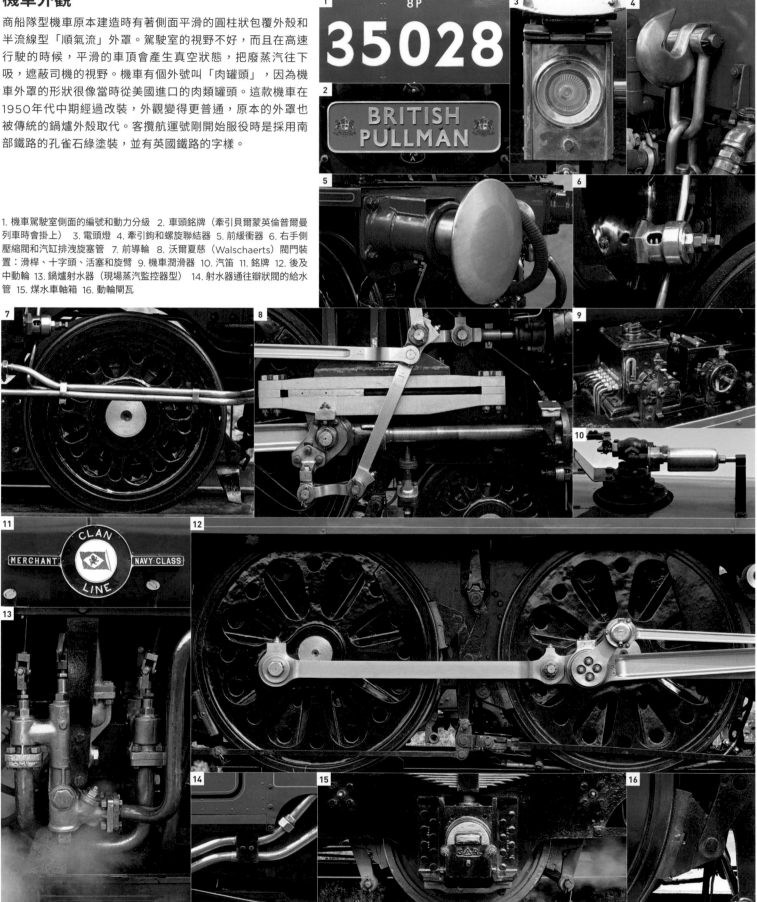

駕駛室內裝

商船隊型機車據說擁有最安全的駕駛室。爐門擁有氣孔，可把回火的風險降到最低，而把手也可以讓司機和司爐不需要站在爐門前就可以操作鼓風機。

17. 駕駛室整體布置 18. 燃燒室門與鍋爐背面 19. 煙囪底下的火花熄滅器 20. 逆轉機把手 21. 真空制軔抽氣器和蒸汽制軔控制器 22. 真空制軔計（左）和蒸汽櫃計（右） 23. 車速表 24. 噴砂閥 25. 調節閥把手（右） 26. 自動列車警告裝置（Automatic warning system, AWS）的向日葵錶盤 27. 玻璃鍋爐水位計 28. 通往氣軔蒸汽壓縮機的蒸汽控制閥（現代加裝） 29. 煤水車水量指示計 30. 司爐座位的控制閥門（左到右）：檔板控制器、煤灰盤和煤水車灑水器閥門、蒸汽和射水器控制器 31. 煤水車煤櫃的空間可容納約7.5公噸的煤炭

露西爾普爾曼車廂外觀

露西爾（Lucille）車廂於1928年製造，剛開始是普爾曼提供給蘇格蘭女王號的頭等客廳車廂，之後改編到波恩茅斯百麗號（Bour-nemouth Belle）。露西爾在1986年加入英倫普爾曼列車。它已經完全恢復了昔日風華，車廂採用琥珀色和奶油色塗裝，並在側面高調展示它的名稱和普爾曼紋章。

1. 車廂側面的普爾曼紋章　2. 用金漆標示的車廂名稱　3. 下方面板的金色裝飾花紋　4. 金色飾帶裝飾花紋　5. 轉向架　6. 所有人銘牌　7. 門上的黃銅乘載照明燈　8. 設計精美的門把　9. 車廂車門　10. 車廂尾端的說明標示

露西爾普爾曼車廂內裝

這輛1920年代風格頭等餐車的一個顯著特色，就是牆壁和隔間使用的法製拋光木鑲板。側面鑲板獨樹一格的鑲嵌工藝是阿爾貝爾特·鄧恩（Albert Dunn）在1920年代製作的，主題是染色冬青木上的古希臘甕圖樣。面板的復原工作由鄧恩家族使用原本的綠膠合板完成。其他的時代痕跡包括裝飾藝術風格的燈罩，以及車廂裡外隨處可見的黃銅配件。每張餐桌旁邊的窗戶都有窗簾，更添復古氣氛。餐車能容納24名賓客用餐，可以坐在奢華柔軟的餐椅上，由穿著制服的服務生服務。

11. 露西爾車廂準備迎賓 12. 出入口上的紋章和銘牌 13. 門上的車廂名稱以金色字體書寫 14. 車頂燈與鬱金香造型玻璃燈罩 15. 黃銅下拉式車頂通風口 16. 公共廣播擴音器外罩 17. 古希臘甕圖樣的木質鑲嵌裝飾面板 18. 裝在牆上的火炬形照明燈附鬱金香造型玻璃燈罩 19. 椅套上的刺繡圖案 20. 鑲嵌進木製面板的鏡子 21. 緊急停車鍊 22. 黃銅製座位編號 23. 窗閂 24. 車廂內門把手 25. 四人座私人包廂 26. 可經由走道進入車廂末端的盥洗室

天鵝普爾曼車廂

天鵝（Cygnus）車廂是1938年設計的，但完工時間因為第二次世界大戰而延遲。這個車廂有澳洲胡桃木鑲板裝飾，主要保留給外出旅行的王室成員或來訪的國家元首使用。1965年，這個車廂和柏修斯（Perseus）車廂一起被編入溫斯頓·邱吉爾爵士（Sir Winston Churchill）的移靈列車。

1. 單人座位的車廂布局 2. 車廂入口地毯上的普爾曼紋章 3. 有天鵝馬賽克圖案的盥洗室地板 4. 大理石洗手台與木質鑲板 5. 盥洗室內有如大教堂般的裝飾彩繪玻璃

格溫普爾曼車廂

格溫（Gwen）車廂原本是編入具代表性的布來頓百麗號列車，它和姊妹車廂蒙娜（Mona）因為在1948年搭載伊莉莎白王太后（Queen Elizabeth The Queen Mother）前往布來頓而聞名。格溫車廂退役之後，在1988年被威尼斯辛普倫東方快車買下，經過整修後重新回到鐵路上，成為貝爾蒙英倫普爾曼列車的一員。

6. 出入口上方的紋章和銘牌 7. 裝飾鑲嵌飾品 8. 鑲有鏡子的木質面板分隔車廂內的空間 9. 從走道上看格溫車廂的內部 10. 通過走道可進入車廂末端的廚房

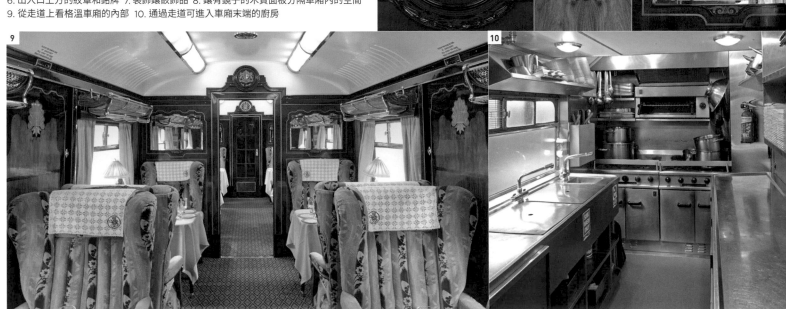

維拉普爾曼車廂

維拉（Vera）車廂原本是編入南方百麗號（Southern Belle）和布來頓百麗號，但在1940年的閃電空襲中嚴重損毀。七年之後它恢復服役，和奧黛莉（Audrey）車廂編成五車組列車。退役之後，維拉車廂在薩弗克（Suffolk）被當成夏季度假小屋使用，直到1985年被威尼斯辛普倫東方快車買下。維拉車廂以燦爛奪目的內裝聞名，裝飾面板以檀香木和桃花心木製成，十分奢華。沙發餐椅的椅面布料是復刻1930年代的原始版本。

11. 出入口上方的紋章和銘牌 12. 木質鑲嵌飾板 13. 維拉車廂內部 14. 附照明燈的座位編號 15. 蝕刻玻璃製成的陽光主題壁燈 16. 黃銅行李架特寫 17. 四人座包廂

澤娜普爾曼車廂

澤娜（Zena）車廂在1929年製造，做為大西部鐵路以普利茅斯為目的地的遠洋客輪號（Ocean Liner）列車的頭等客廳車廂。它的服役生涯多采多姿，曾在1950年擔任法國總統奧里奧爾（Auriol）訪問時的專車。它美麗的檀香木飾板已徹底復原，擁有錯綜複雜的鑲嵌圖案裝飾。

18. 出入口上方的紋章和銘牌 19. 木質面板上的裝飾藝術圖案 20. 準備迎賓的澤娜車廂

高速鐵路 —— 新世代

到了2000年，比起1960到1980年代的新幹線與TGV，列車的速度又有了顯著的提升。好幾個國家都已導入新一代列車，並為時速高達330公里的列車設計全新的專用路線。雖然日本和德國都擬定了興建城際磁浮列車的計畫，但卻因為成本過高而沒有興建。在美國，現有鐵路已有部分路段的速度提高到每小時241公里。

△ **Trenitalia ETR 500**
義大利鐵路ETR 500，2000年

車輪輪式	13車列車組，包括兩輛動力車
電源供應	3000 V直流電，25 kV交流電，架空線
額定功率	1萬1796匹馬力（8800千瓦）
最高速度	約每小時340公里

這款列車以1990年代中期為了在義大利鐵路（Trenitalia）3000 V直流電電氣化路線上運行而生產的ETR 500早期型為基礎。2000年之後，那不勒斯和羅馬之間以及佛羅倫斯和米蘭之間的新高鐵需要可以使用25 kV交流電的列車，而最新型的ETR 500就可以做到。目前義大利把這款列車的運轉速度限制在300公里。

△ **DB ICE 3，2000年**

車輪輪式	八車廂高速電聯車
電源供應	15 kV交流電，162/3 Hz，25 kV交流電，3000 V直流電，1500 V直流電，架空線
額定功率	1萬724匹馬力（8000千瓦）
最高速度	約每小時330公里

從2000年起，就在時速330公里的科隆至法蘭克福機場高速鐵路於2002年通車之前，共有67列ICE 3列車陸續投入工作。它們全都有八節車廂，最大特色是兩端都設有「全景廂」，乘客在這裡可以透過玻璃看見駕駛以及路線前方的景色。這款列車當中有17列具備四電壓的國際設定，而其中有四列賣給了荷蘭鐵路。

▷ **SMT/Transrapid，2004年**

車輪輪式	磁浮（沒有車輪）
電源供應	電磁懸浮
額定功率	不詳
最高速度	約每小時431公里

世界上第一套商業化磁浮列車系統於1984年在英國伯明罕機場建造。德國和日本公司在1990年代領導研發高速磁浮列車，但全世界唯一的高速磁浮列車於2004年在中國啟用，全長31公里，連接上海市和浦東國際機場，使用德國生產的列車。

◁ **Chinese Railways CRH2A**
中國鐵路和諧號2A型，2007年

車輪輪式	八車廂高速電聯車
電源供應	25 kV交流電，架空線
額定功率	6434匹馬力（4800千瓦）
最高速度	約每小時250公里

中國政府在2004年向和中國南車合作的日本川崎重工訂購了60列和諧號2A型列車。它以東日本旅客鐵道（Japan Railways East）的E2新幹線列車為基礎研發，前三列在日本生產，其餘的則由南車青島四方機車車輛股分有限公司組裝。自2008年起，中國南車已經生產出更多版本，包括16車的臥鋪列車。

△ Amtrak Acela
美鐵阿西樂號，2000年

車輪輪式	兩輛Bo-Bo動力車加六輛旅客車廂
電源供應	11 kV交流電25 Hz，11 kV交流電60 Hz，25 kV交流電60 Hz，架空線
額定功率	1萬2337匹馬力（9200千瓦）
最高速度	約每小時266公里

1990年代，美鐵在美國測試了幾列歐洲製的高速鐵路列車之後，訂購了新款的阿西樂號。這款列車根據美國官方特有的耐撞性標準打造，具備傾斜功能，可以較高速度過彎，目前運行的最高速度是每小時241公里。但當局已經提出計畫，未來華盛頓特區到波士頓路線上的部分路段要提升到每小時257公里。

▽ RZD Sapsan
俄羅斯鐵路遊隼號，2009年

車輪輪式	十車廂高速電聯車
電源供應	25 kV交流電，3000 V直流電，架空線
額定功率	1萬728匹馬力（8000千瓦）
最高速度	約每小時250公里

德國列車製造商西門子在2009-11年為俄羅斯建造八列十車組維拉洛（Velaro）高速列車的寬軌版本（1.52公尺）。俄羅斯鐵路將這款高速列車命名為遊隼（飛行速度最快的鳥），往來於莫斯科／聖彼得堡／下諾夫果羅德（Nizhny Novgorod）之間。2014-15年又有八列投入營運。

△ JR N700 Shinkansen
日本鐵路N700新幹線，2007年

車輪輪式	16車廂高速電聯車
電源供應	25 kV交流電，架空線
額定功率	2萬2905匹馬力（1萬7080千瓦）
最高速度	約每小時300公里

N700新幹線的加速度性能優異，勝過東京到博多的東海道新幹線上被它取代的所有列車。N700有8車組或16車組的配置，大部分在2012年之前就已投入服役，2016年停產前又有149列交車。

鐵道話題

鐵路便當

「弁当」（便當）在日文裡指的是用一個通常是拋棄式的容器盛裝的精心製作的外帶餐點。以前的便當盒通常是木材或金屬材質，但現在的便當盒卻有各式各樣的材質，外形有時也充滿創意。各種不同的盒裝鐵路餐點稱為「駅弁」（鐵路便當），全日本各地的火車站販賣部都有販售，供旅客帶到列車上食用。

新奇造型
日本列車造型的鐵路便當已經成為收藏家的藏品。圖中這份鐵路便當的外形就是模仿N700新幹線。

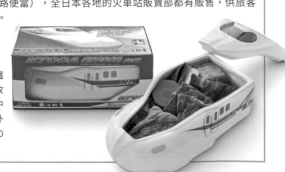

富麗堂皇的火車站

世界最講究設計的建築物當中，有一些就是火車站。不論外觀是當代還是古典，絕大部分舉世聞名的火車站都有一個共通點：成功結合了形式與功能，讓每一位經過的旅客都留下深刻的印象。

1. **東京金澤車站鼓門（2005年）**：造型設計結合了傳統神道教神社與日本鼓的鼓繩。
2. **首爾堂嶺車站（Danggogae Station，1993年）**：南韓首都地鐵四號線的北終點站。
3. **杜拜捷運的金融中心站（Financial Centre，2009年）**：這座車站設計成類似貝殼的結構，目的是讓人想起這座城市早期的財富來自珍珠捕撈。
4. **莫斯科共青團站（Komsomolskaya Station，1952年）**：這座車站位於莫斯科地鐵的環狀線（Koltsevaya Line），規模宏偉，充滿令人讚嘆的吊燈、巴洛克風格裝飾和以俄羅斯歷史為主題的馬賽克拼貼壁畫。
5. **伊斯坦堡海達爾帕夏車站（Haydarpasa Terminus，1908年）**：新古典主義風格建築，三面臨海，是東歐最繁忙的火車站。
6. **西藏唐古拉車站（2006年）**：海拔高度達5068公尺，是世界位置最高的火車站。
7. **孟買賈特拉帕蒂·希瓦吉總站（Chhatrapti Shivaji Terminus，1888年）**：這座車站是哥德式建築，被聯合國教科文組織列為世界遺產。
8. **柏林火車總站（Berlin Hauptbahnof，2006年）**：鋼骨構造的玻璃帷幕建築，月台分成上下兩層，每日客流量達35萬人。
9. **倫敦聖潘克拉斯國際車站（St Pancras International，1868年）**：這座車站經過大規模整修擴建後，在2007年重新開幕，但維持原本的維多利亞式屋頂，因此有戲劇性的視覺效果。
10. **列日的列日－吉耶曼車站（Liége-Guillemins Railway Station，2009年）**：這座車站沒有外牆，由鋼骨和玻璃帷幕構成的巨大屋頂蓋住全部五座月台。這座車站是歐洲高速鐵路網的重要運輸節點。
11. **紐約中央總站（Grand Central Terminal，1913年）**：這座車站有44座月台──比世界其他任何車站都多。它是布雜藝術（Beaux-Arts）風格的建築，擁有博蒂奇諾（Botticino）大理石的樓梯和星象主題的天花板。
12. **洛杉磯聯合車站（Union Station，1939年）**：它的外觀有如一座教堂，卻是美國西岸最繁忙的火車站之一，每日客流量超過6萬人。
13. **火地島的烏斯懷雅車站（Ushuaia Station，1910年）**：這座車站原本用來運送犯人前往阿根廷的一處流放地，在1947年關閉，但經過大規模整修後在1994年重新啟用，目前是知名觀光景點。

快，還要更快

許多既有的高速列車車隊都已經擴編，而隨著新路線通車，也有愈來愈多跨國服務推出，尤其是在法國、德國、西班牙和瑞士之間。在法國，阿爾斯通打造一列特別改裝的火車TGV V150，在2007創下每小時574.8公里的速度紀錄。在日本，主要鐵路在2006年民營化。而到了2012年，義大利的「新旅客運輸」（NTV）成為世界第一家「新創」的民營高速鐵路業者，以全新設計的列車提供服務。然而，國營的鐵路依舊是主流。

△ **NTV AGV ETR 575**
新旅客運輸高速自動列車ETR 575，2012年

車輪輪式	11車廂，關節式，高速電聯車
電源供應	3000 V直流電，25 Kv交流電，架空線
額定功率	1萬54匹馬力（7500千瓦）
最高速度	約每小時300公里

義大利民營鐵路業者新旅客運輸（Nuovo Trasporto Viaggiatori, NTV）自2012年起展開自那不勒斯到羅馬及杜林（Turin）的高速鐵路服務，使用的是25列阿爾斯通製造的高速自動列車（Automotrice à Grande Vitesse, AGV），客艙有三種等級。

△ **VT Class 390 Pendolino**
維珍鐵路390型潘多利諾號，2002年

車輪輪式	9或11車廂，高速傾斜式電聯車
電源供應	25 kV交流電，架空線
額定功率	7979匹馬力（5950千瓦）
最高速度	約每小時200公里

自2002年之後，維珍鐵路（Virgin Trains）的高速傾斜式潘多利諾號（Pendolino）列車已經提高了英國從倫敦到伯明罕、曼徹斯特和格拉斯哥的西海岸幹線行車速度。由於這種列車可以在過彎時傾斜，因此可以跑得比傳統式列車更快，降低旅途時間並提高路線容量。

鐵道話題

蒸汽列車復活

英國是世界上率先保存幹線蒸汽機車的國家，自1950年代起已有許多恢復到工作狀態。成功保存不同型號蒸汽機車的結果，就是促使鐵道迷團體嘗試打造那些沒有保留下來的機車型號。佩波爾空（Peppercorn）A1型機車共有49輛，全部在1960年代報廢拆解，因此在1990年，一個鐵道迷團體決定從無到有打造出一輛。19年之後，一輛以原始設計為基礎但加裝一些現代化配備的全新機車順利出廠，開始行駛。如今它在全國各地牽引包車列車。英國目前還有幾個類似的計畫在進行中。

佩波爾空A1型機車No.60163龍捲風號（Tornado），2008年
這是1960年以後第一輛在英國建造的幹線蒸汽機車。

▽ **LSER Class 395 Javelin**
倫敦與東南鐵路395型標槍號，2009年

車輪輪式	六車組電聯車
電源供應	25 kV交流電（架空線）、750 V直流電（第三軌）
額定功率	4506匹馬力（3360千瓦）
最高速度	約每小時225公里

標槍號由日本的日立公司在加佐登的工廠製造，使用新幹線技術，自2009年起行駛於英國倫敦與東南鐵路（London & South Eastern Railway）的一號高速鐵路線上，大幅縮短了肯特與倫敦之間的交通時間（有時可縮短多達50%）。

△ PKP IC Class ED250
波蘭國家鐵路城際列車ED250型，2014年

車輪輪式 七車廂高速電聯車

電源供應 15 kV交流電、16⅔ Hz／25 kV交流電、3000 V直流電、1500 kV直流電，架空線

額定功率 7373匹馬力（5500千瓦）

最高速度 約每小時249公里

波蘭的長途鐵路公司波蘭國家鐵路城際列車（Polskie Koleje Panstwowe Intercity, PKP IC）訂購了20列阿爾斯通的ED250型列車。這款列車以先為中國和義大利生產的「新潘多利諾」為設計基礎，但沒有傾斜裝置，自2014年年底開始取代格地尼亞（Gdynia）／格但斯克（Gdansk）－華沙－克拉科夫（Krakow）／卡托維治（Katowice）路線上的較老舊機車。

▷ SNCF TGV V150
法國國鐵TGV V150，2007年

車輪輪式 五車組TGV列車

電源供應 31 kV交流電，架空線

額定功率 2萬6284匹馬力（1萬9600千瓦）

最高速度 約每小時574.8公里

這班測試列車使用兩輛新款的TGV POS動力車和三輛安裝動力轉向架的特種車廂，而且全部都裝上特製的較大車輪，在東部高速線的測試路段上行駛時，架空線也提高供電電壓以增加動力。最後的紀錄達到每小時574.8公里，相當於每分鐘9.65公里，超越了原本設定的目標。

△ SNCF TGV POS
法國國鐵巴黎－東法－南德高速列車，2006年

車輪輪式 10車組，包括兩輛動力車

電源供應 15 kV交流電、16⅔ Hz／25 kV交流電、1500 kV直流電，架空線

額定功率 1萬2440匹馬力（9280千瓦）

最高速度 約每小時320公里

法國國鐵的巴黎－東法－南德高速列車（Paris–Ostfrankreich–Süddeutschland, TGV POS）自2006年起開始營運，行駛於阿爾薩斯地區和巴黎之間新建的東部高速線上。此外它也會開往德國的慕尼黑和法蘭克福以及瑞士的日內瓦和蘇黎世。

◁ SNCF TG V Euroduplex
法國國鐵TGV歐洲雙層，2012年

車輪輪式 10車組，包括兩輛動力車

電源供應 15 kV交流電、16⅔ Hz／25 kV交流電、1500 kV直流電，架空線

額定功率 1萬2440匹馬力（9280千瓦）

最高速度 約每小時320公里

第三代雙層TGV高速列車是為法國國鐵打造的，已經有95列的訂單，並持續交車到2017年。這是唯一可以在歐洲不同國家鐵路網上運轉的雙層高速列車，目前行駛於法國和德國、法國和西班牙間。

火車檔案：
標槍號No.395 017

395 型標槍號由日本廠商日立生產，以新幹線列車使用的技術為基礎。標槍號是多車組電聯車，頭尾都有動力車，能透過架空線集電，但在英格蘭東南部的路線上行駛時，也可以透過第三軌獲得電力。標槍號列車最多可省下 50% 的旅運時間，並在 2012 年的夏季奧運會期間發揮重要運輸功能。

從倫敦通往英法海底隧道的高速鐵路線稱為一號高速鐵路，在2007年11月完工。這條鐵路不但提供經海底隧道的跨國運輸服務，395型標槍號高速列車也在這條鐵路上服務英格蘭東南部地區。同樣行駛於一號高速鐵路的歐洲之星列車速度達每小時304公里，雖然標槍號的速度慢了一點，但標槍號較輕也較短，加速更快。

標槍號配備四套安全系統。兩套法製系統用在一號高速鐵路上，其中一套是TVM430軌道至列車傳輸系統（Transmission Voie Machine）可透過鐵軌傳送訊號，並在列車駕駛室中顯示。另一套則是信標速度控制裝置（Contrôle Vitesse par Balise, KVB），可以從倫敦的聖潘克拉斯國際車站監控列車的速度。在一般的英國鐵路上，自動列車警告裝置和列車保護與警告系統（Train Protection and Warning System, TPWS）共同運作，以警示駕駛注意號誌，且會在列車通過警告號誌時讓列車停下。

正面圖（DPT2）

正面圖（DPT1）——多出來的黃色面板代表有無障礙車廂

規格說明			
級別	395	服役年份	2009至今
輪式	六車組電聯車	使用鐵路	英國東南區
生產國	日本	電源供應	25 kV交流電（架空線）和750 V直流電（第三軌）
設計／建造者	日立加佐登廠	額定功率	4506匹馬力（3360千瓦）
生產數量	29輛395型	最高速度	約每小時225公里

高速設計師

德國設計師亞歷山大‧諾伊麥斯特（Alexander Neumeister）設計了標槍號的外觀，跟同樣是他設計的德國ICE 3和其他幾款日本新幹線列車頗為相似。諾伊麥斯特也設計了中國和俄羅斯的高速列車。

全自動滑動式車門

提醒工作人員注意架空線的車身安全線

包括加熱和空調單元的電氣裝備

在此處冠名的是2012倫敦奧運會的24名英國運動員之一

集電靴可從供電的第三軌獲取電力

Britain's Fastest

southeastern. highspeed

395 017

Javelin

Javelin

為奧運會服務

標槍號是2012奧運會的接駁專車，從斯特拉
福國際車站（Stratford International）
經由一號高速鐵路接送數以百萬計的
訪客前往奧林匹克公園。這個名
稱沿用至今。

外觀

鋁製車身有深藍色的塗裝，是標槍號專屬的。每輛車廂的每一側都有兩道相當寬的單片滑動式車門，車門的顏色較淺，易於旅客辨識。頭尾兩端的動力車都配備集電弓和第三軌集電靴，可為列車汲取電力。

1. 車身側面的奧運選手簽名 2. 頭燈（上）和尾燈（下） 3. 車鼻罩內的連結器和喇叭 4. 車外安全門開啟裝置 5. 駕駛室門把手 6. 駕駛室門 7. 車身色面的東南區標誌 8. 安裝在車頂上的電阻制軔電阻 9. 集電弓總成 10. 真空斷路器（Vacuum circuit breaker, VCB） 11. 第三軌集電靴保險絲 12. 軸端接地 13. 由車身下方看車輪和制軔碟盤

駕駛室內裝

標槍號的駕駛室和其他現代化高速列車的駕駛室沒有太大差異，就是一張司機座椅位於中央，面對控制台。右邊是旅客車廂的監控裝置顯示器，左邊則是列車管理系統（Train Management System, TMS），除了其他功能外，也可讓駕駛切換第三軌或架空線供電。

14. 駕駛座和控制裝置 15. 列車管理系統 16. 動力／制軔整合控制器（Combined power brake controller, CPBC） 17. 駕駛室裡的監控裝置顯示面板 18. 緊急制軔按鈕 19. 主鑰 20. 駕駛室內的副手座 21. 緊急狀況時使用的短路線棒和紅旗 22. 微型斷路器（Miniature circuit breaker, MCB）面板 23. 駕駛室後方隔板上的開關面板 24. 駕駛室內列車管理人員用的車門控制面板

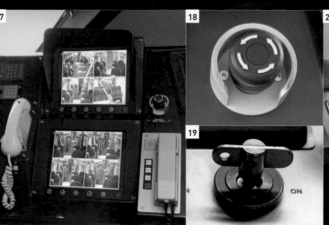

車廂內裝

395型是為通常不超過一小時的通勤旅程設計
的。這款列車沒有頭等車廂，但車資比速度較慢
的一般列車貴。六節　車廂的走道一路到底並連
接在一起，但如果兩列電聯車互相連結的話，沒
辦法從某一個六車組走到另一個六車組。

　　車廂內裝採藍灰雙色搭配，呼應車身的深藍
色塗裝。每組列車擁有340個2+2配置的座椅，
絕大部分都面對同樣的方向。在靠近車門的地方
還有12個可以翻起來的座位，每組列車配有兩間
盥洗室，其中一間為無障礙設計。列車上的旅客
資訊界面包括數位顯示器和擴音系統。

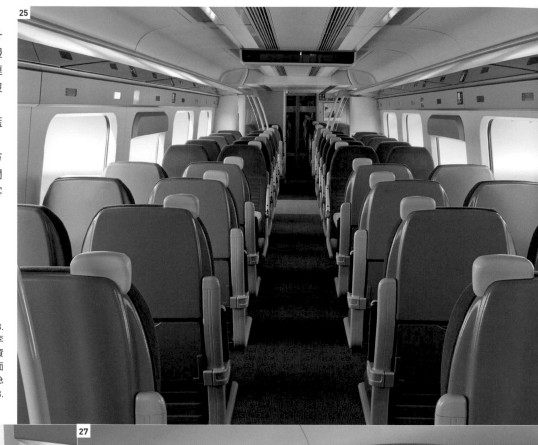

25. 車廂內裝　26. 座位與桌子　27. 座位上方的行李架　28.
可調整的座椅扶手　29. 椅背上的可摺收餐桌　30. 車內行李
置放區　31. 車廂間的走道門　32. 走道門開門鈕　33. 旅客資
訊系統（Passenger information system, PIS）顯示面
板　34. 無障礙盥洗室　35. 座位上的電源插座標示　36. 緊急
鈴標誌　37. 供行走在走道上的旅客使用的座椅上把手　38.
無障礙車廂內裝　39. 旅客車門開關鈕

杜拜捷運

由於塞車問題日益惡化，加上人口不斷成長——在2017年達到300萬人，杜拜的領導人決定興建阿拉伯聯合大公國的第一條捷運。2005年5月，一個由法國、日本、土耳其和美國的多間公司共同組成的集團——杜拜軌道運輸（Dubai Rail Link, DURL）——贏得了一紙價值34億美金的合約，計畫興建兩條路線：紅線和較短的綠線。紅線工程在2006年展開，主要服務市中心地區。

　　杜拜捷運最早的路段在2009年9月9日通車，立即吸引超過11萬人搭乘。五車一組的列車可載運多達643名乘客，車廂分成三等，包括婦女兒童專用區。不過杜拜捷運最令人印象深刻的地方，就是列車是全自動控制，所以當75公里長的第一階段路線完工後，杜拜捷運便在2012年成為世界最長的無人駕駛軌道系統。

擴建計畫

杜拜捷運紅線在2010年4月全線通車。此時第一階段路線已經有超過1100萬人次搭乘，第二條路線綠線也在2011年9月通車。杜拜捷運的成功使當局決定延長既有路線，並另外增建三條，預計在2030年讓杜拜捷運擴張到421公里長，共會有197座車站。

杜拜捷運紅線的無人駕駛列車行經街道上的高架路段。它也有地下路段，電力由第三軌提供。

進入未來

由於大都市不斷擴張，旅客人數增加，再加上道路壅塞，此外還要降低二氧化碳排放，因此全世界對鐵路的投資不斷成長。以機車和獨立車廂組成的老式列車逐漸被現代化且自身備有動力的多車組取代，鐵路客運和貨運業者也不斷尋求降低維修成本和能源消耗的辦法。有些現代化的列車還設計成可在剎車時回收電力。

◁ **Bombardier Omneo Régio2N**
龐巴迪歐姆尼奧瑞吉歐（Omneo Régio）2N，2010年

車輪輪式	6-10車組關節式電聯車
電源供應	25 kV交流電，1500 kV直流電，架空線
額定功率	4291匹馬力（3200千瓦）
最高速度	約每小時160公里

歐姆尼奧是世界第一款關節式雙層電聯車，頭尾兩端是單層附駕駛室車廂，雙層關節式車廂居中，中間隔著較短的單層車門段，列車的長度從六車組到十車組（81-135公尺）都有。法國國鐵已經同意了一份框架合約，最多將採購860組列車，並在2025年前交車完畢。

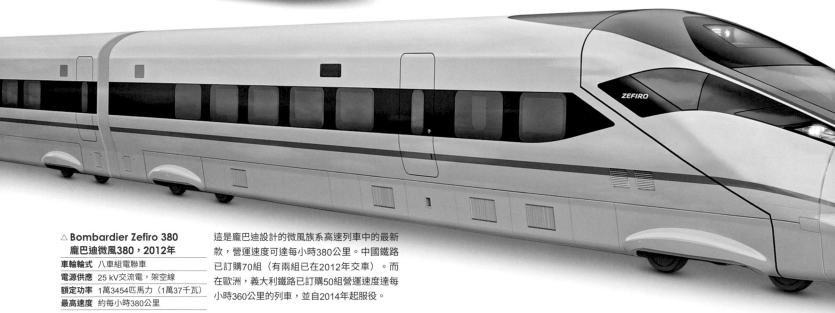

△ **Bombardier Zefiro 380**
龐巴迪微風380，2012年

車輪輪式	八車組電聯車
電源供應	25 kV交流電，架空線
額定功率	1萬3454匹馬力（1萬37千瓦）
最高速度	約每小時380公里

這是龐巴迪設計的微風族系高速列車中的最新款，營運速度可達每小時380公里。中國鐵路已訂購70組（有兩組已在2012年交車）。而在歐洲，義大利鐵路已訂購50組營運速度達每小時360公里的列車，並自2014年起服役。

區域運輸的發展

過去30年間，都市運輸的需求大幅增長，不論是在街道底下運行的捷運列車，還是在街道上和其他車輛一起行駛的輕軌系統都一樣。成長最迅速的是亞洲和中東地區，這些地方自1990年起就不斷興建新的系統。對已經建立的路網而言，挑戰在於透過更好的表現和智慧控制系統來提高那些有超過百年歷史的路網的載客量，例如巴黎地鐵和倫敦地鐵。

▷ **Vossloh Wuppertal Schwebebahn train**
佛斯洛伍珀塔爾單軌懸吊鐵路列車，2015年

車輪輪式	三段式關節式列車
電源供應	750 V直流電，單軌旁的第三軌供電
額定功率	322匹馬力（240千瓦）
最高速度	約每小時60公里

德國伍珀塔爾（Wuppertal）的單軌懸吊鐵路（Schwebebahn）絕大部分路段都是建在伍珀河（River Wupper）上方，並用大量鐵柱支撐，第一條路線在1901年通車。雖然它現在已經是受到保護的國家歷史文物，但每天仍載運數千名通勤旅客。根據一份綜合現代化計畫，佛斯洛自2015年起會運交31列新款列車。

◁ **Amtrak Siemens American Cities Sprinter ACS-64**
美鐵西門子美國城市短跑手ACS-64，2014年

車輪輪式 Bo-Bo
電源供應 25 kV、12.5 kV和12 kV交流電，架空線
額定功率 8579匹馬力（6400千瓦）
最高速度 約每小時201公里

西門子在加州薩克拉門托的工廠裡建造了70列ACS-64列車。美鐵在2014年引進ACS-64，用來取代華盛頓特區－紐約－波士頓間東北走廊路線上既有的所有電氣化列車。

△ **VMS Chemnitz tram-train**
VMS肯尼茲輕軌火車, 2015

車輪輪式 三段式關節式輕軌車（LRV）
電源供應 600 V和750 V直流電，架空線加柴油引擎
額定功率 電力：777匹馬力（580千瓦）；柴油：1046匹馬力（780千瓦）
最高速度 約每小時100公里

許多歐洲國家目前採用可以從地方鐵路線直接行駛到市中心的輕軌火車。在德國，這種列車有一些是使用柴油引擎在沒有電氣化的路線上行駛。肯尼茲輕軌火車自2015年起使用這項技術。

鐵道科技

貨運效率

自1980年代起，北美主要一級鐵路的作業效率和生產力都已經大幅提升。鐵路業者採用更長、更重的列車組，使用馬力更強的機車，每個貨櫃的作業成本因此降低，讓鐵路運輸變得比公路運輸更便宜。北美、澳洲和印度都運用雙層貨櫃列車。巴西礦業巨頭淡水河谷公司（Vale）則在他們長達892公里的卡拉加斯鐵路（Carajás Railroad）上經營全世界最重的列車──擁有330輛貨車、重達4萬2300公噸的鐵礦列車，每天最多有24班開往蓬塔達馬德拉（Ponta da Madeira）的港口。

加州卡洪山口（Cajon Pass）的柏林頓北方聖塔菲鐵路公司（BNSF）貨運列車 這列火車最長可達4.3公里，頭尾兩端各有兩輛奇異公司進化車系（Evolution Series）ES44DC機車。在陡峭的斜坡上，機車既能降低列車下坡的速度，也能把它們拉上斜坡。

△ **Siemens Vectron**
西門子維克充，2013年

車輪輪式 Bo-Bo
電源供應 3 kV直流電，架空線
額定功率 6974匹馬力（5200千瓦）
最高速度 約每小時160公里

西門子開發出維克充（Vectron）機車車系來取代之前的歐洲短跑手系列車型。第一張大訂單來自波蘭貨運業者德鐵信可波蘭鐵路（DB Schenker Rail Polska），第一批在2013年投入服役。這款機車之後陸續賣給好幾個國家，包括芬蘭使用的寬軌版本。

△ **Siemens ICx**
西門子ICx，2017年

車輪輪式 7或12車廂車組，高速電聯車
電源供應 15 kV交流電，16⅔ Hz
額定功率 1萬3271匹馬力（9900千瓦）
最高速度 約每小時250公里

ICx列車先是取代德國之前的長途機車牽引式列車，之後又取代城際快車最早的兩個型號。自2017年起交貨的列車已有85列12車廂車組和45列速度較慢的7車廂車組，使用28公尺長的車廂，且是分散動力式電聯車配置，因此擁有比被取代的列車更多的座位與空間。

△ **Calgary Transit C-train System Siemens S200**
卡加立交通C列車系統，西門子S200，2015年

車輪輪式 雙車關節式輕軌車
電源供應 600 V直流電，架空線加柴油引擎
額定功率 777匹馬力（580千瓦）
最高速度 約每小時105公里

加拿大城市卡加立的第一條輕軌在1981年通車，之後路網擴大，每日載客量達29萬人。為了提升載客數並讓部分較老舊的輕軌車退役，當局採購了60組新式S200輕軌車，在2015-16年交車。卡加立交通（Calgary Transit）預期在未來30年裡，把車隊從目前的不到200組擴大到390組。

△ **London Underground Siemens Inspiro metro concept**
倫敦地鐵西門子啟發（Inspiro）地鐵概念車

車輪輪式 六車組地鐵電聯車
電源供應 630 V直流電，第三和第四軌
額定功率 1340匹馬力（1000千瓦）
最高速度 約每小時90公里

倫敦地鐵的客運量已經大幅提升。「倫敦新地鐵」計畫打算採購250組新款地鐵列車，很可能是自動化無人駕駛，預計在2020到2035年之間投入服役。共有三間公司參與設計，圖為西門子的提案。

鐵路如何運作：
機車與軌道

軌道如何運作

17世紀馬匹牽引的車道是木製軌道，但19世紀的蒸汽機車就需要靠鐵製軌道來支撐。到了1820年代，最早的鐵路採用的鑄鐵軌道被更牢靠的熟鐵軌道取代，之後又變成更堅固的鋼製軌道。英格蘭的德比車站（Derby Station）在1857年率先鋪設鋼軌。已完工的鐵路由軌道、枕木和道碴組成，稱為「永久路線」（permanent way），這個詞彙可以追溯到鐵路建設的最早期，當時人會先在鐵路建築地點鋪設臨時軌道，以便運送建築資材。一旦基礎結構大致完工，臨時軌道就會被永久路線取代。而「軌距」——也就是軌條之間的距離——和軌道的校直則會在施工期間隨時監控，以確保它們不論在直線還是彎道都可以保持一致。

軌道路基

軌道的基礎稱為「路基」。因為火車若要平順行駛，坡度就必須保持一致，所以地面首先要經過處理，以形成「底層路基」。路基也可能會再鋪上一層沙或石塊，稱為「覆蓋層」，之後再鋪上道碴。枕木會安置在道碴內以支撐軌道。採用破碎石塊作為材料的道碴依然是目前最普遍的做法，排水能力相當良好。

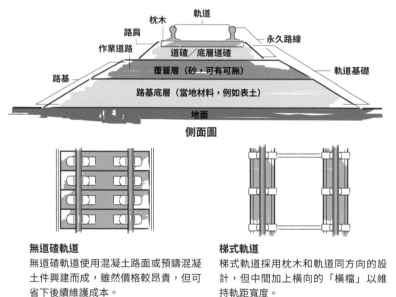

側面圖

無道碴軌道
無道碴軌道使用混凝土路面或預鑄混凝土件興建而成，雖然價格較昂貴，但可省下後續維護成本。

梯式軌道
梯式軌道採用枕木和軌道同方向的設計，但中間加上橫向的「橫檔」以維持軌距寬度。

軌道結構

大部分現代鐵路軌道都是由平底鋼質軌條固定在木質或水泥枕木上構成。平底鋼質軌條更穩固，鋪設簡便，且不會像老式的鑄鐵或熟鐵軌條那樣容易磨損。大頭軌條的上端和底部形狀相同，所以原本的上端磨損後，可以拆下來翻面，繼續使用。

平底軌條

大頭軌條

軌距

鐵路軌道軌距的定義是軌條之間的距離，以軌條內側的測量結果為準——但義大利是個例外，義大利的軌距可以是軌條中心之間的距離（見下圖）。最早的鐵路建造者可視路線狀況選擇他們覺得適用的任何軌距。軌距較寬的話，就可以讓高速行駛、或在強烈側風狀況下行駛的火車擁有更高的穩定性，但軌距較窄的話，占用的空間較小，建造成本也較低。當鐵路逐漸發展成路網後，某種形式的標準化就有其必要了。

2英尺軌距
（0.61公尺）這個類別也包含0.6公尺軌距。世界各地工業用及軍用。

俄國軌距
（1.52公尺）前蘇聯使用，也是除了標準軌距以外使用最多的。

義大利米軌
（0.95公尺）義大利，薩丁尼亞及西西里使用，軌距從軌條的中心起算。

愛爾蘭軌距
（1.6公尺）愛爾蘭、巴西、瑞士、德國、澳洲、紐西蘭等地使用。

米軌
（1公尺）世界各地山區鐵路和街車軌道以及部分低運量捷運系統使用。

伊比利軌距
（1.668公尺）兼容西班牙和葡萄牙採用的軌距。

開普軌距
（1.067公尺）1873年由開普殖民地（Cape Colony，今日南非）採用。非洲、日本、世界各地也都有使用。

印度軌距
（1.676公尺）印度和巴基斯坦採用。在美國稱為波特蘭軌距，在加拿大稱為省級軌距（Provincial）。

蘇格蘭軌距
（1.372公尺）早期的蘇格蘭鐵路使用，包括蒙克蘭（Monkland）和刻金提洛赫（Kirkintilloch）。

布魯內爾軌距
（2.14公尺）伊桑巴德‧布魯內爾的大西部鐵路在1838到1892年間使用的軌距。

標準軌距
（1.435公尺）全世界的鐵路有60%都是採用這種軌距，包括美國和英國在內。

帝國寬軌（Breitspurbahn）
（3公尺）在希特勒的第三帝國計畫裡，這會是超級列車專用鐵路採用的軌距，但從未建造。

車輪如何運作

火車的車輪經過設計，可以順著軌道的弧線前進。每個車輪都會從內側開始向外縮小，外緣上還有凸出的凸緣。凸緣的目的是防止車輪出軌，且在一般狀況下不會和軌條接觸，所以火車的重量是由圓錐斜面承擔。這種傾斜的邊緣設計可以讓車輪從軌道頂端（軌條頭）滑過。位於彎道外側的車輪需要行駛的距離更長，因此會使用較接近凸緣的較大半徑，而內側的車輪則會使用較接近中心的較短半徑。

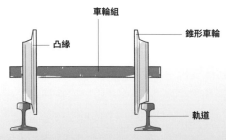

凸緣車輪
1789年，英國工程師威廉．傑索普（William Jessop）發明了凸緣車輪，能改善車輪對軌道的咬合力，有助防止出軌。

蒸汽機車輪式

隨著蒸汽機車變得更大、更重，它們的車輪也就愈多，以便更平均地分配重量，並提供更好的牽引力。為了描述車輪的配置方式，機械工程師佛烈德瑞克．華特（Frederick M. Whyte）在1900年發明了一套計數系統。一輛機車若有四個導輪、四個動輪、兩個從輪，就會記為4-4-2。關節機車是為了更輕鬆應付彎道而設計的，因此會有較長的數字編碼，但依然遵循這套簡單的邏輯。華氏式別（Whyte system）在美國和英國是用在蒸汽機車上，而在其他地方、其他類型的機車上，則會使用其他式別。某些輪式還有特定的名稱。

車輪	配置	名稱
	0–2–2	諾森布里亞（Northumbrian）
	2–2–0	行星（Planet）
	2–2–2	珍妮琳德（Jenny Lind）或專利權人（Patentee）
	4-2-0	獨臂比利（One Armed Billy）
	0-4-0	四輪仔（Four-wheeler）
	4-4-0	美國佬（American）或八輪仔（Eight-wheeler）
	4–4–2	大西洋（Atlantic）
	2-6-0	蒙兀兒（Mogul）
	2-6-2	草原（Prairie）
	4-6-0	十輪仔（Ten-wheeler）或農莊（Grange）
	4-6-2	太平洋（Pacific）
	4-6-4	波羅的海（Baltic）或哈得孫（Hudson）
	2-8-0	團結（Consolidation）
	2-8-2	御門（Mikado）、邁可（Mike）或麥克阿瑟（MacArthur）
	2-8-4	波克夏（Berkshire）
	4-8-4	北方（Northern）
	2-10-4	德克薩斯（Texas）或塞爾寇克（Selkirk）
	0-4-4-0	無
	2-6-6-2	無
	2-6-6-6	挑戰者（Challenger）
	4-6-6-4	藍嶺（Blue Ridge）或亞利加尼（Allegheny）
	2-8-8-4	黃石（Yellowstone）
	4-6-4+4-6-4	雙重波羅的海（Double Baltic）

制軔（剎車）

第一輛火車的制軔運作方式類似馬匹拖曳貨車的剎車，是透過把手來移動一組閘瓦去壓迫一個木塊，抵住車輪輪面。不過這個辦法效果不是很好，而且磨損問題嚴重。現代的火車使用盤式制軔，跟汽車的剎車很像。制軔碟盤安裝在車軸上，裝有複合閘瓦的卡鉗會「捏住」碟盤，以降低火車的速度。

輪緣制軔

盤式制軔

氣軔

在1870年代，人類嘗試開發了兩種不同的制軔系統，也就是真空制軔和空氣制軔。結果顯示，當一列擁有15輛車廂的列車以每小時80公里的速度前進時，空氣制軔讓它停住所花費的時間只有真空制軔的一半。西屋空氣制軔系統的剎車距離是237公尺，而真空制軔卻需要450公尺。如今世界各地的鐵路都以空氣制軔或氣動制軔為標準制軔系統。

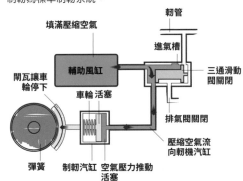

啟動氣軔
一組幫浦壓縮空氣，以供系統使用。司機透過一組三通閥來控制空氣。當系統啟動時，壓縮空氣釋放，進入軔管，空氣壓力迫使活塞移動，壓迫軔機汽缸裡的彈簧，進而使閘瓦和車輪接觸。

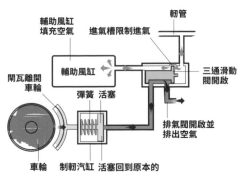

釋放氣軔
司機釋放制軔閥門後，空氣就會離開軔管。當空氣離開排氣閥時，制軔汽缸裡的彈簧就會把活塞推回，使閘瓦與車輪不再接觸。而在此期間，輔助風缸再度填充空氣。

號誌如何運作

在鐵路剛誕生的最初期，火車相當稀少，因此也不太需要號誌系統。列車沿著單線鐵路往返行駛，而時刻表就可確保火車之間距離夠遠，不會發生意外。但隨著鐵路網變得愈來愈密集，鐵路交通運行距離更遠、範圍更廣，以當地時間為主的時刻表（絕大部分國家在19世紀末之前都沒有標準時間）造成了嚴重的混淆，因此為了防止碰撞意外，號誌系統就顯得格外重要。到了1830年代，更顯眼的機械式道旁號誌機模仿出原本鐵路工作人員使用的手勢和燈光號誌，但某些國家還要花費將近一個世紀的時間，才把不同路網上的號誌形式標準化。

號誌燈
列車長、制軔員或車站站務員使用的燈具，擁有不同的鏡片，可發出紅光、綠光或清晰的白光。

早期的號誌系統

最早的道旁號誌機外觀五花八門，但和先前的號誌燈一樣，它們也是用紅色來代表「停止」。國際間長久以來都是用紅色來代表危險，因此紅色是個理所當然的選擇。綠色代表「通行」，先前的號誌燈也是這樣，選擇綠色是因為綠燈很難跟紅燈或司機可能看到的其他非號誌燈光混淆。至於黃色則是因為它跟另外兩個顏色明顯不同而受到採用，在稍後引進，用來代表注意。道旁臂木形式的號誌機則成為最廣泛使用的形式，並沿用至今。

印度鐵路使用的球狀路牌

號誌路牌

單線鐵路上會使用路牌，以確保路線上的每個「閉塞區間」每次都只會有一列火車通行。可以安全進入閉塞區間時，車組人員會從號誌員那裡拿到一個路牌，等到抵達閉塞區間盡頭時，再把這個路牌交給另一位號誌員。後來更開發出自動化系統，透過機器發出和回收路牌。

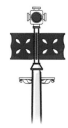

球狀號誌
球狀號誌是早期美國鐵路最普遍的號誌，它的出現也促成了「highball」（全速前進之意）一詞的誕生。當球狀號誌升起時，代表可以安全前進。不過後來就變成相反了。

臂木號誌機
臂木號誌機在1850年代以後開始普及，並持續使用至今。臂木若是在水平位置，就代表「危險」。臂木若是向上抬起或向下垂降，則代表「前方已淨空」。

伍茲橫板號誌
橫板號誌於1830年代開始採用，是用一塊可旋轉的木板來代表開／關（停止／通行）。當橫板轉到和鐵路線平行時，代表前方淨空。

轉盤號誌
轉盤會垂直轉動，以顯示停止和通行，跟臂木號誌機很像。為了與當時大部分號誌保持一致，轉盤為木製並漆成紅色。

雙盤號誌
雙盤號誌和橫板號誌一樣，是在一根木製或鋼製的號誌杆上旋轉。不過這兩種號誌使用的時間都不長，因為火車司機很難看到「前方淨空」的號誌。

電燈號誌

1920年代，電燈號誌的使用逐漸普及。油燈慢慢被淘汰，不過早期的電燈號誌功率還不夠強，火車司機在白天還是無法從安全距離清楚看見它們。相較之下，臂木號誌機就清楚許多，容易看見。一直要到1944年，現代化鏡片發展出來，有效改善電燈號誌的可辨視度，它們才得以完全取代臂木號誌機。鐵路燈光號誌的紅燈位於最下方，就在司機的視線上。馬路紅綠燈的紅燈則位於頂端，因為這樣才不會被其他車輛擋住。

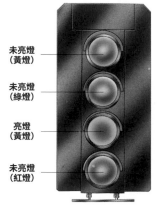

未亮燈
（黃燈）

未亮燈
（綠燈）

亮燈
（黃燈）

未亮燈
（紅燈）

正面圖

燈罩

吊耳

開關夾

基座

側面圖

停止列車

號誌燈光控制自己所屬的軌道閉塞區間，可以讓司機接收到所有需要的警告信號，以便在接觸到危險前讓火車減速。現代化鐵路網也裝置了安全系統，若列車通過危險號誌，機車的制軔就會自動啟動。

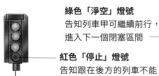

綠色「淨空」燈號
告知列車甲可繼續前行，進入下一個閉塞區間

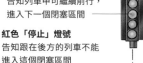

紅色「停止」燈號
告知跟在後方的列車不能進入這個閉塞區間

A列車

臂木號誌機

臂木號誌機系統從1840年代開始獲得採用，主要由兩根旋轉的臂木或「刀片」和一組擁有兩片染色玻璃鏡片的「號誌燈鏡」組成。當臂木轉動時，鏡片就會跟著移動到一個光源前方（最早是油燈），以便在夜間看見號誌。位於上方臂木上的鏡片是紅色和藍色，藍色鏡片搭配油燈的黃色火焰就能產生綠色燈光。位於下方臂木上的鏡片則是黃色和藍色。等到開始使用電燈後，藍色鏡片就換成了綠色鏡片。

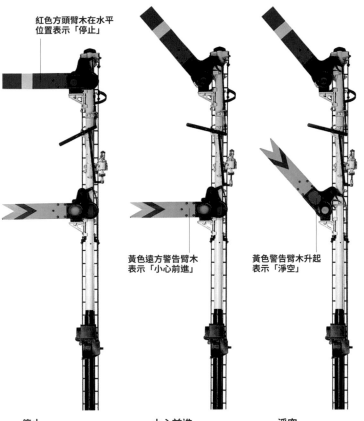

紅色方頭臂木在水平位置表示「停止」

黃色遠方警告臂木表示「小心前進」

黃色警告臂木升起表示「淨空」

停止
當上臂木位於水平位置時，表示「停止」。下臂木負責傳達「遠方」的警告，告知司機列車可能必須在下一個號誌處停下。兩支臂木都位於水平位置時也表示「停止」。

小心前進
當上方的「停止」臂木升起、燈號轉為綠色時，列車就可以前進。但下方的遠方警告臂木依然告訴司機要小心，因為下一個號誌可能會要求列車停車。

淨空
當上下臂木都升起，燈號也都變成綠燈時，代表前方的路線已經淨空。司機可以用一般的速度安全前進，直到抵達下一個號誌。

電報

電報的出現改變了鐵路號誌，讓人類首度可以用比火車更快的速度傳遞訊息。最成功的電報系統由山繆·摩斯（Samuel Morse）在1835年發明。

摩斯的第一台電報機採用一種擺錘裝置，但他的伙伴阿爾佛列德·維爾（Alfred Vail）卻建議使用槓桿和電樞來打出由點和短線段組成的編碼，也就是摩斯電碼的前身。這套系統在1840年獲得專利，並用在鐵路號誌及一般通訊方面。人類隨即沿著鐵路架設數千哩長的電報線，並在1861年10月串連美國東西兩岸。

摩斯電鍵音響器，1875年 摩斯電報使用單一電流來切換開關，發送一連串點和短線段組成的編碼。

轉轍器

轉轍器機制是任何鐵路的核心元件。英國工程師查爾斯·福克斯（Charles Fox）在1832年發明轉轍器，這套系統構造很簡單，就是用一根把手來控制一根拉桿。這段經過調整的可動軌道可以引導列車駛入彎道，離開主線。切換轉轍器的工作原本由號誌員負責，但現在絕大多數轉轍器都已經電氣化。

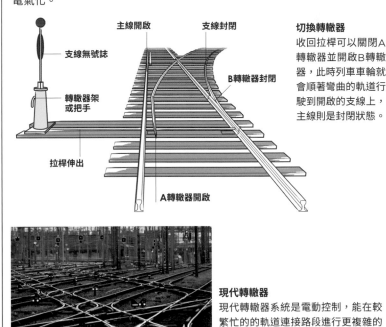

支線無號誌

轉轍器架或把手

拉桿伸出

主線開啟

支線封閉

B轉轍器封閉

A轉轍器開啟

切換轉轍器
收回拉桿可以關閉A轉轍器並開啟B轉轍器，此時列車車輪就會順著彎曲的軌道行駛到開啟的支線上，主線則是封閉狀態。

現代轉轍器
現代轉轍器系統是電動控制，能在較繁忙的的軌道連接路段進行更複雜的交通作業。

綠色「淨空」燈號
告知A列車可繼續前進到下一個閉塞區間

綠色「淨空」燈號
告知A列車可繼續前進到下一個閉塞區間

兩個黃色「初步提醒」燈號
指示A列車準備在通過下兩個號誌時停車

黃色「初步提醒」燈號
指示A列車準備在通過下一個號誌時停車

紅色「停止」燈號
指示A列車不可進入這個閉塞區間

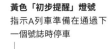

綠色「淨空」燈號
告知B列車可繼續前進到下一個閉塞區間

B列車

拉德斯托克北站號誌樓

在自動化號誌中心誕生之前，號誌員必須在各地的號誌樓裡管制列車的移動。拉德斯托克北站（Radstock North）的號誌樓曾經管制英國舊時的大西部鐵路北薩莫塞特線（North Somerset Line），並在迪德科特（Didcot）的鐵路中心復原，將 1930 年代的號誌樓原原本本地呈現。

不論是要控制一個停止號誌，還是讓一列行經的火車改道，號誌樓一度扮演鐵路運輸系統的控制節點角色。號誌樓不但可以確保列車在正確的路線上依照預先排定的時刻表安全運行，也提供號誌員一個溫暖乾爽的工作環境。最早的鐵路號誌是透過手勢或以發放路牌來傳達，不過隨著時間過去，號誌機械化程度愈來愈高，就必須透過位於軌道旁號誌樓內的各種閘柄來操控。需要以人力手動控制的號誌樓設備通常位於上層，以便容納閘柄下方機構運作的空間，也可以讓號誌員有更清楚的視野，以觀察四周鐵路的狀況。如今，隨著電子號誌科技的進步，絕大部分傳統號誌樓都已經被中央控制的行車控制中心取代。

號誌樓內部

號誌樓裡有許多閘柄，裝在地板底下的一個橫樑內。閘柄根據功能漆成不同的顏色。大轉輪控制平交道，而閘柄上方櫃子上的工具則顯示鐵路線的各個區段是否淨空。電鈴路牌設備能提供安全措施，確保絕對不會有兩班列車走在會對撞的路線上。

1. 號誌樓內部景象 2. 支線（左）及幹線（右）的路牌設備 3. 架子上的東西包括閉塞裝置和電報設備 4. 三位式閉塞裝置特寫 5. 控制閘柄：紅色為號誌控制桿，藍色負責操作鎖及閘門，黑色負責控制道岔 6. 大轉輪和閘柄負責控制平交道 7. 邊門控制閘柄 8. 閘柄頂端附有釋放機構 9. 銅牌標明閘柄控制的號誌 10. 裱框的拉德斯托克北站路線配置圖 11. 附鈕電鈴可發送編碼訊息給下一座號誌樓 12. 號誌閘柄 13. 單線電鈴路牌設備 14. 鐵環可用來遞送路牌給司機 15. 大西部鐵路時鐘 16. 電燈讓號誌樓在夜間也可運作 17. 燃煤火爐

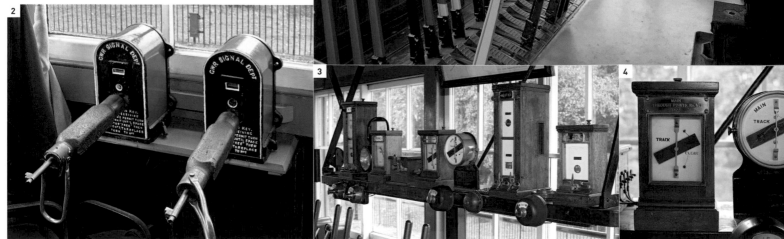

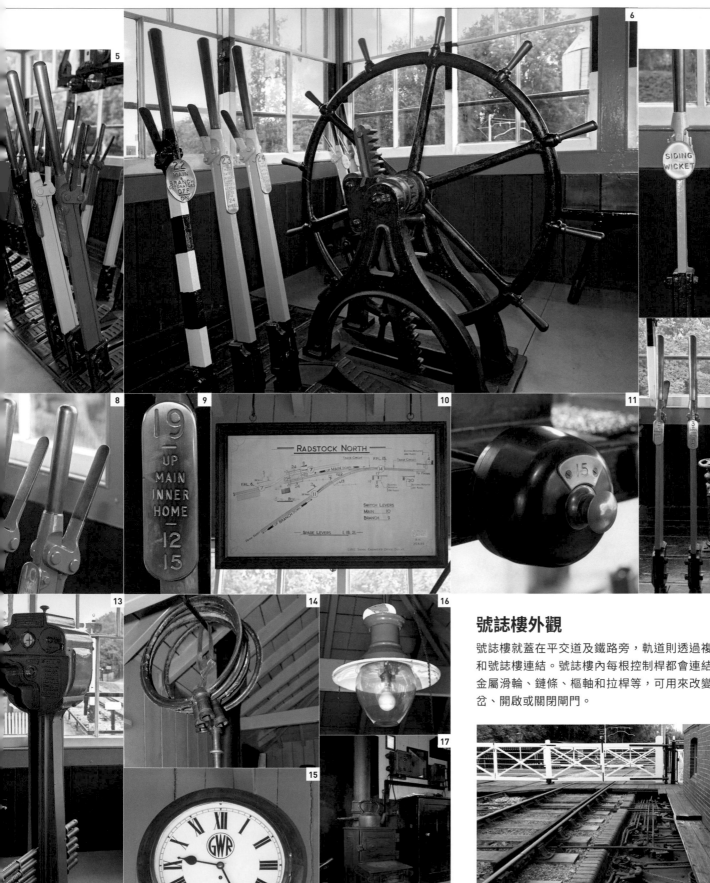

號誌樓外觀

號誌樓就蓋在平交道及鐵路旁，軌道則透過複雜的連鎖機制和號誌樓連結。號誌樓內每根控制桿都會連結到各式各樣的金屬滑輪、鏈條、樞軸和拉桿等，可用來改變號誌、切換道岔、開啟或關閉閘門。

蒸汽機車如何運作

蒸汽的力量長久以來就被視為潛在的能源，而早在公元1世紀，以蒸汽作為動力的裝置就已經出現在亞歷山卓的希羅（Hero of Alexandria）的作品中。不過一直要到工業時代之初，人才找到可以有效駕馭蒸汽力量的辦法。1712年，英國五金商人和發明家湯瑪斯·紐科門（Thomas Newcomen）開發出一組蒸汽動力幫浦，可用來排掉礦坑中的水。不過當另一位英國工程師理查·特里維西克開始

測試高壓蒸汽引擎時，像紐科門那種固定式引擎就發展出了可移動的版本。這樣的引擎可以小到能夠裝上輪子，蒸汽於是首度被用來推進。特里維西克的第一部引擎是在道路上行駛，但1803年，他為潘尼達倫煤礦建造了一輛在鐵製軌道上運行的蒸汽機車。在接下來不到30年的時間裡，鐵路革命展開，為大眾提供運輸服務，而蒸汽也在接下來超過一個世紀的時間裡為世界各地的鐵路提供動力。

製造蒸汽動力

要產生蒸汽，高溫氣體會從燃燒室火爐沿著穿過鍋爐的管線流動，管線則泡在水中。熱的「煙管」可以把水煮沸，鍋爐的頂端會收集蒸汽。這裡的蒸汽稱為「飽和蒸汽」，有一組調節閥門負責控制這些蒸汽進入主蒸汽管的速度。接著過熱管線會一如往常提高蒸汽的溫度，讓它在進入汽缸時擁有更多能量。蒸汽進入汽缸後就會膨脹，推動活塞。廢蒸汽會經由廢氣管送往煙囪，同時協助煙管吸入高溫氣體。

說明
- ■ 廢蒸汽
- ■ 飽和蒸汽
- ■ 過熱蒸汽
- ■ 高溫氣體

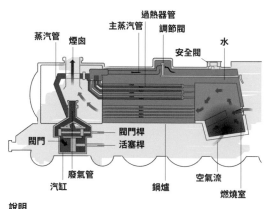

為燃燒室加煤

機車在行駛時，司爐要負責為燃燒室加煤，但爐火會在幾個小時前就點燃，以緩慢提高溫度，避免損害鍋爐。

蒸汽機車零部件

在整個蒸汽時代，蒸汽動力的基本運作原理都沒變，但蒸汽機車卻愈來愈複雜。例如，早期的蒸汽機車只有一根煙管，但史蒂芬生的火箭號卻有25根，之後的機車則有150根甚至更多。根據工作內容的不同（調車、牽引貨車或客運特快車），機車會擁有不同的動力傳遞方式，例如使用更多活塞或更多動輪，但基礎設計依然大同小異。

煤水車手軔機
轉動把手就可啟動煤水車的軔機

煤櫃
煤炭會從這裡經由司爐的鏟子或自動加煤系統進入火門。

煤水車

射水器
可從煤水車頂部把水櫃加滿

水櫃
可透過管線向鍋爐給水

水位浮筒
可指出水櫃內的水量

制動裝置
可將壓力傳往每車輪上的閘瓦

蒸汽推進

鍋爐裡的水經過加熱會產生蒸汽，之後會過熱化，並在高壓狀態經由蒸汽管傳遞到汽缸。高壓蒸汽經由閥門進入汽缸，推動活塞，然後就會驅動一連串拉桿和樞軸，進而轉動動輪，將線性動作轉換成旋轉動作。

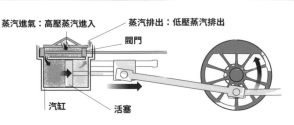

1 外划：高壓蒸汽透過閥門進入汽缸前端，在那裡膨脹，推動活塞，進而讓車輪旋轉半圈。

駕駛室內部

絕大部分蒸汽機車都有兩名工作人員：司爐和司機。司機負責使用調節閥（作用類似節流閥）、逆轉機和制軔來控制機車。司機負責控制列車的速度，並要隨時注意各種量表和道旁的號誌。司爐的工作則是為爐火添加燃料以維持蒸汽供應，並隨時檢查玻璃水位計來確保水量適當。司爐會透過射水器控制裝置，把水從煤水車加進鍋爐裡。此外他也要和司機一起注意道旁號誌，尤其是在彎道的時候。

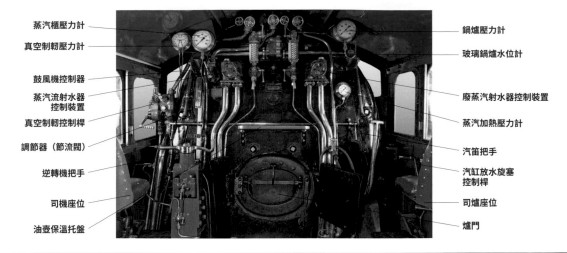

- 蒸汽櫃壓力計
- 真空制軔壓力計
- 鼓風機控制器
- 蒸汽流射水器控制裝置
- 真空制軔控制桿
- 調節器（節流閥）
- 逆轉機把手
- 司機座位
- 油壺保溫托盤
- 鍋爐壓力計
- 玻璃鍋爐水位計
- 廢蒸汽射水器控制裝置
- 蒸汽加熱壓力計
- 汽笛把手
- 汽缸放水旋塞控制桿
- 司爐座位
- 爐門

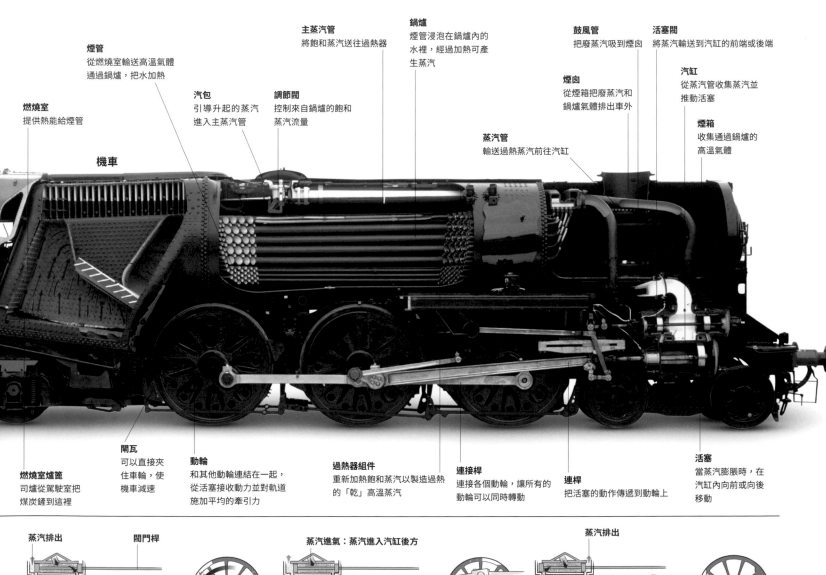

主蒸汽管
將飽和蒸汽送往過熱器

鍋爐
煙管浸泡在鍋爐內的水裡，經過加熱可產生蒸汽

鼓風管
把廢蒸汽吸到煙囪

活塞閥
將蒸汽輸送到汽缸的前端或後端

煙管
從燃燒室輸送高溫氣體通過鍋爐，把水加熱

汽包
引導升起的蒸汽進入主蒸汽管

調節閥
控制來自鍋爐的飽和蒸汽流量

煙囪
從煙箱把廢蒸汽和鍋爐氣體排出車外

汽缸
從蒸汽管收集蒸汽並推動活塞

燃燒室
提供熱能給煙管

蒸汽管
輸送過熱蒸汽前往汽缸

煙箱
收集通過鍋爐的高溫氣體

機車

燃燒室爐箅
司爐從駕駛室把煤炭鏟到這裡

閘瓦
可以直接夾住車輪，使機車減速

動輪
和其他動輪連結在一起，從活塞接收動力並對軌道施加平均的牽引力

過熱器組件
重新加熱飽和蒸汽以製造過熱的「乾」高溫蒸汽

連接桿
連接各個動輪，讓所有的動輪可以同時轉動

連桿
把活塞的動作傳遞到動輪上

活塞
當蒸汽膨脹時，在汽缸內向前或向後移動

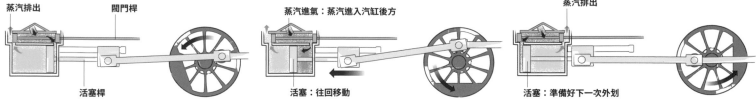

- 蒸汽排出
- 閥門桿
- 活塞桿

2 排氣：車輪透過一連串連桿和閥門連結。連桿會讓閥門開啟，以便排出已經失去壓力的蒸汽。

- 蒸汽進氣：蒸汽進入汽缸後方
- 活塞：往回移動

3 回划：閥門的動作也會使高壓蒸汽進入汽缸後方，開始回划的動作。

- 蒸汽排出
- 活塞：準備好下一次外划

4 排氣：車輪一旦轉完外半圈，閥門就會讓用過的蒸汽排出、讓新的蒸汽進入，展開新的循環。

柴油機車如何運作

德國工程師魯道夫‧狄塞爾博士（Rudolf Diesel）在1893年展示了世界第一部柴油引擎，接著在1897年造出第一個可靠的版本。柴油引擎的運作原理是把空氣吸進汽缸並加以壓縮，以提高其壓力和溫度，然後把柴油噴進去，產生燃燒現象，進而產生能量去推動活塞，再帶動曲軸。不同的傳動系統（電動、機械和液力）會把動力從曲軸傳遞到車輪上。柴油引擎的馬力很強。船舶使用的柴油引擎馬力可以超過5萬匹，而用在鐵路列車上的通常是2500-4500匹馬力。相較於蒸汽機車，1930到40年代引進的早期柴油機車操作成本較低，尤其是在油料充沛的地方，因為它們需求的人力較少。今日，柴油機車牽引的列車在世界各地運轉，尤其是在較不繁忙、電氣化不划算的路線上。

柴油電氣機車

大部分柴油機車（還有一些柴聯車）都採用電力傳動系統，因此稱為「柴電機車」。在柴電機車裡，柴油引擎是靠一套傳動系統輸出動力，把引擎產生的機械能轉換成電力。這個過程是透過引擎的曲軸來帶動一部發電機（現在通常是交流發電機）。由此產生的電力可以驅動牽引馬達，這些馬達則是連接到列車的車輪或輪軸上。柴電機車跟電力機車不同——柴電機車本身就配備發電裝置，而不是依靠外部供應電源。

柴電機車原本是依靠發電機產生的直流電行駛，但隨著1960年代的科技發展，柴電機車就能使用更可靠的交流電，由交流發電機供應，而非直流發電機。交流發電機產生的交流電在通過整流器之後會轉換成直流電，進而推動牽引馬達。在1980和1990年代，牽引換流科技有所進步，讓交流電可以透過一種稱為三向電源供應的系統直接供電給馬達。

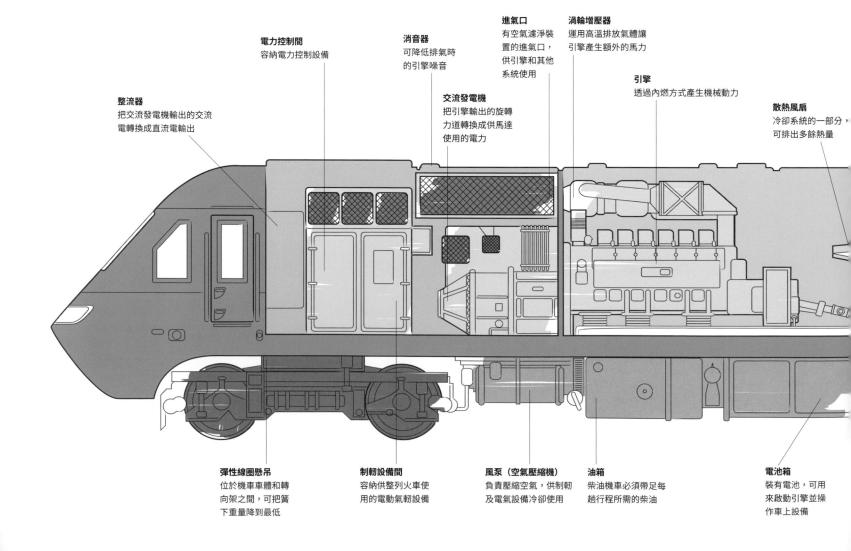

電力控制間
容納電力控制設備

消音器
可降低排氣時的引擎噪音

進氣口
有空氣濾淨裝置的進氣口，供引擎和其他系統使用

渦輪增壓器
運用高溫排放氣體讓引擎產生額外的馬力

整流器
把交流發電機輸出的交流電轉換成直流電輸出

交流發電機
把引擎輸出的旋轉力道轉換成供馬達使用的電力

引擎
透過內燃方式產生機械動力

散熱風扇
冷卻系統的一部分，可排出多餘熱量

彈性線圈懸吊
位於機車車體和轉向架之間，可把簧下重量降到最低

制軔設備間
容納供整列火車使用的電動氣軔設備

風泵（空氣壓縮機）
負責壓縮空氣，供制軔及電氣設備冷卻使用

油箱
柴油機車必須帶足每趟行程所需的柴油

電池箱
裝有電池，可用來啟動引擎並操作車上設備

機械傳動柴油機車

柴油機車上的機械傳動裝置是由柴油引擎和車輪之間的直接機械連接結構組成，主要可分成兩種機制。首先是直接驅動機制，引擎透過傳動軸、差速器與齒輪裝置與輪軸連結。第二種則是連接桿驅動機制，主要是用在無轉向架的機車上，為了維持有效的黏著力，連接桿會安裝在所有動力輪軸的車輪外側，以便同時驅動所有車輪。

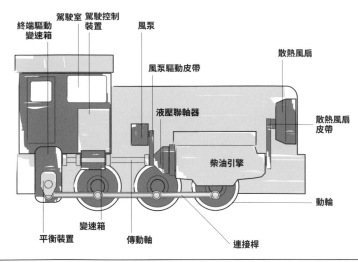

終端驅動變速箱
駕駛室
駕駛控制裝置
風泵
散熱風扇
風泵驅動皮帶
液壓聯軸器
散熱風扇皮帶
柴油引擎
動輪
平衡裝置
變速箱
傳動軸
連接桿

調車機車

調車機車是一種小型鐵路機車，用來在存放車場和旅客車站之間安全地移動列車。它也要負責編組貨運列車，直到負責牽引的機車接手。許多調車機車都是機械傳動柴油機車，因為它們不需要高速行駛的能力。

控制裝置
交流發電機
渦輪增壓器
散熱風扇
交流電
散熱器
整流器
柴油引擎
直流電
風泵
油箱
牽引馬達
轉向架

柴油機車如何運作

上圖顯示動力如何從柴油引擎經由交流發電機和整流器傳遞到車輪上的牽引馬達。

牽引馬達送風機
風扇可冷卻位於機車這一面的牽引馬達

行李間
動力車後方的空間，可存放行李

液力傳動柴油機車

液力傳動柴油機車（柴液機車）和機械傳動柴油機車有一些類似的地方，但機械傳動柴油機車或機械傳動柴聯車只能使用功率較低的引擎以較慢的速度行駛，而柴液機車可以使用更強的引擎，並以更快的速度運行。這是因為它們使用的是液力變矩器而不是變速箱。液力變矩器擁有一組旋轉葉輪系統，內有濃厚粘稠的流體，可根據引擎產生的速度和動力來傳送動力。第二次世界大戰結束後，德國設計師偏愛柴液機車，並大量生產，甚至出口，最遠賣到美國和亞洲。

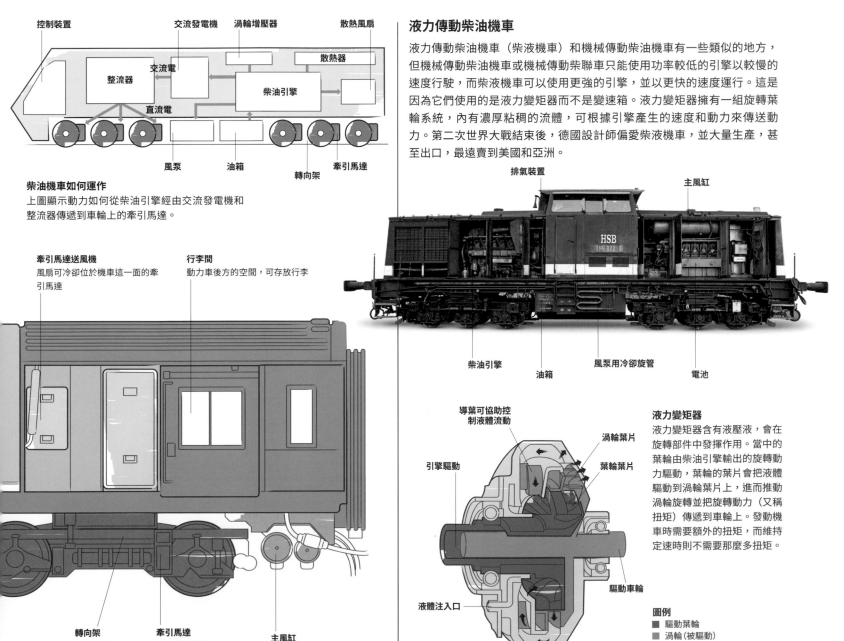

排氣裝置
主風缸
HSB
柴油引擎
油箱
風泵用冷卻旋管
電池

轉向架
經過特別設計，適合高速行駛

牽引馬達
用交流發電機產生的電力推動列車，每根輪軸安裝一具

主風缸
可儲存制軔或其他地方會使用到的空氣

液力變矩器

液力變矩器含有液壓液，會在旋轉部件中發揮作用。當中的葉輪由柴油引擎輸出的旋轉動力驅動，葉輪的葉片會把液體驅動到渦輪葉片上，進而推動渦輪旋轉並把旋轉動力（又稱扭矩）傳遞到車輪上。發動機車時需要額外的扭矩，而維持定速時則不需要那麼多扭矩。

導葉可協助控制液體流動
渦輪葉片
引擎驅動
葉輪葉片
液體注入口
驅動車輪
液體排出口

圖例
■ 驅動葉輪
■ 渦輪（被驅動）
■ 固定導葉
➜ 液體流向

電力機車如何運作

在歐洲，電力機車原本是為了作為蒸汽機車和早期柴油機車更有效的替代品而開發的。1879年，世界第一輛電力機車在柏林運行。不過，之所以會需要轉換成電力牽引，主要是因為隧道使用率提高，尤其是在都市地區。1890年，第一條現代化的地鐵系統在倫敦啟用，使用電力機車，而隨著多動力單元列車控制技術在1897年引進，電力很快就成為地下鐵動力供應的首選。在美國，幹線電氣化首先是在巴爾的摩與俄亥俄鐵路的巴爾的摩環線（Baltimore Belt Line）一段6.4公里長的路線上進行，但電氣化路線也僅限於交通繁忙的都市地區。之後，電力機車採用交流電作為電力供應，因此能夠牽引更長、更重的列車，還可提升速度及效益。

電力機車

和柴電機車一樣，電力機車也是用電動馬達來驅動車輪，但跟柴電機車不同的是，電力機車的電力是來自外部的發電廠。電流可以透過集電弓從架空線或第三軌汲取。由於電力機車不會隨車攜帶自用的發電設備，所以它們的推重比和加速性能都比柴電機車好。因此電氣化列車最適合需要停靠很多站的市區路線。它們也比柴油動力列車更快、更安靜。目前的軌道速度世界紀錄是電氣化列車創下的：一列經過特別改裝的法國TGV列車在2007年創下了每小時574.8公里的紀錄。

電力機車組件

以透過架空線供電的電力機車而言，集電弓汲取電力並傳送到變壓器，電流在那裡轉換成正確電壓，再驅動連接到每個車輪的牽引馬達。機車就是靠這份動力移動。

冷氣單元
提供空調給駕駛室和電機設備

儲氣櫃
提供空氣給牽引馬達風扇和其他用壓縮空氣冷卻的電機設備

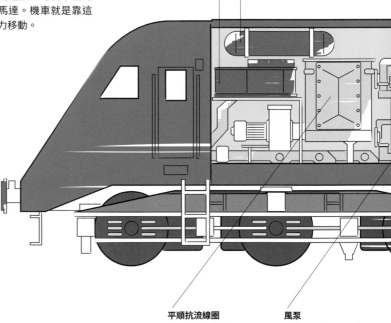

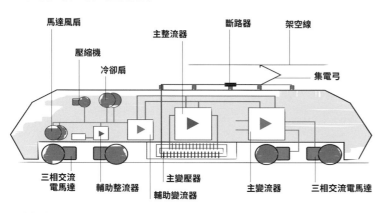

電力機車如何運作
上圖是一輛三相交流電電力機車，原本的交流電電源會透過變壓器和整流器轉換成電壓較低的直流電電源。變流器之後會再把這些電力轉換成同樣低電壓的交流電，並為馬達供電。

圖例
■ 來自架空線的高壓交流電
■ 轉換後的低壓直流電
■ 轉換後的低壓交流電

平順抗流線圈
穩定直流電供電，以確保馬達供電順暢

風泵
為牽引馬達風扇供應氣流，協助機車設備冷卻

第三軌

許多地下鐵和輕軌系統都使用帶電的第三條軌道來供電，因為這個辦法比架設架空線便宜，且相對有效。從列車上伸出的集電靴會和這根帶電的軌道接觸，引導電力流向列車。這個系統的優點是可以有多列火車同時使用，而當它們不需要電源時就可以脫離。帶電的軌道擁有高壓電流，人類或動物碰到的話會有致命危險，因此必須採取對應措施來把這類風險降到最低，尤其是在車站或各種車場。

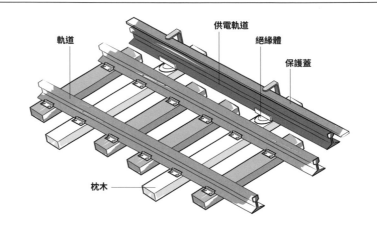

第三軌布局
帶電的第三軌架設在安裝在枕木上的絕緣體上，就位於列車行駛的鐵軌旁。

架空線

從架空線汲取電流的電氣化列車使用集電弓、弓形集電杆或集電杆之類的集電裝置來汲取電流。集電裝置會和高度最低的架空線接觸,也就是接觸線。接觸線一般來說是銅製或鋁製,可用來傳遞數千安培的電流,同時還要和軌道對齊,並承受惡劣天候而不損壞。電源供應線的技術並不像表面上看起來的那麼簡單。接觸線的張力須維持一致,例如遇到轉彎時,電線在橫向拉動的同時也必須維持水平方向的張力。架空線會故意以Z字形架設,以避免集電弓磨損。

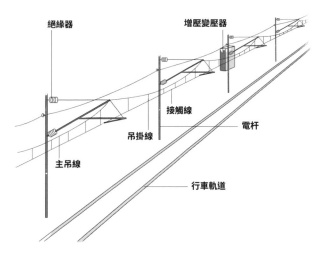

集電弓

集電弓會透過彈簧或氣壓裝置來和架空線保持接觸。接觸條經過設計,不會在列車移動時勾到接觸線的頂部。

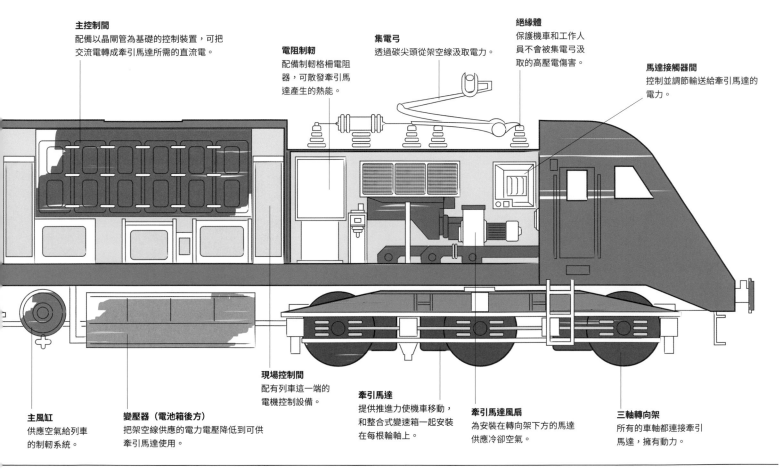

主控制間
配備以晶閘管為基礎的控制裝置,可把交流電轉成牽引馬達所需的直流電。

電阻制軔
配備制軔格柵電阻器,可散發牽引馬達產生的熱能。

集電弓
透過碳尖頭從架空線汲取電力。

絕緣體
保護機車和工作人員不會被集電弓汲取的高壓電傷害。

馬達接觸器間
控制並調節輸送給牽引馬達的電力。

主風缸
供應空氣給列車的制軔系統。

變壓器(電池箱後方)
把架空線供應的電力電壓降低到可供牽引馬達使用。

現場控制間
配有列車這一端的電機控制設備。

牽引馬達
提供推進力使機車移動,和整合式變速箱一起安裝在每根輪軸上。

牽引馬達風扇
為安裝在轉向架下方的馬達供應冷卻空氣。

三軸轉向架
所有的車軸都連接牽引馬達,擁有動力。

集電靴接觸方式

列車安裝集電靴,就可以從帶電的第三軌汲取電流。最簡單的設計就是所謂的「頂端接觸」,也就是集電靴沿著第三軌的頂部滑過。不過暴露的軌道上只要有一丁點的雪或冰,就可以讓它失效。側面接觸的設計可提供更多保護而不受環境影響,但底部接觸設計更優越,因為不但可用最大面積和軌道接觸,也不會受到惡劣天候影響。

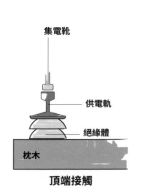

頂端接觸

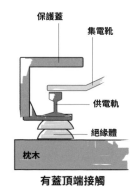

有蓋頂端接觸

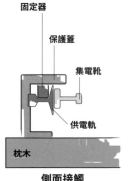

側面接觸

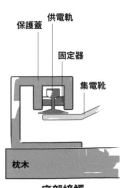

底部接觸

名詞解釋

黏著力 adhesion
機車的車輪與鐵路軌條之間的摩擦抓地力，受到車軸重量影響。在機車起步時，黏著力格外重要。

氣軔 air brake
使用壓縮空氣作為操作媒介的制軔系統。若要讓車輛停止，會釋放壓縮空氣進入一個汽缸內，推動活塞和彈簧去推動閘瓦壓住車輪。

氣墊 air cushion
現代化懸吊系統中使用的「空氣」彈簧。

交流電 alternating current (AC)
一種在固定的時間間隔內會迅速反轉流向的電流。它每秒能夠反轉的次數就是它的頻率，以週期或赫茲（Hertz, Hz）來計算。也可參閱「直流電」。

交流發電機 alternator
一種電動機械裝置，可以把機械能轉換成交流電形式的電能，會用在柴電機車和電力機車上。

**關節式機車
articulated locomotive**
一種機車（通常是蒸汽機車）在同一組車架上安裝兩個以上的引擎單元，但中間安裝樞軸，因此可以獨立移動。這種設計讓它們即使軸距較長也可以通過彎道。

關節式列車 articulated train
一種互相連結的列車組，車廂與車廂是透過一組有樞軸的轉向架互相連接。

煤灰盤 ashpan
位於以燃燒煤炭為動力來源的蒸汽機車燃燒室下方，可盛接從燃燒室爐箅掉出來的煤灰和碳渣。

大西洋式 Atlantic
擁有 4-4-2 輪式的蒸汽機車，也就是四個導輪在兩根車軸上、四個有動力且兩兩成對的車輪，還有兩個從輪。這種機車最早在 1880 年出現，因為密爾瓦基鐵路用這種機車來牽引高速客運列車，因此又稱為密爾瓦基式。

軸箱 axlebox
一組容納軸承的金屬外殼，輪軸末端在其內部旋轉。

軸重 axle load
每根車軸允許分攤的最大整車重量。軌道是根據必須承受的最大軸重去設計。

道碴 ballast
由石塊、砂礫或煤渣鋪成的基礎，軌道鋪設在它上面。枕木會安放在道碴上，用來支撐鐵軌。也可參閱「覆蓋層」、「基礎」、「路基」。

輔助機車 banker
和列車連結的額外機車，可協助列車爬上較陡的路段，在美國稱為 helper。

**條式車架機車
bar-frame locomotive**
一種重量較輕的蒸汽機車，原本由愛德華·貝里在 1838 年設計，其車架是由條狀結構組成，而非板狀結構。這種類型的機車在美國獲得採用，成為標準款式。

鈴聲代碼 bell code
一種用鈴聲信號來描述列車狀態的聲音編碼，號誌員用來接收訊息或傳遞訊息給列車。

附鈕電鈴 bell tapper
一種裝置，號誌員之間用它來發出鈴聲訊號。

大端 big end
連桿上較大的曲柄銷端，比十字頭端大，因為它受到的壓力較大。

覆蓋層 blanket
鐵道基礎中可有可無的鋪層，通常由粗料組成，用來支撐道碴層。也可參閱「道碴」、「基礎」、「路基」。

鼓風管 blastpipe
蒸汽機車中的一根管子，可以把廢蒸汽從汽缸輸送到煙囪。這種設計可以產生局部真空，提高燃燒室的空氣流量。

閉塞區間 block
在號誌詞彙中，閉塞區間是指兩處號誌之間的一段軌道。如果第一處號誌顯示「停止」，列車就無法進入這個閉塞區間。

Bo-Bo
這是一種常見的車軸配置的寫法，描述一輛機車擁有兩組雙車軸的配置，且全部的輪軸都有動力。也可參閱「Co-Co」、「輪式」。

轉向架 bogie
一組附有樞軸的車輪，安裝在位於機車前端或尾端的懸吊組件上，以提供引導及額外的支撐力。在美國稱為 truck。

鍋爐 boiler
蒸汽引擎的一部分，用來產生蒸汽並循環。鍋爐內的水必須接近全滿，而這些水會經由煙管加熱，產生蒸汽，並達到高壓。司爐必須確保鍋爐內有充足的水量。

制軔 brake
機車上配置的一組剎車系統，可以讓機車減速，且通常還裝有額外的控制器，可透過制軔機構操控整列火車所有的剎車裝置。制軔可透過空氣、蒸汽或真空來啟動。也可參閱「空氣制軔」、「真空制軔」。

閘瓦 brake block
當制軔啟動時，負責壓住車輪、讓列車減速的摩擦材料。

制軔機構 brake rigging
一套由連桿和把手組成的系統，連接制軔控制裝置和每個車輪上的閘瓦。

守車 brake van/cabin car
一種附掛於列車後方的車廂，可為貨運列車提供制軔力道，也可用來檢查軌道的狀況，也可做為列車長的起居空間，或供鐵路工作人員使用。在美國稱為 caboose。

支線 branch line
從幹線鐵路分岔出來的次要鐵路線，用來服務地方車站。

寬軌 broad gauge
軌距比標準的 1.435 公尺還寬的任何軌距，例如伊桑巴德·金德姆·布魯內爾的 2.14 公尺軌距。

緩衝器 buffer
一種可以緩和鐵路車輛互相撞擊時衝擊力道的裝置。

止衝擋 buffer stop
一種位於軌道末端的結構，可以擋住火車，防止它繼續前進。在美國稱為 bumper post。

大頭軌條 bullhead rail
一種英國發展出來的軌條，軌條的上半部和下半部剖面形狀相同。這個設計的用意是讓軌條可以使用得更久，一旦原本承受車輪滾動的那一面磨損，就可以翻面繼續使用。

煤櫃 bunker
位於沒有煤水車的機車尾部的封閉空間內，可用來儲存煤炭。

匯流排連接器 bus connector
電聯車上的一種設備，可以把架空線供應的電力從一輛車傳輸給下一輛。

駕駛室 cab
機車的控制間，控制人員在此工作。

超高 cant
鋼軌相對於垂直線或另一根鋼軌升高的角度，在美國稱為 superelevation。

客車 car, carriage, coach
載運乘客的鐵路車輛。

架空線 catenary
原本是指在高架電氣系統中負責支撐導線的纜線，但現在則用來稱呼整套高架電線系統。也稱為高架電線。

煙囪 Chimney
煙箱頂端的開口，不用的廢氣和蒸汽從這裡排出。在美國稱為 smokestack。

型／等 Class
一批根據共通的設計而建造的機車，也可用來指稱特定列車或車廂提供給旅客的舒適度和服務等級，例如頭等。

一級鐵路 Class 1 railroad
年度營業收入超過 2 億 5 千萬美元的美國幹線鐵路。

Co-Co
一種車軸配置的寫法，指擁有兩組三根動力軸的轉向架的柴油或電力機車。也可參閱「Bo-Bo」、「輪式」。

煤櫃 coal space
蒸汽機車煤水車儲放煤炭的地方，供燃燒室使用。煤水車其餘部分則用來儲水，供鍋爐使用。

集電靴 collector shoe
電氣化列車上的一種電力汲取裝置，可以從軌道旁的供電第三軌汲取電力。

**複合式機車
compound locomotive**
使用兩組氣缸的蒸汽機車，第二組氣缸使用第一組氣缸排出的廢蒸汽。

壓縮點火 compression ignition
在內燃機中使用壓縮產生的熱能來點燃並燃燒燃料。壓縮點火引擎稱為柴油引擎，和使用火星塞點燃燃料的火星點火引擎不同。也可參閱「柴油」。

**共軛閥門裝置
conjugated valve gear**
蒸汽機車上氣缸閥門的運作是透過另外兩組氣缸上的閥門裝置運動驅動連桿而完成，這種設計由赫貝爾特·奈傑爾·格雷斯利爵士為英國大北部鐵路和倫敦與東北鐵路設計的三氣缸蒸汽機車使用。

連桿 Connecting rod
在蒸汽機車上，連桿把活塞桿連接到動輪的曲柄銷上。

團結式 Consolidation
輪式為 2-8-0 的機車。它有兩個導輪，在一根導軸上，後面接著有八個兩兩成對的動輪，安裝在四根輪軸上。這種機車於 1860 年代引進，在美國和歐洲用來牽引貨運機車相當受歡迎。

貨櫃 container
一種金屬貨運箱，可盛裝貨物並密封，再由合適的列車、卡車或船隻運送。

連結（器）coupler, coupling
把軌道車輛連接在一起的機制。在同一條鐵路上，連接方式都是一樣的，有共同的標準，因此任何車輛都能連接在一起。在英國稱為 coupling，在美國稱為 coupler。

（車輪）連桿 coupling rod
蒸汽機車位於同一側的動輪會用連桿連接起來，又稱為側桿。把車輪連接起來可以分散動力，並降低車輪打滑的可能性。

曲柄 crank
蒸汽機車上的零件，可透過連接桿把動力從活塞傳遞到動輪。

曲軸銷 crankpin
壓進車輪中心的大型鋼銷。在蒸汽機車上，動力是透過連結桿傳送到動輪上的曲軸銷來驅動。

曲（柄）軸 crankshaft
在蒸汽機車上，跟著曲柄作用的軸可以把活塞的線性運動轉換成旋轉運動，而旋轉運動可以驅動車輪。

十字頭 crosshead
活塞和連接桿之間的連接點，和滑桿一起作用，可讓活塞桿在進出氣缸時維持在直線上。

路塹 cutting
在山坡上向下挖出的一條通道，可以讓軌道的爬坡角度保持和緩。

汽缸 cylinder
一個密閉的空間，活塞在當中運動，以產生傳送到車輪的動力。在蒸汽機車上，活塞是由高壓空氣擠壓產生的力量來推動。

柴油引擎 diesel
跟汽油引擎不同，柴油引擎使用壓縮空氣而不是透過火花來點燃驅動它們的燃料。在機車上，把動力從柴油引擎傳遞到車輪可以透過電動、機械或液壓等方式。也可參閱「壓縮點火」。

柴油電氣式 diesel-electric
運用柴電系統的機車、多車組列車或軌道車。在柴電系統裡，燃燒過程產生的機械能量透過發電機或交流發電機轉換成電力，這些電力再提供給動輪軸的馬達使用。

柴油液力式 diesel-hydraulic
運用柴液系統的機車、多車組列車或軌道車。在柴液系統中，燃燒產生的能量會根據引擎產生的速度快慢和能量大小，透過扭矩變速器傳送給車輪。

柴油機械式 diesel-mechanical
運用柴油機械系統的機車、多車組列車或軌道車。在柴油機械系統裡，燃燒產生的能量也可透過傳動軸、變速箱和差速器直接傳遞給車輪。

直流電 direct current (DC)
一種沿著恆定方向流動的電流。交流電在轉換與傳輸方面遠勝直流電。

機車重聯 double-heading
用兩輛機車和兩組工作人員在前方牽引列車。

動輪 driving wheels
機車上有動力的車輪，可發揮牽引功能。

電氣制軔 dynamic braking
在電力和柴電的機車和多車組列車上，電力牽引馬達也可作為發電機，發揮制軔作用，讓列車減速。多餘的能量可以透過制軔格柵電阻器以熱量的形式散發（這稱為電阻制軔）。在電氣化列車上，這類多餘能量也可被供電系統吸收回去（這稱為再生制軔）。

測力計 dynamometer
一種可用來測量力道、扭矩和能量的方式。在鐵路上，測力計車用來測量機車的速度。

抽氣器 ejector
真空制軔系統上的一個裝置。抽氣器可以抽出制軔管內的空氣以製造真空狀態，從而鬆開制軔。

電力機車 electrics
從外部汲取電力以供牽引的機車、多車組列車或軌道車。電力可由架設在鐵軌旁的供電導軌或架空線提供。

高架鐵路 elevated railway
建在高架平台上的鐵路，例如英國以前的利物浦高架鐵路（Liverpool Overhead Railway）和美國紐約地鐵的其中一部份。

路堤 embankment
地形低窪處的墊高路徑，可以讓軌道維持較小的傾斜度。

引擎 engine
機車的動力來源，由蒸汽、電力或柴油驅動。steam engine 也可用來稱呼蒸汽機車。

排氣 exhaust
用過的蒸汽及燃燒產生的氣體，由蒸汽機車或柴油機車產生。

特快車 express train
只停靠路線上幾個較大的車站，以便更快抵達目的地的列車。

燃燒室 firebox
位於蒸汽機車鍋爐後方的部分，火焰在這裡燃燒，以便把鍋爐裡的水加熱。燃料從駕駛室加進燃燒室裡，燃燒產生的熱能透過煙管傳遞到鍋爐。

爐口 firehole
蒸汽機車燃燒室上的洞，司爐可從這個洞口添加煤炭或其他燃料。

司爐 fireman
負責添加煤炭或其他燃料讓機車燃燒室維持燃燒狀態的工作人員，又稱為 stoker 或 boilerman。

煙管 fire tube
從蒸汽機車的燃燒室通往煙箱的管狀物。熱氣穿過煙管可以加熱管子四周的水。

凸緣 flange
火車車輪內側邊緣上凸出的片狀物，可引導車輪在軌道上行駛。

平底軌條 flat-bottomed rail
現在使用的標準軌條，剖面為 T 字形，底部寬而平。

腳踏板 footplate
機車駕駛室工作人員站立的地板，也可用來指稱駕駛室。

路基 formation
鐵路的主要支撐構造，枕木及軌道鋪設的地方。也可參閱「道碴」、「覆蓋層」、「路基底層」。

貨運 freight
這個詞是用來描述運送成品和原物料的列車，也可用來指稱列車運送的產品和物料。

纜索鐵路 funicular railway
纜索鐵路用在礦場、懸崖峭壁、工業區路線等地方，以纜索或鍊條牽引車輛在斜坡上下移動。

通道 gangway
位於車廂兩端的彈性結構，可用來通往另一車廂。

蓋瑞特機車 Garratt locomotive
一種關節式蒸汽機車，一組鍋爐位於中央車架上，而兩部引擎則分別位於兩端的車架上。

燃氣渦輪 gas turbine
一種使用高溫高壓氣體來產生能量的內燃機。美國和俄國的鐵路目前正在試驗燃氣渦輪電力機車（gas turbine-electric locomotive, GTEL），也就是用燃氣渦輪來驅動發電機或交流發電機。

軌距／量計 gauge
軌距是鐵軌兩根軌條內側之間的距離，不同的國家和不同的鐵路會使用不同的軌距。量計則是蒸汽、壓力等各類讀數的視覺化顯示裝置。

玻璃水位計 gauge glass
位於蒸汽機車駕駛室內的垂直玻璃管，可顯示鍋爐和燃燒室內的水位。

發電機 generator
一種電機裝置，可以把機械能轉換成直流電。

斜度 grade/gradient
軌道的坡度。在英國稱為 gradient，在美國稱為 grade。

爐箄 grate
位於燃燒室底部的火爐格柵，火就在它的上面燃燒，格柵之間的間隙可以讓空氣流入，幫助燃燒。

列車長 guard
列車工作人員之一，負責票務工作。列車長必須看顧存放在列車長室的包裹和其他貨物，也可能要負責制軔。列車長在美國稱為 conductor，這個詞彙在英國也愈來愈普遍。

馬力 horsepower (hp)
一種功率的單位，相當於每秒 550 呎磅（相當於 745.7 瓦），用來表達蒸汽、柴油或電力機車產生的能量。

軸箱過熱 hot box
描述軸箱因為潤滑不當或負荷過重而產生溫度過高的現象。

射水器 injector
蒸汽機車上的一種裝置，可以在鍋爐內仍有蒸汽壓力的狀況下把水注入鍋爐裡。

轉運站 interchange
旅客可以從一列火車換到不同路線上的另一列火車的火車站，在美國稱為 transfer。

複合運輸貨櫃 intermodal container
用來描述貨運貨櫃可以從一種運輸模式轉換成另一種，例如從列車轉換到卡車或船隻上。

變流器 inverter
柴電機車或電力機車上的一種電機裝置，可以把直流電轉換成交流電。

雅各式轉向架 Jacobs bogie
由德國鐵路工程師威廉·雅各（Wilhelm Jakobs）設計，是一種適用於關節式鐵路車輛和有軌電車的轉向架。這種轉向架位於兩輛車的車身之間，而不是在車身下方，因此每個車廂的重量就可以分散在半個轉向架上。

軸箱 journal box
一組機殼，車軸的末端會在它內部的軸承上旋轉。

戰時機車 Kriegslok
Kriegslokomotive 的縮寫，指德國戰爭用機車。這種機車在第二次世界大戰期間大量生產，生產方式簡單，價格便宜，保養容易，且可承受極端天氣狀況。

導輪 leading wheel
蒸汽機車位於動輪前方的車輪，沒有動力，但可提供額外支撐力。

平交道 level crossing
鐵路和一般道路在同一水平高度交會的地點，在美國稱為 grade crossing 或 railroad crossing。

平面交叉 level junction
多條鐵路在同樣水平高度上的交會點，供鐵路交通運用。

輕軌 light rail
一種軌道運輸形式，一般用於都市化區域內。輕軌車輛包括路面街車和有軌電車。

連桿閥齒輪 link valve gear
一種閥門齒輪設計，1842 年由史蒂芬生的機車工廠設計。

塗裝 livery
鐵路車輛的獨特顏色、標誌和其他裝飾設計。

軌道車輛斷面界限 loading gauge
鐵路車輛絕對不可超過的尺寸，以避免和道旁物體和建築物碰撞。不同國家有不同的軌道車輛斷面界限。

機車 locomotive
一種用來拉動列車的輪式車輛。蒸汽和柴油機車可產生自己的動力,但電力機車是從外部汲取電力。

磁浮列車 Maglev train
一種透過電磁力在特製軌道上飄浮並推進的列車。磁浮實際上不會有任何摩擦力,且高速行駛時十分安靜。

幹線 main line
重要的鐵路線,通常位於主要城市之間。

標誌燈 marker light
一種燈具,用來向其他司機表明列車的狀態,特別是在美國。綠色標誌燈代表時刻表上的定期列車,白色標誌燈代表加開列車,而掛在最後一輛車廂上的紅色標誌燈則代表列車尾端。直到今日,世界各地仍以紅色燈作為車尾燈。又稱為 classification light。

貨車調車場 marshalling yard
貨運列車編組、或是把不同目的地的貨車和正確的列車連結的地方,在美國也稱為 classification yard。

米軌 metre gauge
一種鐵路軌道,兩根軌條內側的距離為 1 公尺。

捷運 metro
就國際上而言,這個名稱普遍用來稱呼地下化快速運輸系統,也就是都市地區的高運量軌道公共運輸系統,在美國通常稱為 subway。每個系統都有各自的名稱,例如倫敦地鐵(London Underground)、紐約地鐵(New York Subway)和巴黎地鐵(Paris Métro)。

單軌鐵路 monorail
一種以單條式軌道為基礎的鐵路系統。單軌鐵路通常在都市地區以高架方式興建。

動作機構 motion
在鐵路詞彙中,是機車的活塞桿、連結桿和閥門齒輪的總稱。

多管式鍋爐 multitube boiler
有很多根管子的蒸汽機車鍋爐,可說是蒸汽機車的革命性設計。史蒂芬生的火箭號是第一輛擁有多管式鍋爐的機車,有 25 根銅管,而非單管道或雙管道。

多車組 multiple unit (MU)
這個詞彙適用於柴油和電力牽引列車,指幾輛有動力和無動力的車透過半永久連結方式組成的列車。

窄軌 narrow gauge
軌距比 1.435 公尺標準軌距還要窄的任何鐵路。

燃油 oil firing
蒸汽機車以油料為燃料來燃燒生火。

敞車 open wagon
一種開頂式鐵路車輛,用來運輸散料,像是礦石與煤炭,在美國稱為 gondola。

太平洋式 Pacific
4-6-2 輪式的機車。它擁有兩根輪軸上的四個導輪、三根輪軸上的六個互相連結的動輪,以及一根輪軸上的兩個從輪。太平洋式機車是 20 世紀前半期常見的蒸汽客運機車。

集電弓 pantograph
電力機車或電聯車中動力車車頂上的一個組件,可以從架空線汲取電力,也稱為集電器。

客運列車 passenger train
載運旅客而非貨物的列車。這些列車在旅客會上下車的車站間運行。

待避線
passing loop/passing siding
單線鐵路上的一個位置,行駛方向相反的列車可以在這裡會車。在英國稱為 passing loop,在美國稱為 passing siding。

永久路線 permanent way
鐵路線的軌道、枕木和路基。這個詞彙源自鋪設鐵路的時候,會先搭建臨時路線,之後才會被「永久路線」取代。

排障器 pilot
安裝在機車車頭的一塊傾斜板或格柵,設計用來把障礙物推離軌道,在美國稱為 cowcatcher。

活塞 piston
汽缸上的組件,可以在蒸汽或柴油機車的每個汽缸裡前後運動。活塞的運動可以提供機械能,然後透過多種方式傳遞給車輪。

活塞桿 piston rod
透過十字頭與汽缸內的活塞相連的桿子。

轉轍器 point
位於兩條軌道分叉處的軌道機構總稱,可以讓列車從其中一條軌道行駛到另一條上,在美國稱為 switch。

普爾曼車廂 Pullman car
一種豪華鐵路車廂。普爾曼車廂最早於 1865 年在美國由喬治．普爾曼採用,當作長途列車上的臥鋪車使用。

手搖車 pump trolley
一種小型的開頂鐵路車輛,通常可由車上的人透過手搖幫浦推動前進,在美國稱為 handcar。

齒軌鐵路 rack railway
加裝鋸齒狀軌條的鐵路。在齒軌鐵路上運行的機車或列車上會裝有齒輪,齒輪會和齒軌咬合,因此可以爬上一般列車不可能攀登的陡坡。

動力客車 railcar/railmotor
一種可以自行推進的客運車輛,引擎通常安裝在地板下方。

鐵路標準時間
railway standard time
在鐵路時刻表引進之前,同一個國家的不同地方通常時間也不一樣。在 1840 年代,鐵路開始採用標準化的鐵路時間,以免因為地方時間不同而造成混亂。

整流器 rectifier
柴電機車或電力機車上的一種電機設備,可以把交流電轉換成直流電,此外也會在鐵路上用來轉換牽引電流。

調節器 regulator
蒸汽機車上司機用來控制供應給汽缸的蒸汽量的把手,在美國稱為 throttle。

逆轉機 reverser
附有轉盤或把手的一種機構,可以控制蒸汽機車的前進或倒退動作。

鐵路車輛 rolling stock
鐵路公司用來稱呼鐵路上使用的各種車輛的詞彙。

鐵路作業處 ROD
英國皇家工兵的鐵路作業處,負責在第一次世界大戰期間維持戰區內的鐵路作業。

走道板
running board/running plate
蒸汽機車的鍋爐或引擎室四周的走道。

走行裝置 running gear
跟機車行車有關的部件,包括車輪、輪軸、軸箱、軸承和彈簧等。

機車庫 running shed
動力機車庫房的舊稱,也就是機車沒有運轉時進行維修保養及停放的地方。

鞍式水櫃 saddle tank
水櫃安裝在鍋爐頂上的水櫃機車。

安全閥 Safety valve
蒸汽機車的鍋爐上可以自動開啟的洩壓閥,萬一鍋爐的壓力超過預設的限制時,可讓蒸汽排出。

沙龍車廂 saloon
一種奢華的鐵路車廂,可作為休息室使用,或設有私人臥室。

灑砂 Sanding
在輪箍和軌條之間灑上砂粒可以提高摩擦力,防止車輪打滑。砂粒通常是由位於鍋爐頂端的砂也經由輸送管灑出。

飽和蒸汽 saturated steam
還未經過熱程序來除去任何殘存水滴的蒸汽,又稱為「溼蒸汽」。

臂木號誌機
semaphore signalling
透過旋轉臂木傳遞信號給司機的系統。旋轉臂木的角度可告知司機號誌是「停止」、「注意」還是「前方淨空」。

調車機車 shunter
一種小型機車,用來在調車場移動各種車輛或車廂,在美國稱為 switcher。

接駁 shuttle
一種鐵路運輸服務,通常在兩個車站之間進行,且通常兩站中間沒有其他停靠點。接駁服務經常用於機場航站之間,或是從機場前往市中心。

側線 siding
一段位於幹線鐵路以外的軌道,可用來存放鐵路車輛。

號誌 signal
一種機械式或電子式的固定裝置,擁有臂木或燈號,可指示列車何時應該停止、通行、或是注意。

號誌路牌 signalling token
舊式號誌系統中使用的路牌。列車工作人員在一段閉塞區間的起點取得路牌,之後在閉塞區間的終點把路牌還給號誌員。這套系統能確保在任何時間,任何一段閉塞區間內都只有一列火車通行。

號誌員 signaller/signalman
在英國,號誌員是鐵路公司雇用的人員,負責在號誌樓中管理並操作一段軌道的道岔和號誌,在美國則稱為 towerman。而美國的 signaller 則是指負責保養維護號誌的工人。

號誌樓 signal box
一種控制室,可經由號誌和閉塞區間來控制列車的運行,以確保行車安全且準時。在美國稱為 tower 或 interlocking tower。

枕木 sleeper
用來支撐軌條的橫梁,通常是用木材、混凝土或鋼鐵製成。早期的鐵路也用過石製枕木塊。在美國稱為 tie 或 crosstie。「sleeper」這個字也可用來稱呼隔夜或長途旅程中提供臥鋪的車廂或列車。

臥鋪車 sleeping car
一種有臥鋪的車廂,旅客可以在旅途中躺著睡。臥鋪車最早於 1830 年代引進美國。

滑桿 slidebars
在蒸汽機車上,滑桿結合十字頭,引導活塞桿的運動。

滑行車廂 slip coach
從移動中的特快列車上解除連結而自行滑動的車廂,可以在車站停靠。這種安排可以讓旅客下車,但卻不需要讓主列車停車。

導煙板 smoke deflector
安裝在煙箱旁的金屬板,可以讓空氣向上流動,迫使離開煙囪的廢氣和蒸汽遠離駕駛室,以改善視野。

煙箱 smokebox
蒸汽機車鍋爐總成的前段，內有通往汽缸的主蒸汽管、鼓風管、煙囪和煙管末端。從煙管中抽出的灰燼會在這裡累積。

螺旋 spiral
一種鐵路的鋪設方式。往山上修建鐵路時，會繞著斜坡上升，越過下方的鐵路。

輪護蓋 splasher
一種半圓形護罩，用來蓋住大直徑動輪的上半部，通常是在車輪凸出超過機車的走道板時安裝。

標準軌距 standard gauge
兩根軌條相距 1.435 公尺。標準軌距是全世界最普遍使用的軌距，由羅伯特‧史蒂芬生為第一條城際鐵路設計，因此也被稱為史蒂芬生軌距。

蒸汽櫃 steam chest
機車汽缸缸體的內部零件，閥室在這裡連接供應蒸汽與排出蒸汽的管線。

汽包 steam dome
蒸汽機車鍋爐爐身頂部的一個空間，負責收集過熱蒸汽，並透過蒸汽管輸送到汽缸。

蒸汽運轉 steam locomotion
蒸汽運轉的基礎在於水加熱超過沸點以後，就會變成蒸汽、體積會膨脹 1700 倍的這個原理上。如果這種膨脹是發生在一個密封容器內，例如鍋爐，蒸汽的壓力就會成為能量的來源。

蒸汽管 steam pipe
連接汽包和氣缸缸體內蒸汽櫃的管路。

流線機車（列車）streamliner
機車或列車組的外形設計融入流線造型，以降低空氣阻力。

路基底層 subgrade
經過整理的地面，坡度一致，可供軌道鋪設。也可參閱「道碴」、「覆蓋層」、「路基」。

增壓 supercharging
一種把更多空氣導入柴油引擎氣缸的方法，使用渦輪增壓器迫使空氣以高於大氣壓的壓力流入進氣閥。

過熱蒸汽 superheated steam
當蒸汽從鍋爐前往氣缸時，因為受到額外加熱而提高溫度，體積也膨脹，如此一來就可以把殘餘的水滴轉化成氣體，讓蒸汽變乾，從而傳遞更多能量。

尾燈 tail light
位於列車尾端的燈具。在英國，列車都必須在尾部掛上紅色警告燈。也可參閱「標誌燈」。

水櫃式機車 tank locomotive
一種蒸汽機車，沒有煤水車，而是靠本身的底盤載運燃料和水。水通常是儲存在側面水櫃或是包覆鍋爐的鞍式水櫃裡。

電報 telegraph (electric)
一種在 1830 年代發展出來的通訊系統，利用透過電線傳遞的電脈衝來發送訊息。它成為世界各地鐵路通訊的標準設備。

煤水車 tender
一種附掛在蒸汽機車上的車輛，用來攜帶燃料和水。

第三軌 third rail
一種為電氣化列車供電的系統，透過延著鐵路架設的另一條導電軌來供電，電力則由安裝在列車上的集電靴來汲取。

三相系統 three-phase system
一種可以穩定提供交流電的系統，在不會波動的狀況下為牽引馬達供電，進而提高牽引力力道。

傾斜式列車 tilting train
一種可以傾斜的火車，能夠以更快的速度過彎，且不會造成旅客不適。

軌道 track
由軌條、道碴、各種扣件和基底組成的永久固定裝置，可供列車車輪行駛。

牽引 traction
在鐵路用語裡，是一種依靠車輪和軌條之間的摩擦力來產生運動的力道。也可參閱「黏著力」。

牽引馬達 traction motor
一種電動機，用輸入的電力來驅動車軸，在柴電和電力牽引模式當中都會使用。

牽引力 tractive effort
機車拉力的度量；能夠使列車從靜止狀態開始移動的力道。這個力可以透過測量機車施加在軌道上的能量來估算。也可參閱「牽引」。

拖車 trailer/trailer car
多車組列車中的載客車廂，沒有動力牽引設備，由與它連結的車輛提供動力。

從輪 trailing wheel
蒸汽機車位於動輪後方的車輪，沒有動力，但可提供額外支撐力道。

列車 train
互相連結在一起、以一個單位沿著鐵路線行進的客運或貨運車輛。列車可自行推進，或由機車牽引。

傳動 transmission
在柴油機車上，能量從引擎傳遞到輪軸或車輪的辦法。傳動可分為電力傳動、液力傳動或機械傳動。

臺車 truck
一種小型軌道車輛，在美國則用來稱呼轉向架。

轉車台 turntable
一種用來旋轉鐵路車輛的設備，讓它們調頭，往相反方向行駛。如今它們絕大部分已經過時。

複線鐵路 twin-track railway
一條鐵路在同一線上有兩條軌道，兩條軌道上的列車行進方向相反，而不是兩個方向的列車都行駛在同一條軌道上。

美國陸軍運輸兵 USATC
第二次世界大戰期間，美國製造商為美國陸軍運輸兵建造的機車會運送到歐洲，由盟軍使用。

真空制軔 vacuum brake
一種制軔系統，會在空氣進入系統時緊軔，並會在局部真空狀態下鬆軔。英國使用真空制軔，因為它不需要額外的幫浦，跟氣軔不同。

閥門 valve
在蒸汽機車上，閥門可協調蒸汽進出氣缸的流動。在柴油機車上，閥門可控制燃油吸入及廢氣排出。

閥裝置 valve gear
連結蒸汽機車閥門的連鎖裝置，可控制閥門的活動。

篷車 van
一種平底貨車，車身兩側設有滑門，在美國稱為 boxcar。

垂直氣缸 vertical cylinder
垂直安裝的氣缸，由早期的機車使用，例如史蒂芬生的機車一號以及後來的特殊調車機車和窄軌機車。

貨車 wagon
泛指用來載貨的鐵路車輛。

華式汽門
Walschaerts valve gear
一種連桿閥動機構，最早是在 1844 年由比利時工程師埃吉德‧沃爾夏慈（Egide Walschaerts）取得專利。它因為維護保養容易，且重量比史蒂芬生的連桿閥動機構輕，因此在歐洲廣泛使用。它在 1876 年傳入美國，之後也變得相當普遍。

水鶴 water column/water plug
一種附軟管的中空長竿，與水源相連，可用來為機車水櫃注水。水鶴也可以安裝在擁有可動吊臂的起重機上，以便為兩條相鄰軌道上的任何一輛機車加水。水鶴在英國稱為 water column，在美國稱為 water plug。

西屋軔機 Westinghouse brake
美國工程師喬治‧威斯汀豪斯在 1870 年代發明的自動空氣剎車系統，相當受歡迎。在美國普遍使用，在世界其他地方也有發展。

輪式 wheel arrangement
一種透過不同的車輪配置來為機車分門別類的方法。以蒸汽機車而言，華氏式別（Whyte notation）是常用的系統，至於柴油和電力機車與動力車輛，則根據它們擁有的有動力輪軸和無動力輪軸數量去區分。沒有動力的輪軸通常連接導輪和從輪會以數字列出，而連接動輪的有動力輪軸則會用字母來表示。也可參閱「Bo-Bo」、「Co-Co」和「華氏式別」。

輪對 wheelset
鐵路車輛上由兩個車輪和一根輪軸組成的部件。

華氏式別 Whyte notation
一種蒸汽機車車輪配置的分類法，以導輪、動輪和從輪的數量為基礎。例如，4-4-0 式是指一輛機車擁有四個導輪、四個動輪、沒有從輪。

鐵路車場 yard
位於幹線鐵路外的一個區域，可用來存放並分類車輛，或為車輛上下貨。許多鐵路車場都位於幹線鐵路上的戰略要地。大型鐵路車場可能還會修建塔台，以便監控調度作業。

索引

一般頁碼皆以*斜體字*表示。
粗體頁碼代表主要條目。

謝誌

DK出版社感謝Tony Streeter協助製作本書。

總顧問Tony Streeter是鐵道界的作者與編輯，作品涵蓋蒸汽機車到現代鐵路乃至國際輕軌的一切。他曾是英國《蒸汽鐵道雜誌》（*Steam Railway Magazine*）編輯，也曾在俄羅斯、中國、印度、加拿大、東歐與西歐進行鐵道旅行、撰寫報導。

Tony Streeter感謝以下人士協助製作本書：Pip Dunn, Peter Johnson, Anthony Coulls, Tim Bryan, Bernd Seiler, Richard Croucher, Paul Chancellor, Brian Stephenson, Marek Ciesielski, Robin Garn, Jacques Daffis, Uwe Huttner, and Peter WeiBhahn。

出版社感謝以下人士提供協助：Steve Crozier at Butterfly Creative Solutions for colour retouching; Simon Mumford for cartography; Phil Gamble for illustrations; Sonia Charbonnier for technical support; Nicola Hodgson for additional text contributions; Tejaswita Payal, Suparna Sengupta, Sreshtha Bhattacharya, and Neha Pande at DK Delhi for editorial assistance; Neha Sharma, Shruti Singhal, and Upasana Sharma at DK Delhi for design assistance; Joanna Chisholm for proofreading; Helen Peters for the index. The publishers would also like to extend a special thanks to contributors Keith Fender and Julian Holland, whose assistance throughout the project was invaluable.

出版社感謝以下博物館、公司與人士慷慨提供鐵道車輛與鐵路器材以供拍照：

8 201, Dampf-Plus GmbH
Moosglöckchenweg 10, 80995 München, Germany
www.zugparty.de
With special thanks to Christian Goldschagg

Adrian Shooter
(Owner of DHR B Class No.19 and its carriages)

Ashford Depot
Station Road,
Ashford, TN23 1EZ, UK
With special thanks to Nigel King and Mark Fitzgerald

B&O Railroad Museum
901, West Pratt Street,
Baltimore,
MD 21223, US
www.borail.org
With special thanks to David Shackelford, Ryan McPherson, and Jane Harper

Didcot Railway Centre
Didcot Parkway Station,
Didcot, Oxfordshire,
OX11 7NJ, UK
www.didcotrailwaycentre.org.uk
With special thanks to Roger Orchard, Peter Rance, and Frank Dumbleton

Eisenbahnfreunde Traditionsbahnbettiebswerk Strasssfurt e.V.
Guestener Weg,
39418 Strassfurt, Germany
www.efsft.de
With special thanks to Uwe Hüttner

Ffestiniog & Welsh Highland Railways
Porthmadog,
LL49 9NF, UK
www.festrail.co.uk
With special thanks to Andrew Thomas and Chris Parry

Hitachi Rail Europe Limited
40 Holborn Viaduct,
London, EC1N 2PB, UK
www.hitachirail-eu.com
With special thanks to Daniela Karthaus

HSB, Harzer Schmalspurbahner
Friedrichstrasse 151,
38855, Wernigerode, Germany
www.hsb-wr.de
With special thanks to Bernd Seiler

National Railway Museum (NRM York)
Leeman Road,
York, YO26 4XJ, UK
www.nrm.org.uk
With special thanks to Chris Hanley

National Railway Museum
Chanakyapuri,
New Delhi, 110021, India
With special thanks to Uday Singh Mina, Director

Northern Railway
D.R.M. Office, State Entry Road, New Delhi - 110055, India
www.nr.indianrailways.gov.in
With special thanks to Rajesh Kumar, Sr. DME/Power/Delhi

Palace on Wheels
Rajasthan Tourism Development Corporation Ltd.
Ground floor, Bikaner House,
Pandara Road, New Delhi - 110011, India
www.rtdc.in
www.thepalaceonwheels.com
With special thanks to Pramod Sharma, General Manager, Rajasthan Tourism Development Corporation Ltd., and Pradeep Bohra, General Manager, Palace on Wheels

Railway Board
Rail Bhavan, 1, Raisina Road,
New Delhi - 110001, India
www.indianrailways.gov.in
With special thanks to Seema Sharma, Director, Information & Publicity, Railway Board, and Siddharth Singh, Deputy Director Public Relations, Railway Board

Railway Museum of Pennsylvania, PHMC
P.O. Box 15,
Strasburg,
PA 17579, US
www.rrmuseumpa.org
With special thanks to Dodie Robbins, Nicholas Zmijewski, Charles Fox, and Deborah Reddig

Rewari Steam Loco Shed
Northern Railways, Rewari, Haryana - 123110, India
www.rewaristeamloco.com
With special thanks to Shyam Bihari Gautam, Sr. Section Engineer, Rewari Steam Loco Shed

Ribble Steam Railway Museum
Chain Caul Road,
PR2 2PD, UK
www.ribblesteam.org.uk
With special thanks to Howard Fletcher, Terri Hearty, Jayne Waring, and Chris Mills

SCMG Enterprises Limited
The Science Museum,
Exhibition Road,
London, SW7 2DD, UK
With special thanks to Sophia Brothers and Wendy Burford

The Merchant Navy Locomotive Preservation Society Ltd
(Owners of 35028 *Clan Line*)
12 Inglewood Avenue,
Camberley,
Surrey, GU15 1RJ, UK
www.clan-line.org.uk
With special thanks to Mr R.F. Abercrombie, Tim Robbins, Peter Starks, and Alan French

Venice Simplon-Orient-Express Limited
Shackleton House,
4, Battle Bridge Lane,
London, SE1 2HP, UK
www.orient-express.com
With special thanks to Andrew Cook, Victoria Christie, Jeff Monk, Julian Clark, and Pat Thompson

Virginia Museum of Transportation
303 Norfolk Avenue SW,
Roanoke, VA 24016, US
www.vmt.org
With special thanks to Beverly Fitzpatrick and Fran Ferguson

圖片出處與車輛所有人

Key to museums/contributors
B&O Railroad Museum (BORM)
Didcot Railway Centre (DRC)
Eisenbahnfreunde Traditionsbahnbetriebswerk Staßfurt e.V. (ETS)
Ffestiniog & Welsh Highland Railways (FWHR)
Harzer Schmalspurbahner (HSB)
The National Railway Museum, India (NRMI)

The National Railway Museum, York (NRMY)
Railroad Museum of Pennsylvania, PHMC (RMP)
Rewari Steam Loco Shed (RSLS)
Ribble Steam Railway (RSR)
Virginia Museum of Transportation (VMT)

(Key: a-above; b-below/bottom; c-centre; f-far; l-left; r-right; t-top)

1 Dorling Kindersley: Gary Ombler / Courtesy of RSR / Science Museum Group. **2-3 Dorling Kindersley:** Gary Ombler / Courtesy of BORM. **4 Dorling Kindersley:** Gary Ombler / Courtesy of NRMY / Science Museum Group. **5 Dorling Kindersley:** Gary Ombler / Courtesy of BORM (bl); Gary Ombler / Courtesy of NRMY / Science Museum Group (br). **6 Dorling Kindersley:** Gary Ombler / Courtesy of Adrian Shooter (bl); Gary Ombler / Courtesy of DRC (br). **7 Dorling Kindersley:** Gary Ombler / Courtesy of FWHR (bl); Gary Ombler / Courtesy of The Merchant Navy Locomotive Preservation Society Ltd (br). **8 Dorling Kindersley:** Gary Ombler / Courtesy of BORM (bl); Gary Ombler / Courtesy of NRMY / Science Museum Group (br). **9 Dorling Kindersley:** Gary Ombler / Courtesy of VMT (bl); Gary Ombler / Courtesy of Hitachi Rail Europe Ltd (br). **10-11 Dorling Kindersley:** Gary Ombler / Courtesy of NRMY / Science Museum Group. **12 Getty Images:** (c). **13 Corbis:** Underwood & Underwood (br). **TopFoto.co.uk:** (ca). **14 Corbis:** Heritage Images (tl). **Science & Society Picture Library:** Science Museum (bl). **14-15 Getty Images:** SSPL / National Rail Museum. **16 Dorling Kindersley:** Mike Dunning / Courtesy of The Science Museum, London (cl). **Science & Society Picture Library:** National Railway Museum (tr). **16-17 Dorling Kindersley:** Mike Dunning / Courtesy of NRMY (tc). **SuperStock:** Science and Society (bc). **17 The Bridgeman Art Library:** Science Museum, London, UK (cb). **Dorling Kindersley:** Mike Dunning / Courtesy of NRMY (br). **Science Museum, London :** (cr). **18 Dorling Kindersley:** Mike Dunning / Courtesy of NRMY (bc, cr). **Getty Images:** Gallo Images (tl). **19 Dorling Kindersley:** Gary Ombler /

NRMY / Science & Society Picture Library, London (tc, tr); Gary Ombler / Courtesy of NRMY / Science Museum Group (c). **20-21 Dorling Kindersley:** Gary Ombler / Courtesy of NRMY / Science Museum Group (all). **22-23 Getty Images:** SSPL / NRM / Pictorial Collection (c). **24 Getty Images:** SSPL / NRM / Pictorial Collection (cra). **Milepost:** (tc). **Smithsonian Institution, Washington, DC, USA:** (bc, cl). **25 Alamy Images:** The Art Gallery (cb). **colour-rail.com:** (tc, br). **Milepost:** Orion Books / Blandford / Clifford & Wendy Meadway (ca, clb). **26-27 Corbis:** Michael Nicholson (c). **26 Corbis:** Hulton-Deutsch Collection (tl); Michael Nicholson (ftl). **Getty Images:** SSPL / NRM / Pictorial Collection (bl). **28 The Bridgeman Art Library:** Peter Newark American Pictures (cr); National Railway Museum, York, Uk (tr). **Dorling Kindersley:** Gary Ombler / Courtesy of RMP (b). **29 Baltimore and Ohio Railroad:** (bc). **Dorling Kindersley:** Gary Ombler / Courtesy of BORM (cl). **Mary Evans Picture Library:** (tr). **TopFoto.co.uk:** ullsteinbild (crb). **30 Dorling Kindersley:** Gary Ombler / Courtesy of BORM (cl, b). **31 Baltimore and Ohio Railroad:** (tr). **Dorling Kindersley:** Gary Ombler / Courtesy of BORM (tl, bl, br). **Masterfile:** (clb). **Wikipedia:** Urmelbeauftragter (c). **32-33 Dorling Kindersley:** Gary Ombler / Courtesy of BORM. **34 Corbis:** Philip Gendreau / Bettmann (c). **35 Getty Images:** De Agostini (br). **36 Corbis:** Bettmann (br). **Dorling Kindersley:** Gary Ombler / Courtesy of BORM (cl, bl). **36-37 Dorling Kindersley:** Gary Ombler / Courtesy of BORM. **37 Dorling Kindersley:** Gary Ombler / Courtesy of BORM (t). **Golden Spike National Historic Site Promontory Summit, Utah :** (bl, br). **38 BORM:** (tl). **Dorling Kindersley:** Gary Ombler / Courtesy of BORM (c, cr, clb, b). **39 Dorling Kindersley:** Gary Ombler / Courtesy of BORM. **40-41 Dorling Kindersley:** Gary Ombler / Courtesy of BORM (all). **42 Corbis:** Steve Crise / Transtock (tl); David Pollack (cra). **43 Alamy Images:** Niall McDiarmid (tl); Visions of Americak LLC (br). **Corbis:** Bettmann (crb, cr); (cra). **Getty Images:** (tr). **44 Mary Evans Picture Library:** (cla). **44-45 Dorling Kindersley:** Gary Ombler / Courtesy of FWHR (bl); Mike Dunning / Courtesy of NRMY (bc). **45 The Bridgeman Art

Library:** Ironbridge Gorge Museum, Telford, Shropshire, UK (tr). **Brian Stephenson/RAS:** (ca). **Dorling Kindersley:** Gary Ombler / Courtesy of NRMY / Science Museum Group (cl); Gary Ombler / Courtesy of DRC (cr). **46 Dorling Kindersley:** Gary Ombler / Courtesy of the Verkehrshaus der Schweiz, Luzern, Switzerland (c). **Tobias Koehler:** (tr). **Alex Leroy:** (bl). **46-47 Dorling Kindersley:** (bc). **47 Alamy Images:** Didier Zylberyng (tc). **Getty Images:** SSPL (cra). **Verkehrsmuseum Dresden:** (cl). **48 Alamy Images:** Pictorial Press Ltd (bl). **Getty Images:** SSPL / Science Museum (tl). **48-49 Corbis:** Hulton-Deutsch Collection (c). **50 Alamy Images:** ImagesEurope (cb). **Didcot Railway Centre:** (cl). **50-51 Steam Picture Library:** (tc). **51 Dorling Kindersley:** Gary Ombler / Courtesy of DRC (bl). **Mary Evans Picture Library:** (ca). **Science & Society Picture Library:** NRM / Pictorial Collection (br). **Steam Picture Library:** (clb). **52 Dorling Kindersley:** Mike Dunning / Courtesy of NRMY (bc). **Getty Images:** (cla). **52-53 Dorling Kindersley:** Mike Dunning / Courtesy of NRMY (bc). **Science & Society Picture Library:** NRM / Pictorial Collection (tc). **53 Dorling Kindersley:** Gary Ombler / Courtesy of DRC (c); Gary Ombler / Courtesy of NRMY / Science Museum Group (b). **54-55 Alamy Images:** The Keasbury-Gordon Photograph Archive (c). **56 akg-images:** (tr). **NSW Government State Records:** (cla). **57 Dorling Kindersley:** Deepak Aggarwal / Courtesy of NRMI (c). **Mary Evans Picture Library:** (br). **Danie van der Merwe:** (tl). **58-59 Dorling Kindersley:** Gary Ombler / Courtesy of Adrian Shooter. **60 Science & Society Picture Library:** NRM / Pictorial Collection (c). **61 Alamy Images:** North Wind Picture Archives (ca). **The Bridgeman Art Library:** British Library, London, UK (br). **62-63 colour-rail.com:** (tc). **Dorling Kindersley:** Mike Dunning / Courtesy of NRMY (bc). **62 Brian Stephenson/RAS:** (cla). **John Whiteley:** (crb). **63 Edward Gately:** (c). **64 colour-rail.com:** (tr). **Steam Picture Library:** (cl). **Brian Stephenson/RAS:** (c, clb, bc). **65 colour-rail.com:** (clb, br). **Getty Images:** SSPL / National Railway Museum (cra). **Brian Stephenson/RAS:** (cr). **TfL from the London Transport

Museum collection :** (tc, bc). **66-67 Getty Images:** SSPL (c). **68 Dorling Kindersley:** Gary Ombler / Courtesy of RMP (c, cr, clb, b). **Railroad Museum of Pennsylvania:** (tl). **69 Dorling Kindersley:** Gary Ombler / Courtesy of RMP. **70-71 Dorling Kindersley:** Gary Ombler / Courtesy of RMP (all). **72-73 akg-images:** Universal Images Group. **74 4Corners:** Damm Stefan (cl). **Getty Images:** (tr). **75 Canadian Pacific Railway:** Canadian Pacific Archives NS.1960a (cr); Canadian Pacific Archives NS.12756 (crb). **Corbis:** Wayne Barrett & Anne McKay / All Canada Photos (tl); Hulton-Deutsch Collection (cra); Sean Sexton Collection (tr). **Glenbow Museum:** (br). **76 Dorling Kindersley:** Gary Ombler / Courtesy of the Verkehrshaus der Schweiz, Luzern, Switzerland (c); Gary Ombler / Courtesy of FWHR (bl). **Milepost:** (crb). **77 Brian Stephenson/RAS:** (tr). **David Wilcock:** (bc). **Dorling Kindersley:** Gary Ombler / Courtesy of NRMY / Science Museum Group (tl); Gary Ombler / Courtesy of FWHR (c, cb). **78 Dorling Kindersley:** Gary Ombler / Courtesy of FWHR (c, cr, clb, b). **Ffestiniog & Welsh Highland Railways:** Andrew Thomas (tl). **79 Dorling Kindersley:** Gary Ombler / Courtesy of FWHR. **80-81 Dorling Kindersley:** Gary Ombler / Courtesy of FWHR (all). **82 Dorling Kindersley:** Deepak Aggarwal / Courtesy of NRMI (cl, bl). **82-83 Dorling Kindersley:** Gary Ombler / Courtesy of Adrian Shooter (t); Gary Ombler / Courtesy of RMP (c). **83 colour-rail.com:** (cr). **Dorling Kindersley:** Gary Ombler / Courtesy of FWHR (ca). **Keith Fender:** (cl). **Milepost:** (br). **84-89 Dorling Kindersley:** Gary Ombler / Courtesy of Adrian Shooter (all). **90-91 Getty Images:** Imagno / Hulton Archive (c). **92-93 Dorling Kindersley:** Gary Ombler / Courtesy of NRMY / Science Museum Group. **94 Mary Evans Picture Library:** (c). **95 akg-images:** (br). **Mary Evans Picture Library:** (ca). **96 colour-rail.com:** (tc, bl). **Brian Stephenson/RAS:** (c). **97 Milepost:** (cra, tc, cb). **Brian Stephenson/RAS:** (bl). **98 TfL from the London Transport Museum collection :** (tr). **David Wilcock:** (cla). **Dorling

Kindersley: Gary Ombler / Courtesy of DRC (bc). **98-99 Dorling Kindersley:** Gary Ombler / Courtesy of NRMY / Science Museum Group (b). **99 Milepost:** (tr). **Brian Stephenson/RAS:** (cr). **David Wilcock:** (ca). **Dorling Kindersley:** Gary Ombler / Courtesy of DRC (bl, br). **100 Didcot Railway Centre:** (tl). **Dorling Kindersley:** Gary Ombler / Courtesy of DRC (c, cr, bc). **101 Dorling Kindersley:** Gary Ombler / Courtesy of DRC (c). **102-103 Dorling Kindersley:** Gary Ombler / Courtesy of DRC (all). **104 Dorling Kindersley:** Gary Ombler / Courtesy of the DB Museum, Nurnburg, Germany (br); Gary Ombler / Courtesy of the Musee de Chemin de Fer, Mulhouse (tc). **Getty Images:** ND / Roger Viollet (bl). **Brian Stephenson/RAS:** (cla). **104-105 Dorling Kindersley:** Gary Ombler / Courtesy of the Musee de Chemin de Fer, Mulhouse (c). **105 colour-rail.com:** (bl). **Brian Stephenson/RAS:** (br, tr). **106 Mary Evans Picture Library:** Epic / Tallandier (tl); (bl). **106-107 Mary Evans Picture Library:** (c). **108 Railroad Museum of Pennsylvania:** (tl). **Dorling Kindersley:** Gary Ombler / Courtesy of RMP (c, cr, clb, b). **109-111 Dorling Kindersley:** Gary Ombler / Courtesy of RMP (all). **112 Milepost:** (tc). **Brian Stephenson/RAS:** (cl). **113 Dorling Kindersley:** Gary Ombler / Courtesy of VMT (tr). **Alamy Images:** John Wingfield (cb). **Milepost:** (cr). **114 Virginia Museum of Transportation:** (tl). **Dorling Kindersley:** Gary Ombler / Courtesy of VMT (c, cr, clb, b). **115-117 Dorling Kindersley:** Gary Ombler / Courtesy of VMT (all). **118-119 Corbis:** J. S. Johnston (c). **120 Dorling Kindersley:** Deepak Aggarwal / Courtesy of NRMI (cl); Gary Ombler / Courtesy of HSB (c). **Peter Johnson:** (cr). **Milepost:** (bc). **121 Brian Stephenson/RAS:** (tr). **Dorling Kindersley:** Deepak Aggarwal / Courtesy of NRMI (cl); Gary Ombler / Courtesy of FWHR (cr); Gary Ombler / Courtesy of RMP (br). **122 Corbis:** Douglas Kirkland (clb). **The Library of Congress, Washington DC:** (tr). www.56thparallel.com/: (cl). **123 Alamy Images:** Horizons WWP (cl); Andrey Semenov (crb). **Corbis:** Wolfgang Kaehler

(cb). **Getty Images:** UIG (tr, ca). **Mary Evans Picture Library:** Illustrated London News (cr); Imagno (br, cra). **124 Stephen Middleton:** (cl). **Siemens AG, Munich/Berlin:** (tr, cb). **124-125 Dorling Kindersley:** Mike Dunning / Courtesy of NRMY (bc). **125 Alamy Images:** David Askham (cr). **Dorling Kindersley:** Gary Ombler / Courtesy of BORM (tl, tr). **126-127 Dorling Kindersley:** Gary Ombler / Courtesy of DRC. **128 Corbis:** David Pollack (c). **129 Dorling Kindersley:** Baltimore and Ohio Railroad (ca). **Getty Images:** SSPL (br). **130 Brian Stephenson/RAS:** A.W. Croughton (cl, tc). **David Wilcock:** (bl). **130-131 Dorling Kindersley:** Gary Ombler / Courtesy of HSB. **131 Milepost:** (cra). **Brian Stephenson/RAS:** C.R.L. Coles (br); (tc, cr). **132-133 Getty Images:** UIG (c). **132 Archives New Zealand:** (cla). **134 Dorling Kindersley:** Gary Ombler / Courtesy of RMP (bl). **Getty Images:** SSPL / National Railway Museum (br). **Milepost:** (tr). **134-135 Dorling Kindersley:** Gary Ombler / Courtesy of DRC. **135 Brian Stephenson/RAS:** F.R. Hebron (tl); T.G. Hepburn (tr). **Dorling Kindersley:** Gary Ombler / Courtesy of DRC (cr). **136 Didcot Railway Centre:** Bill Turner (tl). **Dorling Kindersley:** Gary Ombler / Courtesy of DRC (c, cr, clb, b). **137-139 Dorling Kindersley:** Gary Ombler / Courtesy of DRC (all). **140 Corbis:** Chris Hellier (cr); Claude Salhani / Sygma (ca). **Getty Images:** Print Collector (bl). **141 Alamy Images:** imageBROKER (br); peter jordan (cra). **Corbis:** Wolfgang Kaehler (tr); Rob Tilley (cr). **Getty Images:** E+ (crb). **142 Alexander Turnbull Library, National Library Of New Zealand, Te Puna Matauranga o Aotearoa:** (cl). **colour-rail.com:** (cla). **Brian Stephenson/RAS:** (tr). **142-143 Dorling Kindersley:** Gary Ombler / Courtesy of DRC (b). **143 Didcot Railway Centre:** Frank Dumbleton (c). **Dorling Kindersley:** Gary Ombler / Courtesy of DRC (cra). **Brian Stephenson/RAS:** (cla). **144 colour-rail.com:** (cla). **Dorling Kindersley:** Gary Ombler / Courtesy of RMP (tr, cra); Gary Ombler / Courtesy of RSR / Science Museum Group (bl).

144-145 Dorling Kindersley: Gary Ombler / Courtesy of FWHR (b). **145 David Wilcock:** (c). **Dorling Kindersley:** Gary Ombler / Courtesy of DRC (tl, tr); Deepak Aggarwal / Courtesy of NRMI (br). **146 Chris Doering:** (cr). **Dorling Kindersley:** Gary Ombler / Courtesy of RMP (tr); Deepak Aggarwal / Courtesy of RSLS (cla); Gary Ombler / Courtesy of DRC (bc). **146-147 Dorling Kindersley:** Gary Ombler / Courtesy of ETS (c); Gary Ombler / Courtesy of RMP (b). **147 Kevin Andrusia:** (tl). colour-rail.com: (cra). **Dorling Kindersley:** Gary Ombler / Courtesy of DRC (cl). Gary Ombler / Courtesy of RMP (br). **148 Getty Images:** SSPL / National Railway Museum (tl); SSPL / NRM / Pictorial Collection (bl). **148-149 Getty Images:** SSPL / National Railway Museum (c). **150 Brian Stephenson/RAS:** (tr, clb). **150-151 Science & Society Picture Library:** National Railway Museum (c). **151 colour-rail.com:** (tl). **Corbis:** Hulton-Deutsch Collection (br). **Dorling Kindersley:** Gary Ombler / Courtesy of BORM (tr). **Garn Collection:** Borsig (clb). **152 colour-rail.com:** (tl). **Dorling Kindersley:** Gary Ombler / NRMY / Science & Society Picture Library, London (c). **Science & Society Picture Library:** National Railway Museum (cr). **153 Alamy Images:** i4images rm (tr). **Dorling Kindersley:** Gary Ombler / Courtesy of NRMY / Science Museum Group (tl). **154-155 Dorling Kindersley:** Gary Ombler / Courtesy of NRMY / Science Museum Group (all). **156 colour-rail.com:** (ca). **Milepost:** (bc). **156-157 colour-rail.com**. **157 Canada Science &Technology Museum:** (tl). **Dorling Kindersley:** Gary Ombler / Courtesy of BORM (cra); Gary Ombler / Courtesy of RMP (crb). **PROV:** (tr). **The Library of Congress, Washington DC:** (br). **158 akg-images:** ullstein bild / ullstein - Jaffø (cla). **Dorling Kindersley:** Gary Ombler / Courtesy of the Verkehrshaus der Schweiz, Luzern, Switzerland (tr). **Mary Evans Picture Library:** Sueddeutsche Zeitung Photo (bc, br). **Steam Picture Library:** (cb). **158-159 Dorling Kindersley:** Gary Ombler / Courtesy of the Musee de Chemin de Fer, Mulhouse (c). **159 Corbis:** Bettmann (bl). **Dorling**

Kindersley: Gary Ombler / Courtesy of RMP (tr). **Brian Stephenson/RAS:** (br). **160 Dorling Kindersley:** Deepak Aggarwal / Courtesy of NRMI (cl); Gary Ombler / Courtesy of ETS (crb); Gary Ombler / Courtesy of HSB (br). **160-161 Dorling Kindersley:** Gary Ombler / Courtesy of the Verkehrshaus der Schweiz, Luzern, Switzerland. **161 Dorling Kindersley:** Gary Ombler / Courtesy of RMP (tr); Gary Ombler / Courtesy of BORM (br); Gary Ombler / Courtesy of HSB (cr). **Keith Fender:** (bl). **Brian Stephenson/RAS:** T.G. Hepburn (cb).

譯者簡介
于倉和

從事過多種工作，包括自由譯者、大陸台幹、專案經理等等，但因為童年時的因緣際會，與軍事戰史結下了不解之緣。翻譯過多本二次大戰戰史書籍，也曾任職於軍事題材大型多人線上遊戲《戰車世界》、《戰艦世界》臺灣辦公室，出國旅遊時也喜歡探訪各類軍事遺跡，致力於把寓教於樂的軍事歷史內容傳遞分享給更多有興趣的人。